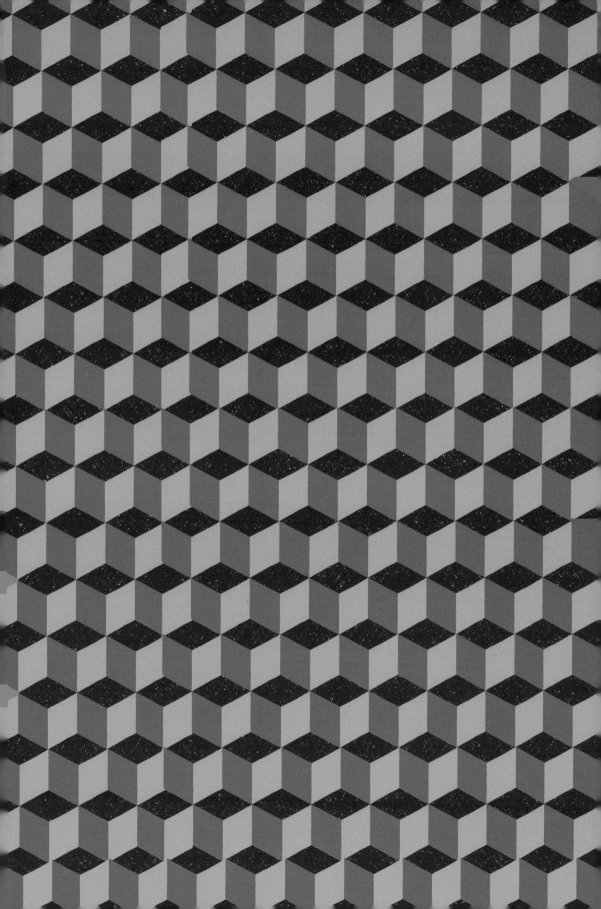

가짜 vs 진짜

10대들이 함정에 빠지지 않는 방법

Nederlands letterenfonds dutch foundation for literature 이 책은 네덜란드 문학재단의 출판 및 번역지원금을 받아 출간되었습니다.

생각을 꿈꾸다 02

가짜 vs 진짜

10대들이 함정에 빠지지 않는 방법

초판 1쇄 펴낸날 2020년 10월 12일 **초판 2쇄 펴낸날** 2021년 11월 20일

글 안네마리 본 **그림** 웬디 판더스 **옮김** 유혜자

펴낸이 허경애

편집 박옥훈 **디자인** 최정현 **마케팅** 정주열

펴낸곳 도서출판 꿈터

출판등록일 2004년 6월 16일 제313-204-000152호

주소 서울시 마포구 양화로 156, 엘지팰리스빌딩 825호

전화번호 02-323-0606 **팩스** 0303-0953-6729

이메일 kkumteo77@naver.com

블로그 http://blog.naver.com/yewonmedia

인스타 kkumteo

ISBN 979-11-88240-82-1 (44330)

Fake!: Alles wat je (niet) moet geloven over nepnieuws, mindfuck en complottheorieën
by Annemarie Bon, illustrated by Wendy Panders

Firstly published in 2019 by Uitgevrij Volt, Amsterdam

이 도서의 국립중앙도서관 출판예정도서목록(CIP)은 서지정보유통지원시스템 홈페이지(http://seoji.nl.go.kr)와
국가자료종합목록 구축시스템(http://kolis-net.nl.go.kr)에서 이용하실 수 있습니다.(CIP제어번호 : CIP2020039623)

* 잘못된 책은 구입하신 서점에서 바꾸어 드립니다.

꿈꾸다 는 꿈터의 청소년 브랜드입니다.

가짜 vs 진짜

10대들이 함정에 빠지지 않는 방법

안네마리 본 글 | 웬디 판더스 그림 | 유혜자 옮김

꿈꾸다

차례

서문

신문이나 텔레비전 뉴스를 보면 가짜 뉴스들이 많이 쏟아진다. 왜 사람들은 터무니없고, 말도 안 되는 가짜 뉴스를 그렇게 쉽게 믿는 걸까? 생화학자이며 언론인으로 일하고 있는 필자는 오래전부터 그런 현상이 궁금했다. 물론 사람들이 믿을 만한 정보와 확실한 지식을 얻을 방법은 많이 있지만 그렇게 하려면 부단한 노력을 기울여야 한다. 지식은 함축적인 말 몇 마디를 요약하는 것으로 얻어질 수 있는 게 아니다. 더구나 진실은 그것보다 훨씬 더 복잡한 과정을 거쳐야 한다.

이 책은 올바른 지식을 얻으려면 무엇보다도 먼저 자신의 두뇌가 어리석다고 생각하는 것부터 시작할 것을 권한다. 무언가를 보고 우리들이 갖게 되는 첫 느낌이 옳지 않을 때가 많다. 인간은 미신과 주술적 사고를 쉽게 받아들이는 경향이 있다. 우리가 공동체의 삶을 살아가는데 있어서 단체의 압력에 쉽게 굴복하고 생존을 위해 중요했던 우리 조상들의 특정한 사고방식이 우리를 잘못된 길로 인도하고, 논리적인 사고에 걸림돌이 되는 경우가 많기 때문이다. 유전자 탓에 우리는 우연을 받아들이는 것에 종종 어려움을 겪는다. 하지만 진실한 주장과 무의미한 잡담, 사실과 견해, 진정한 뉴스와 가짜 뉴스를 구별하는 방법을 어떻게 하면 배울 수 있을까? 사람은 어떻게 하면 비판적인 사고를 할 수 있나? 안타깝게도 우리는 모든 것을 스스로 다 알아낼 수는 없다. 때로는 다른 사람의 지식을 믿고 따라야 한다. 아마도 여러분은 지금까지 직접 DNA를 검사하거나, 우주를 탐구하거나, 중성자를 본 적은 없을 것이다. 굳이 예를 들어 설명하자면 이 세상 누구도 수학, 법학, 언론학, 의학을 동시에 공부할 수 없다. 하지만 세상에는 쓸데없는 헛소리와 분명한 사실을 분간할 수 있게 도와주는 몇 가지 방법들이 있다. 물론 기본 교양 교육을 충실히 받으면 도움을 받을 수 있다. 예를 들어 학교에서 가르치는 과목들 중 도대체 내가 이것을 왜 배우냐고 종종 자기 자신에게 묻던 과목들도 도움이 될 수 있다. 그 밖에 인터넷에 돌아다니는 헛소문과 유익한 정보, 엉터리 약과 진짜 효과가 있는 약, 주술과 과학을 구분할 수 있어야 한다. 이 책은 독자에게 언론인과 과학자가 어떤 원칙을 지켜야 하는지 가르쳐 준다. 그것을 알게 되면 과학, 기술, 언론 정보에 대한 믿음이 굳건해진다. 우리는 과학 기술, 언론 정보에 대해 감사의 마음을 가져야 한다는 것을 절대 잊어버리면 안 된다. 세상이 역사적으로 지금처럼 살기 편했던 시절이 없었다. 그런데도 세상에는 과학과 법을 불신하는 사람들이 많이 있다. 그들은 과학과 법이 잘 작동하지 않는 아주 특별한 경우를 애써 찾는다. 물론 여러분은 그렇지 않을 것이다. 아니면 이 책을 읽으려고 하지 않았을 테니까. 가짜뉴스, 그것은 정확하고 진지한 사고가 필요하다는 것에 대한 역설이라는 점에서 과학의 발전에 대한 찬가이기도 하다.

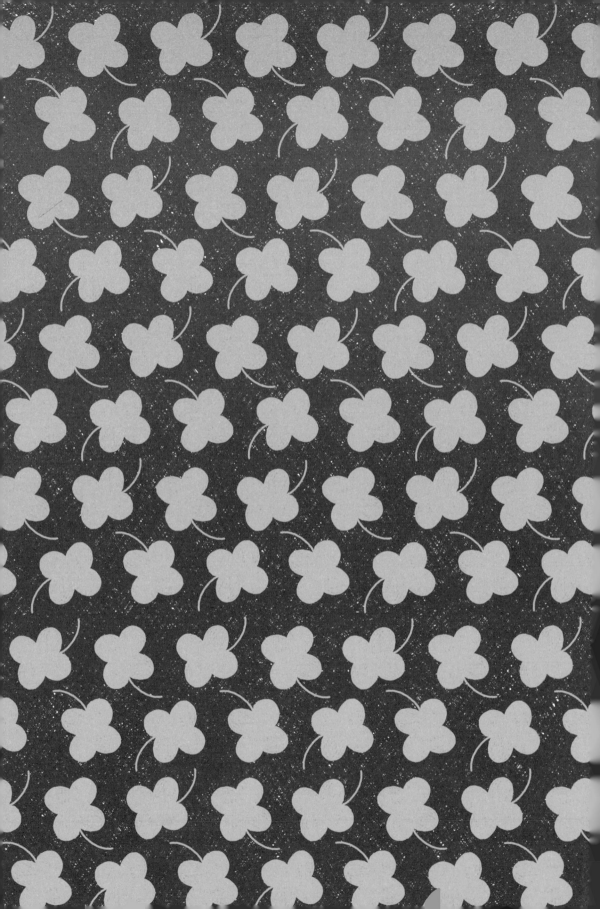

1 13일의 금요일

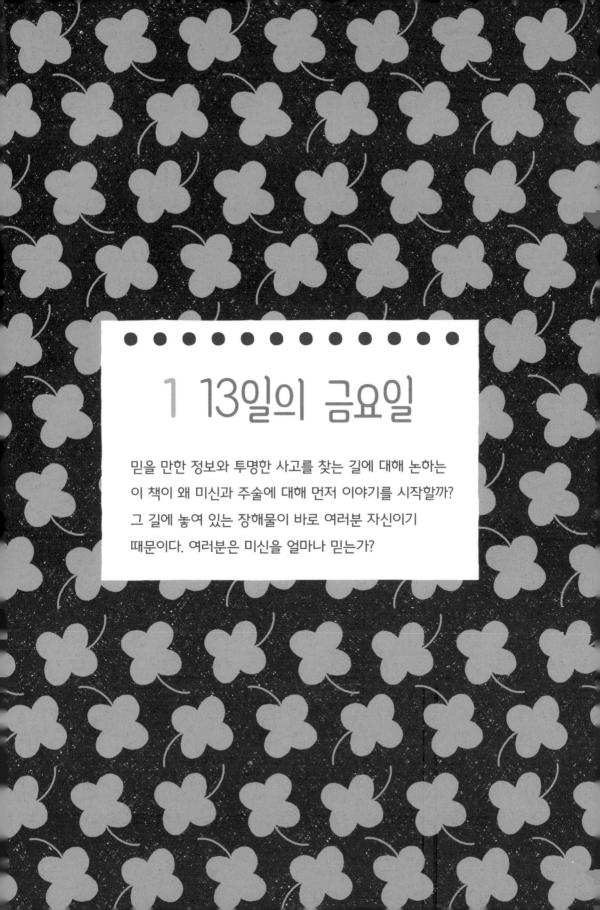

믿을 만한 정보와 투명한 사고를 찾는 길에 대해 논하는 이 책이 왜 미신과 주술에 대해 먼저 이야기를 시작할까? 그 길에 놓여 있는 장해물이 바로 여러분 자신이기 때문이다. 여러분은 미신을 얼마나 믿는가?

여러분이 미신을 얼마나 잘 믿는가에 대한 테스트를 해 보자

행운의 유니폼(세탁 금지)

여러분은 이런 적이 있었는가?

• 보도블록의 이음새를 밟으면 뭔가 안 좋은 일이 일어날 것 같아서 일부러 밟지 않고 피한 적이 있다.

• 여러분이 응원하는 팀이 승리하기를 바라는 마음에서 텔레비전으로 축구 경기를 볼 때 행운을 안겨 준다고 믿는 유니폼을 일부러 찾아 입고 본 적이 있다.

• 뭔가 불길한 예감이 드는 말을 했을 때 혹시라도 불운한 일이 발생하지 않기를 바라는 마음에서 나무를 손으로 두드린 적이 있다.

• 사다리를 넘으면 재수가 없다는 말이 생각나 일부러 돌아간 적이 있다.

• 누가 재채기를 하면 '감기 조심!!'이라는 말을 꼭 해야 할 것 같다.

• 분수대에 동전을 던지며 마음속으로 소원을 빌면 이뤄진다.

• 별똥별이 보일 때 소원을 빌면 이뤄진다.

• 13일의 금요일이 되면 특별히 행동을 조심해야 한다.

• 밤에 잠자리에 들기 전에 침대 밑에 괴물이 있을지도 모른다는 생각에 침대 밑을 슬쩍 본 적이 있다.

• 신문에서 운세 풀이를 보고 가능한 그것이 권고하는 바를 따른다.

의자가 나쁘다고?

옆에 적은 말들이 사실 말도 안 되는 소리 아닌가? 여러분은 실제로 별일 일어나지 않을 거라는 것을 잘 알면서도 그렇게 하는 것이 여러분을 불행으로부터 보호해 줄 수 있을 거라고 생각한다. 그것이 바로 '주술적 사고'다. 여러분은 여러분의 생각, 행동과 말이 여러분에게 일어날 수 있는 일에 영향을 미친다고 생각한다. 미신이 실제로 존재한다고 생각하는 것이다. 그러나 여러분만 종종 미신을 믿는 것은 아니니 크게 걱정할 필요는 없다. 대부분 7살 이전의 아이들이 그런 생각을 많이 한다. 아이들의 생각에는 현실이 상상의 세계와 일치하고, 장난감이 밤중에 살아날 수도 있다. 어린아이들은 의자에 부딪히면 나쁜 의자라고 말한다. 또 포크레인을 보면 불을 내뿜는 용으로 생각하기도 한다. 그러니 빗자루를 타고 하늘을 날아다닐 수 있다고 생각하는 것도 이상한 일이 아니다.

많은 사람이 주술적 사고를 머릿속에서 완전히 털어 내지 못한다. 여러분은 노트북이나 자전거에 대고 뭐라고 말한 적이 한 번도 없는가?

우리는 우리에게 행운을 가져다준다는 미신을 믿기 좋아한다. 예를 들어 노인들은 중요한 시험을 앞두고 있거나, 수술이 잘 되기를 바라는 마음에서 양초에 불을 밝히기도 한다. 혹은 효험이 좋다는 성스러운 조각상을 일부러 만지려고 하고, 복권을 살 때 특정한 번호를 끝자리로 고집하기도 한다. 운동선수들은 오직 훈련만이 효과가 있다는 것을 알면서도 몸에 부적이나 특별한 문신을 새기기도 한다. 혹은 큰 시합을 앞두고 부상당하지 않기를 바라는 마음에서 행운을 가져다준다는 믿음으로 그렇게 하기도 한다.

위험을 통제하는 사람

주술적 사고는 유전적으로 우리 안에 조금씩 자리를 잡고 있다. 어떻게 해서 그렇게 되었을까? 아주 오래전에 사람들은 자연을 더 가까이하며 살았다. 그 시절 자연은 인간에게 큰 두려움을 주는 존재였다. 언제든 거대한 자연재해가 발생해도 전혀 이상하지 않았다. 쓰나미, 화산 폭발, 허리케인, 뇌우와 지진을 생각해 보라.

인간은 행운과 재앙을 신의 영역이라고 생각하며 살았다. 그래서 스스로 잘 맞춰 살려고 노력했다. 번개가 내리치면 신이 노했다고 해석했다. 또 배우자를 만나고 싶은 사람은 신에게 양 또는 추수한 곡식 일부를 제물로 바쳤다. 그들은 제물을 불에 태우면 연기가 날아올라 신에게 닿을 거라고 믿었다.

신에게 정당성을 부여하기 위한 온갖 규칙도 만들어졌다. 그것을 잘 지키는 사람은 모든 것이 잘 될 거라고 믿으며 살았다. 마치 모든 위험 요소를 통제하는 높은 사람이 된 것처럼 평안한 마음을 갖게 되었다.

복권에 당첨되는 방법

네덜란드의 작은 도시 발베이크에 복권을 파는 가게가 있다. 그곳에서 복권을 사면 항상 누군가는 복권에 당첨이 된다.

그 가게에서 복권을 사기 위해 사람들이 전국 곳곳에서 몰려온다. 사람들은 당첨 확률을 높이기 위해 가게 옆 길모퉁이에 있는 예수의 동상을 보고 고개를 숙이고, 기도도 한다.

그 가게에서 수많은 당첨자가 나오는 것에 무슨 마법이라도 있는 걸까? 그건 아니다. 그 가게에서 팔려 나가는 복권의 숫자가 엄청나게 많아 결과적으로 당첨자도 많이 생기는 것이다. 그곳에서 당첨될 확률이 다른 곳보다 특별히 더 높은 것도 아니고, 동상 앞에서 고개를 숙이고 기도한다고 행운이 찾아오는 것도 아니다. 그런데도 많은 사람이 굳이 그 가게를 찾아가 복권을 산다.

내게는 아무 일도 일어나지 않을 거야

주술적 사고는 여러 형태로 나타난다. 예를 들어 사람들은 신이나 성인에게 소원을 빈다. 가톨릭 신자들은 뭔가 잃어버리면 이런 기도를 읊조리며 도움을 요청한다. "영광스러운 하느님의 종, 성 안토니오 성인이시여, 당신께서는 하느님의 능력으로 저희가 잃어버린 것을 찾도록 오랜 세월 동안 도와주셨습니다. 저로 하여금 하느님의 은총을 되찾게 하여 주시고, 하느님을 섬기고 덕을 열심히 실천할 수 있도록 저를 도와주소서, 제가 잃어버린 모든 것을 되찾아 하느님의 선하심을 보게 하소서." 그게 과연 도움이 될까? 어쨌든 사람들은 그 물건을 어디에서 잃어버렸는지 기억을 떠올리기 위해 온갖 노력을 한다.

또한 프랑스의 루르드나 예루살렘에 있는 통곡의 벽으로 성지 순례를 떠나는 사람들도 있다. 그들은 그곳에 가서 병이 낫기를 희망한다. 그들은 다른 아픈 사람을 위한 기도도 올린다. 그것이 치유에 도움이 되는지에 대한 조사가 이뤄졌는데 결과는 병자가 특별히 더 건강해지지 않았다는 것이다. 그러나 기도를 한 사람과 병자에게는 희망과 위로가 될 수 있을 것이다.

어쩌면 뭔가 계속 반복해 말하는 게 도움이 된다는 생각을 할 수도 있다. 아무 일도 일어나지 않을 거야…… 아무 일도 일어나지 않을 거야…… 아무 일도 일어나지 않을 거야…… 혼자 어둡고 텅 빈 거리를 걸어갈 때 그런 문장을 계속 말하는 것이다.

할로윈

아이에게 벌을 주는 하인 루프레히트의 전통이 이어진 것은 아니지만 그래도 여전히 유행하고 있다. 주술적 사고가 그런 문화를 유지하게 만든 거다. 많은 사람이 산타 할아버지나 요정 혹은 부활절 토끼를 믿었던 기억을 품고 있다. 아일랜드 사람들은 초록 양복을 입고, 긴 빨간 수염이 난 신경질적인 마녀가 실제로 있다고 오랫동안 믿었다. 영국에서는 엘프의 존재가 그렇다. 스칸디나비아에서는 트롤(상상 속 괴물)에 관한 동화가 많다. 북아프리카에서는 초자연의 투명한 존재로 마귀가 있다고 생각했다. 헝가리에는 뱀파이어가 있었다. 마귀의 형상이 많은 책에 다양한 형태로 등장한다. 예를 들면 J.R.R. 톨킨의 〈반지의 제왕〉에도 나온다.

그런 이야기와 관습 등은 아주 오래전에 만들어졌다. 예를 들어 자연의 모든 것들이 죽은 것처럼 보이는 추운 겨울에 많은 사람이 크리스마스트리에 불을 밝히며 성탄을 맞이한다. 초록의 나무는 생명과 빛의 귀환을 상징한다. 어떤 곳에서는 한겨울에 요란한 소리를 내는 행사를 열고, 거대한 장작불을 피운다. 과거에 그것은 어둠을 특히 좋아하는 나쁜 악령을 내쫓기 위한 목적을 지니고 있었다. 오늘날에는 불꽃놀이로 변했다. 결혼하는 사람들이 서로에 대한 믿음의 표시로 반지를 선물하는 것도 또 하나의 관습이다. 또 누군가에게 행운을 빌어 주기 위해 건배를 하는 오랜 관습도 있다.

물론 관습과 전통은 문화의 흐름 속에서 변한다. 그래서 과거에는 시커멓게 분칠을 하던 하인 루프레히트가 점점 화려한 색으로 바뀌면서 할로윈이 최근에 새로운 유행으로 자리 잡고 있다.

도와줘!

다른 사람을 보호해 주기 위해 특정한 행동을 꼭 해야 한다고 생각한다면 그것도 주술적 사고라고 할 수 있다. 물론 스케이트를 타기 전에 무릎에 보호대를 대는 것은 그것과 상관없지만 그렇게 하기 전에 안 다치게 해 달라고 빈다면 그것은 좋은 예다.

가톨릭 신부는 하느님한테 보호해 달라고 요청하는 기도를 올린다. 그럴 때 신부는 특별한 기도문을 외우면서 손으로 성수를 뿌린다.

그렇게 하는 것이 도움이 된다는 증명이 없는데 이상하지 않은가? 덴 보쉬에 있는 성 요한네스 성당에는 아직도 축복을 기원하는 행사가 자주 거행된다. 동물의 날에는 개들을 위해, 새로 개업한 가게, 자동차와 오토바이, 축구 선수, 난민의 자전거 등을 위해. 다만 동성애자와 트랜스젠더에게는 주교가 축복해 주지 않는다.

저주 금지

〈해리 포터〉라는 책과 영화를 알고 있는가? 볼드모트에 대한 두려움 때문에 아무도 그의 이름을 말하지 않는다, 해리만 빼고. 처음에는 무지 때문에 그랬다. 나중에는 해리 혼자 용감해서 그렇게 했다. 다른 사람들은 모두 볼드모트를 '내가 누구를 말하는지 알지'라고 말했다. 물론 〈해리 포터〉는 지어낸 이야기다. 그러나 실제로 사람들이 특별한 용기를 내야 말할 수 있는 단어가 많이 있다. 예를 들어 유대인들은 자신들이 믿는 신의 이름을 함부로 말하지 않는다. 그리고 독실한 기독교인들은 남에게 저주를 퍼붓지 않으려 하고, 특히 '예수님'이라든가 '천국' 혹은 '성체'를 말하며 욕하지 않는다. 말의 힘이 간단한 테스트를 통해 조사되었다. 테스트에 응시한 사람에게 설탕으로 채워 놓은 2개의 유리컵에 하나에는 '설탕', 다른 하나에는 '독약'이라고 적은 이름표를 각각 붙여 놓은 것을 보여 준다. 그런 다음 2개의 컵에서 한 숟가락씩 설탕을 퍼서 각각의 물컵에 넣어 준다. 두 유리컵에서 퍼낸 설탕이 어차피 같은 설탕이라는 것을 누구나 알면서도 '독약'이라고 쓰인 컵에서 푼 설탕을 녹여 만든 설탕물을 마시려고 하는 사람은 아무도 없었다.

사람들은 상징을 현실과 혼동하는 경우가 많다. 파키스탄에서 네덜란드 국기가 불에 태워지면 네덜란드 사람들은 자기 나라의 국기가 자기를 대신하는 상징이라고 여겨 공격을 받았다고 생각한다. 하나의 상징이 뭔가를 나타낸다고 하더라도 그것이 상징하는 것과 똑같은 것은 아니다. 그런 마법의 사고가 실용적인 의미가 될 수 있다. 사랑하는 사람의 사진을 품고 있으면 마음이 따뜻해진다. 하지만 시간이 지난 후 두 사람 간의 관계가 끝나고, 예전에 사랑했던 사람을 머릿속에서 지워 버리고 싶으면 그 사진을 불에 태워 버리는 게 도움이 된다.

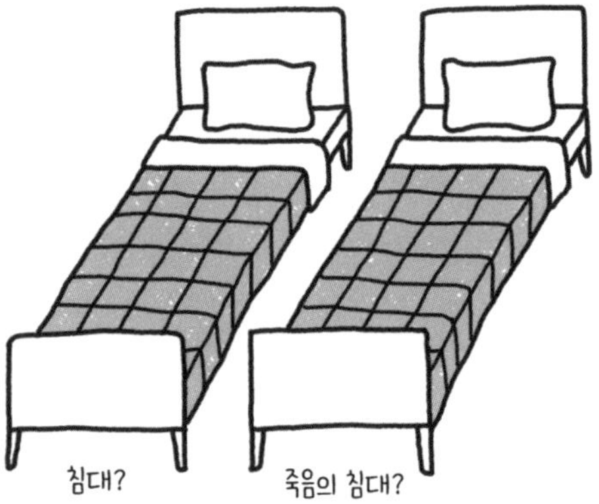

어떻게 할 것인가?

병원에 입원해야 하는 상황을 상상해 보라. 여러분이 입원할 병실에 3명의 다른 환자들이 이미 침대에 누워 있다. 여러분이 침대에 누우려고 하는데 옆 환자가 바로 그 침대에서 어제 한 소녀가 죽었다고 말한다면 여러분은 아무 일도 없는 것처럼 누울 수 있겠는가? 아마도 머릿속이 복잡해지고, 다른 침대를 사용하겠다고 하지 않겠는가? 옆 환자가 단지 농담으로 한 말이라고 나중에 고백하더라도 그 마음은 변함없을 것이다.

여러분도 이 침대에 누우면 불행한 일을 당하게 되지 않을까? 다행히 실제로 저주를 받지는 않을 것이다. 그렇게 여러분의 마음을 불편하게 만드는 것이 주술적 사고다.

부두교로 누군가를 괴롭힐 수는 없다

미신 중에는 다른 사람에게 벌을 주기 위해 믿는 것도 있다. 무서운 엽기 영화를 보면 저주하고 싶은 사람의 머리카락을 붙여 놓은 인형을 바늘로 무참히 찌르는 모습이 나온다. 민간신앙 부두교에서 그렇게 한다. 그 머리카락의 주인은 병이 들거나 고통에 시달리는 모습이 영화에 나온다. 실제로는 이 세상 어느 누구도 그런 방식을 통해 괴롭히지 못한다. 누군가 벼락을 맞기 바라거나, 누군가에게 악마의 저주가 일어나기를 마음속으로 간절히 빌어도 그런 일은 일어나지 않는다. 저주를 퍼붓고 싶은 사람한테 실제로 무슨 일이 일어나면 그렇게 되기를 빈 사람은 죄책감을 느낄 수 있다. 하지만 누가 간절히 빈다고 해서 누군가를 심장마비에 걸려 죽게 하거나, 악마의 저주를 받게 할 수는 없다. 단지 다른 사람을 저주하는 안 좋은 모습만 보일 뿐이다.

그 누구도 미신과 주술의 힘으로 세상을 단죄할 수 없고, 세상을 더 잘 이해할 수도 없다. 그런데도 많은 사람이 그런 짓을 한다. 하지만 대개는 아무 일도 일어나지 않는다. 다트 판에 마음에 들지 않는 사람의 사진을 붙여 놓거나, 자신을 보호해 주는 애착 인형을 품고 침대에 눕는 편이 차라리 낫다. 그것은 아무도 해롭게 하지 않는다.

미신을 믿으면 명쾌한 사고를 하는 것에 방해를 받을 수 있다. 오직 자기만 진실을 알고 있다고 주장하며 극단적인 말을 하는 사이비 교단의 교주를 무작정 믿는 것에는 당연히 안 좋은 결과가 생긴다.

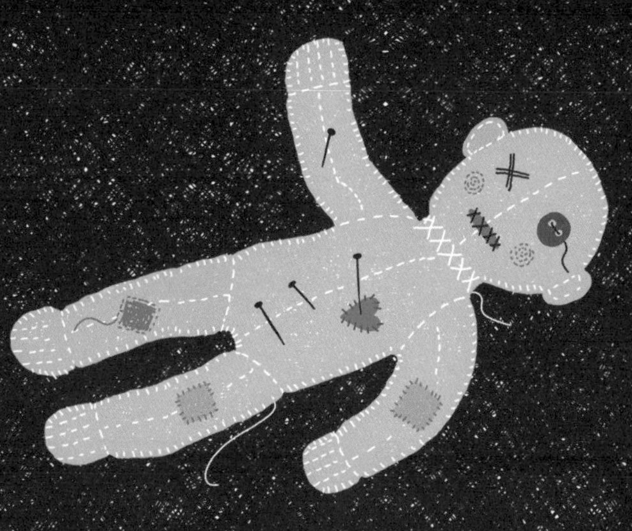

모든 게 생각하기 나름이다!

현대 과학에도 불구하고 인간은 여전히 미신에 어느 정도 의존한다. 그런 미신의 뿌리는 아주 먼 과거에 있다. 여기 몇 개의 예를 들어 설명해 보자.

거울

옛날 사람들은 거울을 보면 자신의 영혼을 본다고 믿어 거울을 깨뜨려 영혼도 함께 부숴 버렸다. 모든 것이 다시 정상이 되기까지 7년의 세월이 걸린다는 말이 전해져 내려오고 있다. 그래서 사람들은 거울을 깨뜨리면 7년간 불행이 온다는 말을 종종 한다.

물론 이 말은 말도 안 되는 억지다. 거울 속에 비친 것은 영혼이 아니라 반사된 빛일 뿐이다.

에취! 감기 조심!

옛날에 서양 사람들은 큰 소리로 재채기를 하면 몸에서 영혼이 빠져나간다고 믿었다. 그들은 잠깐이라도 몸에서 영혼이 빠져나가는 동안 위험에 처하게 된다고 철석같이 믿었다. 악귀가 순간적으로 침입한다고 믿었기에 어서 악귀가 물러나기를 바라는 마음으로 재채기를 한 사람에게 '감기 조심!'이라고 큰 소리로 말했다. 그렇게 하면 빠져나간 영혼이 되돌아올 수 있을 만큼의 시간적 여유가 생긴다고 믿기 때문이었다.

물론 말도 안 되는 이야기다. 하지만 다른 사람이 재채기했을 때 그런 반응을 보이면 상냥하고, 예의 바르다는 인상을 준다. 재채기에 무슨 특별한 의미가 있지는 않더라도.

나무 두드리기

옛날 사람들은 나무 안에 신들이 살고 있다고 믿었다. 그래서 신에게 뭔가 간청하고 싶은 게 있으면 나무를 두드렸다. 물론 나무 안에 초자연적인 것이 살고 있지는 않다. 어쩌면 소리를 내는 많은 곤충이 나무속에서 살고 있어서 그런 믿음이 생겼을지도 모른다. 하늘소의 애벌레는 나무를 갉아먹는 소리를 크게 낸다.

13일의 금요일

오래전부터 사람들은 12를 예쁜 숫자로 생각했다. 하지만 그렇게 아름다운 숫자 바로 다음에 이어지는 숫자는 〈장미공주와 은백의 기사〉라는 동화에 초대받지 못한 13번째 요정처럼 불행을 안겨 주는 불운한 숫자로 인식했다. 노르웨이의 전래동화에도 초대받은 12신이 초대받지 못한 13번째 신에 의해 처참하게 복수를 당하는 이야기가 나온다.

그런데 금요일은 무슨 상관일까? 금요일인 프라이데이는 사랑의 여신 프레이아의 이름에서 따와 붙여진 이름이므로 그녀의 날에 그녀를 모욕해서는 안 된다는 의미였다.

그렇게 해서 13일의 금요일이 특히 뭔가 안 좋은 일이 발생하는 두려운 날로 받아들여졌다. 물론 그 두려움에는 근거가 없다. 문화에 따라서 13을 행운의 숫자로 보는 문화도 있다. 중

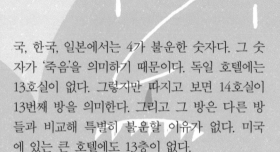

국, 한국, 일본에서는 4가 불운한 숫자다. 그 숫자가 '죽음'을 의미하기 때문이다. 독일 호텔에는 13호실이 없다. 그렇지만 따지고 보면 14호실이 13번째 방을 의미한다. 그리고 그 방은 다른 방들과 비교해 특별히 불운할 이유가 없다. 미국에 있는 큰 호텔에도 13층이 없다.

그런가 하면 13이 특별히 좋은 의미로 해석되는 경우도 있다. 봉급생활자들은 연말에 받는 보너스를 일도 안 하고 돈을 받는다는 의미에서 13번째 월급이라고 부른다. 보너스를 마다할 사람은 아무도 없다.

별똥별

캄캄한 하늘에서 한 줄기 환한 빛이 뚝 떨어지는 게 보이면 별똥별일 가능성이 많다. 많은 사람이 그것을 보면 얼른 마음속으로 소원을 빌거나 어디에선가 아기가 태어날 거라는 말을 한다. 하지만 사실 그것은 우주 행성의 일부분이 지구 대기권으로 들어와 소멸하는 과정이다. 소원은 누구나 빌 수 있지만 그 소원이 이루어진다고는 아무도 장담할 수 없다. 별똥별이 보일 때 곧 아기가 태어날 거라는 말도 맞는 말일 수 있다. 전 세계에서 분당 약 250명의 신생아가 태어나니까.

사다리 밑을 지나가지 마라!

오래전부터 전해 오는 말에 따르면 삼각형은 성스러운 상징이었다. 사다리는 바닥, 벽과 함께 삼각형을 이룬다. 그런데 누군가 사다리 밑을 지나가면 삼각형이 흐트러지고, 그것은 곧 신성모독이다. 문틀을 보자. 그것은 사각형이다. 문틀의 한쪽 귀퉁이에서 반대쪽 귀퉁이로 선을 그으면 2개의 삼각형이 생긴다. 결국 두 개의 삼각형을 통과해 방을 드나든다는 의미가 된다. 그래도 아무 일도 일어나지 않는다! 그렇지만 굳이 조언하자면 사다리 밑은 지나가지 않는 게 좋다. 누군가 그 위에 서서 페인트칠을 하고 있거나 유리창을 닦고 있을 때라면 더더욱 삼가야 한다.

이런 미신은 효과가 있다!

혹시 시험을 앞두고 있는가? 그럼 평소에 좋아하는 인형이나 행운의 인형 혹은 좋아하는 필기구, 반지 같은 것을 가지고 가면 도움이 된다. 물론 그것들이 초자연적인 힘을 발휘해서 그렇다는 게 아니라 그것을 통해 마음의 안정을 찾을 수 있기 때문이다. 인형에 휘갈겨 쓴 쪽지라도 몰래 숨겨 놓았다면 더 좋은 효과가 있을 수 있다.

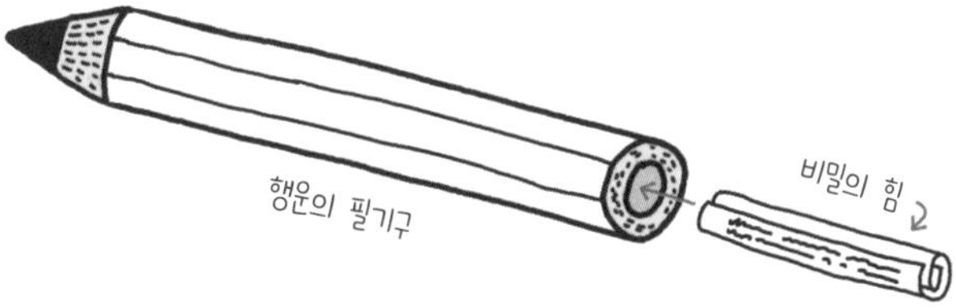

짝사랑하는 사람의 신발에 소변보기?

미신을 믿는 것은 어리석은 짓이지만 누구나 이상한 버릇 몇 개는 갖고 있다. 사실 따지고 보면 꽤 많지만 여기 재미있는 미신들을 몇 가지 소개한다. 다만 아래 소개하는 것들을 절대 믿지 말아야 한다.

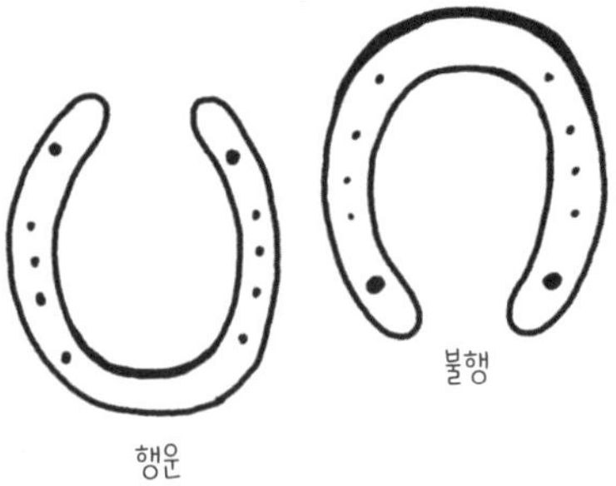

설거지하다가 그릇을 깨뜨리면 이어서 2개를 더 깨뜨릴 위험이 크다. 정말 하나를 깨뜨리면 2개가 더 부서질까? 귀한 것을 일부러 망가뜨릴 수 없으니 얼른 가서 낡은 것을 가져와 깨뜨려 보라.

실내화를 가지런히 놓지 않으면 어머니한테 뭔가 나쁜 일이 생길 수 있다.

음식을 먹다가 혀를 깨물면 조금 전 거짓말을 했다는 의미다.

짝사랑하는 사람이 있는가? 그럼 짝사랑하는 사람의 신발에 소변을 보면 성공할 수 있다!

마녀 때문에 화가 나는가? 말굽쇠를 대문에 박아두면 마녀가 감히 안으로 들어오지 못한다. 주의할 점은 말굽쇠를 대문에 박을 때 다리 부분을 위로 가게 해야 한다. 안 그러면 행운이 멀리 달아난다.

태어난 해의 동전을 갖고 있으면 행운이 온다. 나도 항상 하나를 갖고 다닌다. 추가로 도토리를 하나 갖고 있으면 영원히 젊은 모습을 유지할 수 있다.

여행 보험에 가입할 필요 없다. 여행을 떠나기 전에 신발에 약간의 소금을 뿌리고 가면 아무 일도 일어나지 않는다.

나하고
뽀뽀해!

아침에 잘 일어났는가?
먼저 노래를 한 곡 불러 보라
발이 가려우면
행운이 따른다

나를
죽이지 마!

무당벌레를 절대 죽이지 마라. 죽이면 큰 불행이 닥친다.

아침에 일어날 때 잘 일어났는가? 잠깐 멈춰 서서 노래를 부르고, 아침을 먹은 다음 웃어야 불행한 일이 생기지 않는다.

치통? 노새에 입을 맞추라.

잠자리에 들기 전에 휘파람을 불지 마라! 휘파람을 불면 귀신이 온다.

누군가에게 괴롭힘을 당하고 있나? 분필로 주변에 원을 그리면 아무도 여러분을 해칠 수 없다.

친구와 같은 수건에 물기를 닦지 마라. 그렇게 하면 그 친구와 반드시 싸우게 된다.

오른쪽 발목이 가려운가? 그럼 머지않아 돈 벌 일이 생긴다.

아기가 첫돌이 되기 전에 머리를 자르지 마라! 안 그러면 애가 바보가 된다.

마음을 불편하게 하는 것을 잊어버리고 싶은가? 그럼 실내화 한쪽을 어깨 뒤로 던져라. (혹시 그렇게 했다가 뭔가 깨지는 소리가 났다면 마음을 불편하게 하는 것을 또다시 잊어야 할 수도 있다.)

모든 문과 창문 위에 마늘을 걸어둬라. 그렇게 하면 뱀파이어를 쫓을 수 있다. 뱀파이어가 그 냄새를 지독히 싫어하기 때문이다.

뱀파이어 퇴치 작전

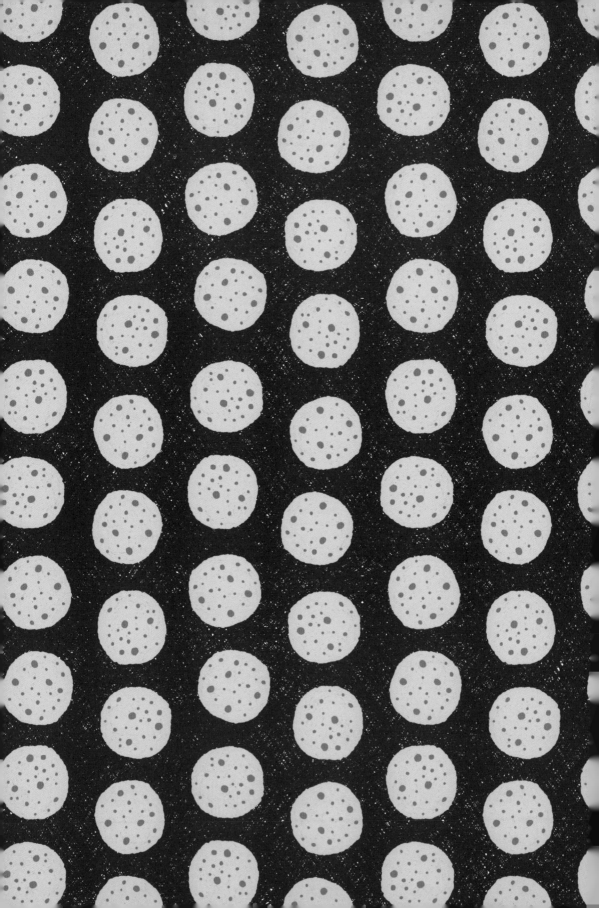

2 과학의 발전 만세!

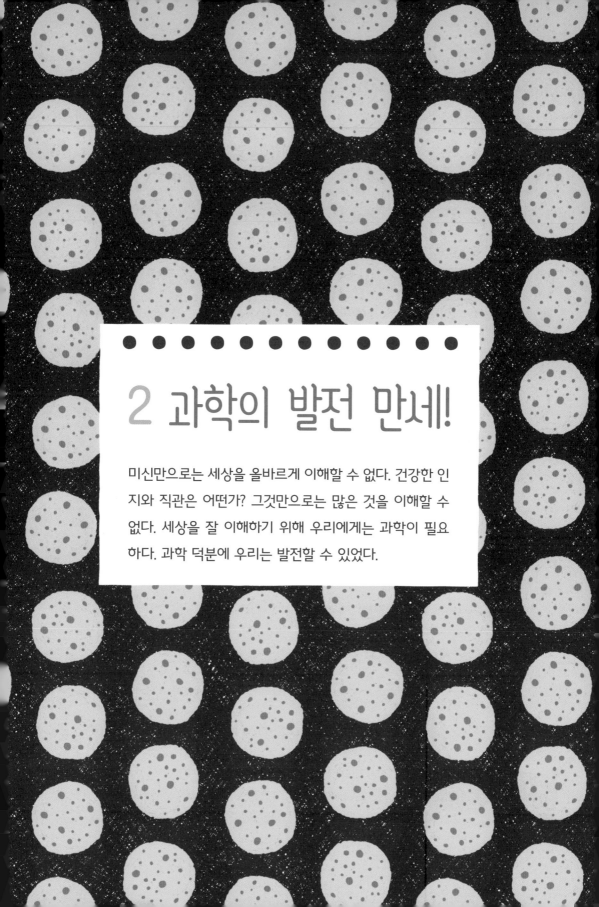

미신만으로는 세상을 올바르게 이해할 수 없다. 건강한 인지와 직관은 어떤가? 그것만으로는 많은 것을 이해할 수 없다. 세상을 잘 이해하기 위해 우리에게는 과학이 필요하다. 과학 덕분에 우리는 발전할 수 있었다.

여러분의 건강한 사고는 뭐라고 말하나?

수수께끼 풀기

아래에 몇 개의 문제들을 적어 놓았다. 너무 오래 생각하지 말고 답을 풀어 보자. 해답은 168쪽에 있다.

1. 감자튀김과 마요네즈 가격은 2.20유로다. 감자튀김은 마요네즈보다 2유로 더 비싸다. 마요네즈의 가격은?

2. 피자 배달부가 날마다 오토바이를 타고 도시 곳곳에 피자를 배달한다. 그는 항상 같은 속도로 오토바이를 몰고, 배달 후 곧장 피자 가게로 돌아온다. 오늘은 자전거를 타고 다니는 사람과 함께 다니느라 평소의 절반 속도로 오토바이를 타고 갔다. 평소와 같은 시간에 가게로 돌아오려면 돌아올 때는 속도를 어떻게 내야 하나?

3. 고양이 3마리가 3분 안에 3마리의 생쥐를 잡을 수 있다면 100마리의 고양이가 100마리의 생쥐를 잡기 위해 시간이 얼마나 필요한가?

4. 217에서 7을 몇 번 뺄 수 있나?

5. 아래 질문을 즉시 대답하라.
북극곰의 색깔은?
하늘에서 내리는 눈의 색깔은?
냉장고의 색깔은?
소는 무엇을 마시나?

6. 호수에 거대한 피막이풀이 자란다. 토종이 아닌 그 풀의 성장 속도가 매우 빨라 생태계를 위협한다. 호수 수면을 덮는 피막이풀은 날마다 2배로 증가한다. 떡잎이 호수 전체를 덮기까지 60일의 시간이 걸린다. 관계 관청은 늦어도 호수의 절반이 뒤덮일 때 풀을 걷어 내야 한다. 며칠이 지나면 그 풀이 호수 전체를 뒤덮게 되는가?

7. 어느 부부에게 딸이 일곱이고, 각 딸에게 남자 형제가 한 명 있다. 가족 구성원은 전체 몇 명일까?

8. 테리어가 2미터 길이의 끈에 묶여 있다. 6미터 떨어진 곳에 시끄럽게 짖어대는 강아지가 끈에 묶인 채 뛰어간다. 그런데도 테리어가 그 강아지가 있는 곳까지 달려갈 수 있었다. 어떻게 가능했을까?

9. 무엇이 더 그럴듯한 말처럼 보이는가?
A. 자이드는 직업학교에 다닌다.
B. 자이드는 직업학교에 다니고, 아이폰도 갖고 있다.

10. 1만 명 중에 한 명이 라임병Lyme-Borreliose에 걸린다고 가정해 보자. 그 질병의 혈액 검사 정확도는 99.99퍼센트다. 여러분이 혈액 검사 결과 양성을 받았다면 라임병에 걸릴 확률은 얼마나 될까?

모든 문제를 풀었는가? 진지하게 생각하면 충분히 풀 수 있는 문제들이다. 그러나 막연한 느낌, 직관, 건강한 인지력으로 생각하면 서로 다른 결과가 나올 수 있다. 논리적인 사고를 하려면 많이 노력해야 한다.

일단 보고 그 다음에 믿는다!

세심하게 본다고 해도 뭐가 어떻게 되는지 잘 알아내는 것은 아니라는 말을 들어 본 적이 있을 거다. 예를 들어 여러분은 지구의 지층이 움직이는 판으로 이뤄졌다는 것을 아무 문제없이 이해할 수 있는가? 여러분이 서 있는 땅바닥이 고정되어 있다고 생각하지는 않았는가?

아니면 전화는 어떻게 통화가 가능한지, 수많은 정보가 어떻게 작은 반도체에 들어 있을 수 있는지 이해할 수 있는가? 그리고 광선이 1초에 지구를 7바퀴나 돌 수 있다는 것을 상상할 수 있는가?

원자의 핵과 전자 사이에 대개 진공이 있다는 것은 알고 있는가? 핵 부분을 오렌지만 한 크기로 확대하면 전자가 5킬로미터나 멀리 달아날 수 있다는 것도?

혹은 여러분 몸에 사는 박테리아의 숫자가 여러분 신체의 세포 수와 같다는 것도 이해할 수 있는가? 10개 세포 가운데 9개는 혈액 세포라는 것도?

우주가 아주 작은 점으로 시작되어 계속 커졌다는 것도?

우주 속에 모든 것을 삼키는 블랙홀이 있다는 것도?

건강한 인지 작용으로 쉽게 이해할 수 없는 것들이 세상에는 정말 많다. 그것을 정확히 이해하기 위해 우리에게는 전문 과학자가 필요하다. 물론 생명과 물리의 모든 수수께끼를 손바닥 뒤집듯 쉽게 파악할 수 있는 것은 아니지만 그들은 항상 꾸준히 조금씩 밝혀내고 있다.

과학이여, 영원하라!

옛날에는 과학자들이 혼자서도 귀중한 발견을 할 수 있었다. 당시 과학은 아주 천천히 성장했다. 그러나 1450년 인쇄술이 발명되면서 많은 것들이 전보다 훨씬 더 빠르게 전파되었다. 과학자들이 예전보다 쉽게 서로에게서 배울 수 있게 되었고, 그것으로 과학이 엄청난 발전을 이룰 수 있었다.

오늘날 과학자들은 대개 다른 과학자들과 함께 팀을 만들어 일한다. 아주 미세한 부분에 대한 연구라도 혼자서 연구하기는 어렵다. 유럽 핵 연구 기관인 CERN의 분자 가속기 같은 것이 필요하다. 그 가속기는 지하에 깊이 175미터, 총 길이 27킬로미터로 이뤄져 있다. DNA 연구도 혼자 할 수 없고 뇌, 기후, 에너지, 로봇, 인공 지능 등도 마찬가지다.

그런 연구와 연구 결과를 평범한 사람들이 이해하기에는 너무 어렵다. 이 책 끝부분에 과학이 어떻게 수행되고, 과학적 발견을 우리가 왜 신뢰해야 하는지에 대해 적어두었다.

지구는 원반이다

마이크 휴 혹은 미친 마이크로 세간에 알려져 있는 그는 지구가 평면이고, 원반의 모양을 하고 있다고 확신했다. 그래서 마이크는 캘리포니아 모하비 사막에서 자체 제작한 로켓을 타고 하늘로 올라갔다. 마이크는 그 시도를 통해 자신의 이론을 증명할 수 있기를 바랐다. 그러나 마이크의 비행시간은 몇 초에 불과했고, 비행고도는 고작 571.5미터였다. 다행히 낙하산을 타고 지상에 착륙했다. 물론 계획했던 것보다 좀 거친 착륙을 한 것은 분명하다.

마이크는 지구가 평면이라는 것을 여전히 증명해 내지 못해 로켓과 기구를 병합한 탈것을 만들었다. 그것으로 110킬로미터의 고도까지 올라갈 계획이었다. 그것을 타고 올라가 사진을 찍어 보내 주는 것으로 자기의 이론을 증명해 보이고 싶었다.

정말 그럴까? 지구가 평면이고, 원반 모양이라고? 지구가 공처럼 둥글다는 것을 누구나 다 알고 있지 않나?

당연히 그럴 거라고 대부분 생각하지만 우주비행사들이 거짓말을 한다고 믿는 몇몇 단체는 그렇지 않다. 그들의 주장에 따르면 남극의 과학자들은 오지에서 지구를 지키는 감시자들이고, 지구의 사진들은 모두 나사NASA가 조작한 사기의 결과물이라고 말한다.

그런데 '지구가 원반이다.'라고 생각하는 사람들이 몇몇 소수일 것으로 생각하면 오산이다. 실제로는 아주 많다. 프랑스의 여론 조사 기관이 실시한 설문 결과, 전체 인구의 10퍼센트가 지구를 평면으로 믿는다는 결과가 나왔다. 그것은 다른 나라에서도 비슷하게 나올 것이다. 원반 이론의 지지자들은 법원, 언론인, 과학자와 정부를 불신한다.

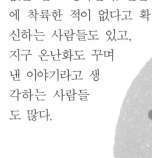

젊은 사람들 가운데 그런 생각을 하는 사람들이 많다. 그들이 하나의 커다란 단체를 이루기 때문에 불신이 더욱 커진다. 그러므로 그렇게 생각하는 사람이 여러분 혼자는 아니다.

세상에는 과학적 결과에 일치하지 않는 주장을 믿는 사람들이 만든 단체가 많다. 기독교 원리주의자들에게는 공룡이 〈성경〉에 나오지 않는다는 이유에서 공룡의 존재란 있을 수 없는 일로 생각한다. 인간이 달에 착륙한 적이 없다고 확신하는 사람들도 있고, 지구 온난화도 꾸며낸 이야기라고 생각하는 사람들도 많다.

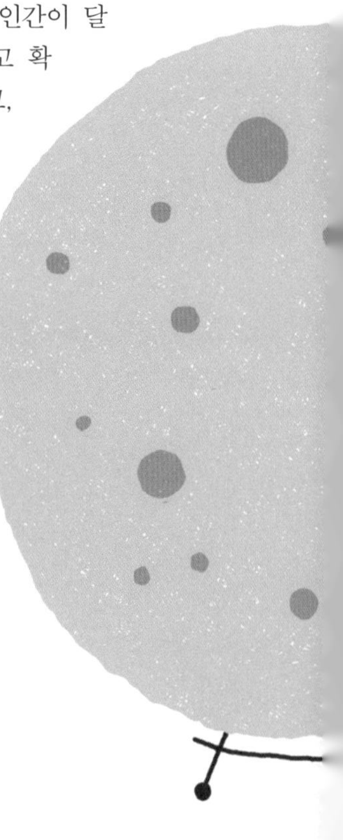

눈에 보이는 것이 전부는 아니다

태양이 지구를 중심으로 회전한다고 쉽게 생각할 수 있다. 낮에 해가 동쪽에서 떠올라 서쪽으로 지기 때문이다. 어두운 밤에는 달을 중심으로 모든 행성과 별들이 같이 움직이는 것처럼 보인다. 별들이 모두 한 방향으로 움직이기 때문이다. 그러므로 인간들이 오랫동안 지구가 우주의 중심이고, 그것을 중심으로 모든 것이 회전한다고 믿었던 것이 이상한 일이 아니었다. 새로운 이론이 나오기에는 면밀한 관찰과 치밀한 계산을 할 줄 아는 사람들의 숫자가 소수에 불과했다. 그렇게 눈치 빠른 사람 가운데 한 사람이 니콜라우스 코페르니쿠스였다. 그는 500년 전에 살았던 사람이다.

"노!"라고 코페르니쿠스는 말했다. "태양이 지구를 도는 게 아니라 지구가 태양을 돕니다."

그러나 코페르니쿠스는 자신의 이론을 책으로 엮어 낼 용기는 내지 못했다. 그것이 〈성경〉의 엄격한 가르침을 정면으로 위배하기 때문이었다. 〈성경〉에 적혀 있는 것과 다른 생각을 하는 사람은 이단 취급을 당했다. 한 출판사의 사장이 묘안을 내서 본인이 직접 서문을 쓰고, 코페르니쿠스의 이론을 보호하기 위해 그것이 단지 착시 현상일 뿐이라고 주장했다. 처음에는 코페르니쿠스의 이론을 아무도 진지하게 받아들이지 않았다. 지금도 지구가 시속 1,670킬로미터의 속도로 자전을 하고, 동시에 초속 30킬로미터 이상의 속도로 태양을 돈다는 것은 상상하기 어렵다. 감정적으로는 그런데도 우리가 모두 아래로 떨어지지 않는다는 것을 의아해한다.

후에 코페르니쿠스의 책은 가톨릭교회의 도서 목록에 금지 도서로 분류되었다. 다른 천문학자들이 코페르니쿠스의 이론이 실제로 100퍼센트 옳다고 생각하는 시대였는데도 말이다.

아프지 않다고? 그럼 장작더미 위로!

여러분이 400년 전에 살았다고 상상해 보라. 페스트가 퍼지고, 곳곳에서 사람들이 끔찍한 모습으로 사망하는데 여러분은 병에 걸리지 않았다. 사람들은 그 병에 걸리지 않은 여러분을 마녀라고 수군거렸다. 그리고 추수한 곡식 수확이 좋지 않아 아무도 여러분과 음식을 나눠 먹지 않는 게 그 이유라고 해도 아무 소용이 없었다. 그래도 여러분은 페스트가 여러분 탓이고, 그래서 벌을 받아야 한다는 주장 때문에 여러분은 장작더미를 향해 가야만 했다. 여러분이 다른 사람들과 교류를 하지 않아 접촉이 없었으니 남을 감염시키지 않았다는 것을 그 당시 사람들은 알지 못했다. 현미경으로 '아주 작은 세균'을 처음 발견한 사람은 안토니 반 레벤후크였다. 루이 파스퇴르는 그 세균이 모든 질병의 원인이라는 것을 알았다. 그것이 전염력을 갖고 있어 질병을 퍼뜨린다는 것을 알아낸 것이다.

알렉산더 플레밍 덕분에 우리는 그 박테리아를 죽일 수 있게 되었다. 전염병이 생기면 장작더미 위로 던져 화형을 시키는 것보다 더 효과적으로 질병에 맞서 싸울 수 있게 된 것이다. 플레밍이 항생제 페니실린을 발견했기 때문이다.

항생제와 예방 주사를 통해 결핵, 천연두, 소아마비와 같은 전염병이 거의 퇴출되었다. 그 전에는 병에 걸리면 3분의 2가 사망했다. 필자가 그때 살았다면 이 책도 쓰지 못했을 거다. 19살에 결핵에 걸렸던 나는 2년간 강한 항생제 치료와 휴식을 취해 완전히 나을 수 있었다.

요즘에는 결핵이 많은 질병 가운데 하나일 뿐이지만 100년 전만 해도 그 병에 걸리면 쉽게 말할 수 없는 분위기였다.

현대식 치료법이 과거보다 훨씬 좋아졌다. 현대 의학이 해낼 수 있는 모든 것들을 과거에 살았던 사람들은 단지 꿈만 꿀 수 있었을 뿐이다. 우리는 이렇게 발전된 현대에 살고 있다는 것을 다행으로 생각해야 한다.

중앙아프리카의 마녀 집합소

이제는 마녀사냥이 세계 많은 나라에서 다행히 과거에 있었던 일이 되었다. 하지만 잠비아와 같은 아프리카의 여러 나라에서는 아직도 흔하다. 그곳 사람들은 마녀가 하늘을 날 수 있고, 벌거벗은 채 묘지에서 춤을 추고, 시체를 뜯어 먹고, 심지어 자기 자식들도 먹어 치운다고 생각한다. 어린 소녀와 부인이 미신 때문에 마녀 집합소에서 종종 화형을 당한다.

아프리카의 특정 지역에 사는 사람들은 마법, 예언, 초자연적인 제례 의식을 철저하게 믿는다. 대개는 인간에게 별다른 해를 끼치지 않는 풍습이지만 어떤 사람에게는 평생 다른 사람들의 따가운 눈총이 따라다니는 끔찍한 일이 된다.

그래서 피부나 머리카락에 색소가 부족한 많은 아프리카의 색소 결핍증 환자들이 불행한 일을 당하고 있다.

시체를 몰래 도굴하기

세상에 대한 우리의 생각은 시간이 지나면서 엄청난 변화를 겪었다. 호기심이 많고, 어떤 속성을 지니고 있는지 알고 싶어 하는 사람들이 있어서 과학이 많은 것을 발견할 수 있었다. 모든 것을 있는 그대로 받아들이지 않고, 의문을 갖는 사람들은 탐구하고, 실험하며 연구한다. 그들은 고정 관념을 갖지 않고, 직접 파헤치려고 노력한다. 그런 사람들 가운데 한 사람이 레오나르도 다 빈치였다. 그는 인간의 신체를 안에서 보면 어떻게 보이는지 연구했던 최초의 인간 가운데 한 사람이었다. 소문에 의하면 그는 밤중에 죽은 지 얼마 되지 않은 시체를 무덤에서 파내 집에 가서 크기를 재 봤다고 한다. 그러나 그것이 단지 헛소문일지도 모른다.

다만 레오나르도 다 빈치가 파비아 대학교에서 근육과 신경에 대해 세밀하게 연구하기 위해 20구의 인간 시체를 해부했다는 사실은 분명하다. 레오나르도 다 빈치는 두뇌와 신경계를 스케치로 완성했고, 임산부도 유심히 관찰해 새끼를 밴 동물과 임산부를 비교했다. 그런 비교는 레오나르도 다 빈치가 동물의 몸에 칼을 대고, 검사할 수 있었기에 가능했다. 당시 사람들에게 그의 연구는 엄청난 충격이었다. 사람의 육체 내부가 동물의 그것과 같았기 때문이다.

진정한 미식의 탄생 : 폐수

조리된 음식을 먹으면서 혹시 음식이 썩은 게 아닌가 하는 걱정을 하면서 먹은 적이 있는가? 아마 대개 그렇지 않을 거다. 포장지에 식품 제조 일자와 유통 기한이 적혀 있기 때문이다. 그것을 지키면 굳이 상한 음식을 먹지 않아도 된다.

매번 수돗물을 마시면서 심각한 전염병에 걸리는 것은 아닐까 하는 걱정을 하는가? 분명히 그러지 않을 거다. 이집트나 인도와 같은 나라에서 휴가를 보내는 중이 아니라면 말이다. 과학 덕분에 우리는 깨끗이 정화된 물을 마실 수 있게 되었고, 우리가 먹는 식량은 건강하고, 안전하다. 옛날에는 사정이 지금과 전혀 달랐다. 1866년 네덜란드에서는 약 2만 명이 오염된 물을 마시고 콜레라에 걸려 사망했다. 그러나 그것은 아주 이상한 일이 일어난 게 아니었다. 식수를 하수도로 사용했던 강물에서 길어 올렸기 때문이다. 강물에 분뇨가 함께 흘렀다. 물맛은 자극적이었고, 건강하지 않았다. 콜레라나 장티푸스 같은 질병은 그런 환경에서 빠르게 전염되었다. 그 무렵 오염된 식료품도 많이 유통되었다. 사람들은 심지어 병들어 죽은 동물 사체의 썩은 고기를 땅에서 파내 연기를 씌워 훈제하거나 염장을 해 가난한 사람들에게 팔았다. 정상적인 고기는 값이 비싸서 쉽게 살 수 없지만 그런 고기 정도는 구입이 가능했기 때문이었다. 싸구려 밀가루에는 석회와 곱게 간 분필가루가 뒤섞였다. 사람들은 그것으로 만든 빵을 '돌가루빵'이라고 불렀다. 식량과 간식거리에 색을 입히기 위해 몸에 해로운 색소도 사용되었다. 독이 있던 오렌지 색깔의 녹 방지 염료를 사탕에 바르기도 했다. 당시에는 감독 기관이 없었고, 그런 것들을 먹고 큰 사고가 터지면 그제야 조치가 취해졌다.

지금은 그런 일을 상상하기도 어렵다.

요즘은 우리가 마시는 식수나 식품에 문제가 생기면 큰 사건으로 다뤄진다. 한 예로써 지난 2017년에 엄청나게 많은 달걀에 대한 살충제 파동이 있었다. 조사 결과 살충제가 금지 약품이었는데 많은 양계장에서 소독제로 사용되었다는 것이 밝혀졌다.

그래서 살충제가 달걀에도 뿌려졌고, 심지어 유기농 농장에서도 그런 일이 일어났다. 다행히 인체에는 유해하지 않은 것으로 밝혀졌다. 사람들이 그것 때문에 병에 걸리거나, 해를 입지 않았다. 그런데도 안전 대책으로 2,500만 마리의 닭들이 살처분되었다.

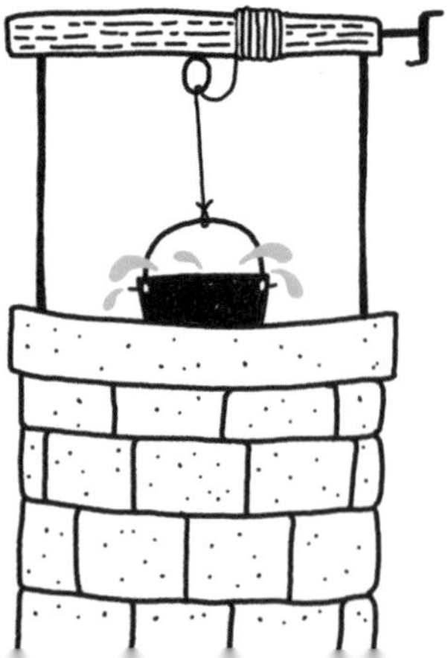

검증하고, 안전하다

이제는 불량 식품 파동이 자주 일어나지 않는다. 그러므로 식료품이나 음료수가 썩었거나 다른 이유로 병에 걸릴 거라는 걱정은 하지 않아도 된다. 집에서 어느 정도 위생을 잘 지키고, 냉장고에 유통 기한이 지난 음식을 두지 않도록 조심하고, 한 번 개봉한 식품은 가능한 빨리 소비하면 큰 문제가 일어나지 않는다. 우리가 먹는 식료품들은 관청의 검증을 받기 때문에 불량 식품은 쉽게 적발된다.

그런데도 우리가 먹는 식료품에 의심스러운 성분이 포함되어 있고, 식품 첨가제가 유해하다고 생각하는 사람들이 많다. 하지만 오히려 그 반대다. 검증된 식품 첨가제들은 시험을 통과하고, 식품을 더 잘 보존하게 도와주는 안전한 성분들이다.

안전한 달걀

'화학'이라는 말을 들으면 사람들은 곧바로 인위적인 것을 생각하지만 사실은 모든 것들이 화학이다. 정상적인 양계장에 물, 아미노산, 지방산, 설탕과 여러 가지 식품 첨가제 등이 많이 있다. 그 모든 것들이 자연의 산물이다.

과거에는 모든 것들이 훨씬 안 좋았다

옛날에는 모든 것이 더 좋았다고 주장하는 사람들이 많다. 환경 오염도 없었고, 사람들은 더 건강하게 살았으며, 일상에 여유가 있었다는 등등. 그러나 오히려 그 반대다. 여러분도 솔직히 말하면 굳이 19세기로 돌아가고 싶은 생각이 없을 거다.

지하에서의 삶

그 시대에 빈부 격차가 요즘보다 훨씬 더 심해 불과 몇몇의 소수만 막강한 부를 소유할 수 있었다. 그래서 대개 모든 사람이 가난했다. 온 가족이 생선 통조림처럼 방 한 칸에 다닥다닥 붙어 지냈다. 허름한 집에는 지붕에 구멍을 뚫어 연기가 밖으로 빠져나가게 했다. 방 안에서 음식을 만들고, 먹고, 빨래도 했다. 세탁한 빨래 역시 같은 공간에 널어 말렸다. 아이들은 지푸라기로 만든 매트리스에 네 명 혹은 그 이상이 함께 잤다. 사생활이라는 것에 대한 개념을 아무도 갖고 있지 않았고, 성교육도 굳이 할 필요가 없었다. 겨울에는 찬바람이 들이치고, 습한 움막 안은 얼음장처럼 차가웠다. 창문에 성에가 두껍게 끼어 밖을 내다볼 수도 없었다. 물론 그것도 집 안에 유리창이라도 있어야 가능한 일이었다. 거의 모든 집의 창문은 종이로 막아 놓았다. 전깃불도 없고, 집 안에서 물을 쓸 수 있는 집도 드물었다. 배변은 하수도나 강물로 연결된 곳 혹은 구덩이를 파고 그 위에서 해결했다. 구덩이에 모은 배설물은 정기적으로 비워 내야만 했다. 변기로 쓰는 의자를 몇 가족이 함께 사용해 위생적이지도 않았다.

비가 많이 쏟아질 때는 배설물이 흘러넘쳐 좁은 골목길을 따라 흘렀다. 집이 종종 침수하기도 했다. 하수도가 내뿜는 악취도 심했다. 파리, 쥐, 곰팡이와 같은 질병을 일으키는 병원체들이 하수도에서 느긋하게 번식했다.

공업 도시에서 살면 그런 환경에 추가해 시커먼 매연을 맡으며 살아야만 했다. 산성비가 모든 것에 해를 끼쳤다. 진정한 의미의 환경 오염이었다.

기아는 식욕과 다르다

많은 아이가 하루에 12시간씩 공장에서 일했다. 주린 배를 움켜쥐고 자정까지 일하는 날도 많았다. 어쩌다 반

아먹는 음식은 영양이 골고루 갖춰진 음식이 아니었다. 빵은 호밀, 감자, 보리와 콩으로 만든 것을 주로 먹었다. 그런 것들이 저렴하고, 배가 쉽게 불렀다. 신선한 채소, 고기와 생선은 없었고, 유제품 역시 없었다. 기껏해야 죽을 만들어 먹을 수 있는 탈지유가 고작이었다. 많은 사람이 기아에 시달렸다. 그것은 단순한 배고픔과는 다른 고통이었다. 아이들은 깡마르고, 눈은 퀭하고, 배는 영양실조로 인한 부종으로 불룩했다. 부실한 음식 탓에 몸에 수분이 고였다.

이웃에게 체면을 잃지 않으려고 부인네들은 식사 시간이 끝나면 아무것도 먹지 않았으면서도 냄비를 들고 나가 설거지를 했다.

감자 농사가 제대로 안 되면 배가 고파 죽는 사람들이 속속 생겨났다. 아일랜드에서는 감자병이 돌아 백만 명이 죽고, 수백만 명이 해외로 이주했다는 흉흉한 소문이 돌았다.

전쟁은 아름답지 않다

집 밖의 세상도 평화롭다고 말하기 어려웠다. 시내 곳곳에 화재가 자주 발생했다. 길이 좁아 소방차의 접근이 매우 어려워 불길이 빠르게 확산되었다. 그렇다고 화재를 당한 사람들이 다시 일어설 수 있게 도와주는 화재 보험에라도 들었을 리 만무하다. 사람들은 속수무책으로 모든 것을 고스란히 잃었다.

수많은 전쟁이 발발하고, 많은 사람이 끔찍한 방법으로 살해되었다. 제1차 세계대전으로 2천만 명이 죽었다. 제2차 세계대전에는 6천만 내지 7천2백만 명이 목숨을 잃었다. 무서운 질병이 창궐했고, 질병으로 인해 오래 살지 못했다. 현대에 사용되고 있는 약이 없었으니 당시 의사들은 많은 환자를 구해 내지 못했다.

약 100년 전에 있었던 스페인 독감으로 5천만 내지 1억 명이 희생되었다.

150년이 무척 긴 세월처럼 보이지만 인류사 전체를 놓고 보면 아주 짧은 순간 같은 시간이다. 또 그 이전에는 모든 것이 훨씬 나빴다.

인간은 호전적이다. 오래전 과거 속으로 들어갈수록 전쟁이 더 자주 일어나고, 더 많은 사람이 희생되었다.

고문과 노예 제도는 흔했고, 인권이라는 말은 입에 거론되지도 않았다. 그렇다고 선사 시대를 살아간 우리 조상들이 더 평화로웠다고는 생각하지 말아야 한다. 발굴된 두개골을 보면 폭력으로 목숨을 잃거나 심각한 부상에 맞서 싸우다 사망한 흔적들이 여기저기 나타나 있다.

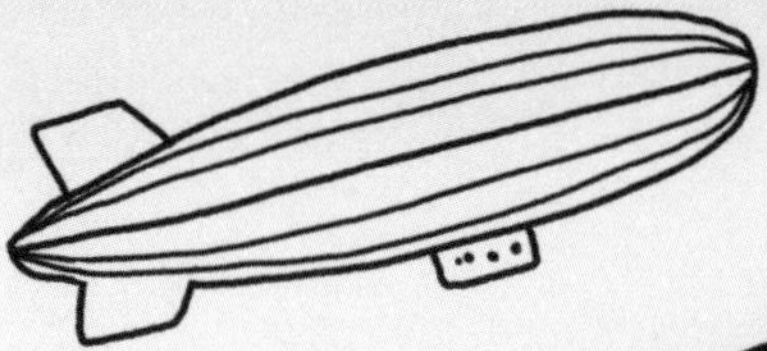

이제는 모든 것이 더 나아졌다!

세상이 계속 나빠지기만 하지는 않았다. 세계적으로 요즘처럼 좋았던 시절이 없었다. 나는 살면서 많은 것들이 개선되는 것을 보았다. 그런 발전은 무엇보다도 과학과 기술 덕분이었다. 더 나아가 많은 나라에 민주화가 안정적으로 정착되고, 자유 무역이 이뤄지고, 인권을 존중하게 된 것도 이유가 된다. 물론 세상에는 빠른 시일 안에 고쳐져야 할 부조리와 큰 문제들이 여전히 많이 남아 있다. 지구 온난화, 바다에 사는 수많은 해양 생물이 받는 위협, 극지방의 빙하가 녹아내리는 현상, 해수면의 높이가 급격하게 상승하고, 물속의 미세 플라스틱과 다양한 생물의 변종이 나타나는 것만 보더라도 그렇다. 국수주의, 대중 인기 영합주의가 횡행해 자유를 위협하고 있다. 극악무도한 독재 정권, 새로운 금융 위기의 위험, 경제 붕괴의 위험도 빼놓을 수 없다.

세계 전체 인구의 1퍼센트가 부를 소유한다. 그들은 나머지 사람들이 가진 것보다 훨씬 더 많은 재산을 갖고 있다. 돈과 권력이 있는 곳이라면 어디든 조심해야 한다. 빠른 수익을 올릴 것인가, 아니면 우리 지구에 미치는 장기적인 영향에도 관심을 가질 것인가? 아직도 많은 문제가 남아 있고, 앞으로도 그럴 것이다. 그러나 과학과 기술을 신뢰하는 것이 무조건 중요하다. 우리는 그것으로부터 많은 도움을 받았다.

과학과 기술의 발전

의학의 발전으로 우리는 과거보다 더 오래 살 수 있게 되었다. 그리고 지구상 거의 모든 나라의 신생아 사망률이 높지 않고, 인공 심장 보조기와 이식 수술을 통해 사람들이 생명을 다시 연장할 수 있게 되었다. 예방 주사 덕분에 전 세계적으로 200만 내지 300만 명을 구할 수 있게 되었다. 우리는 유전에 대해서도 많이 알게 되었고, 뇌가 어떻게 기능하는지에 대해서도 알게 되었다. 여러 종류의 암도 치유가 가능하다. 신장병을 앓고 있는 사람의 혈액에 투석 치료를 할 수 있다. 물론 치료 과정이 편안하지는 않다. 그러나 신장병 환자는 그런 치료를 통해 생명을 유지할 수 있게 되었다. 그리고 심장 수술을 훌륭하게 해내는 의사들도 많다. 이제는 인공 관절도 만들어 낼 수 있다. 다리가 없는 사람에게 의족을 만들어 줘 빠르게 달릴 수 있게 하는 게 가능하다. 결제 시스템도 많이 발전하여 세계 어디에서든 원하는 물건을 살 수 있다. (물론 계좌에 충분한 돈이 있어야 하지만) 기술의 발전으로 우리는 각종 가전제품과 매우 실용적인

도구들을 사용한다. 자동차도 소유하게 되었고, 직접 만든 자동차, 비행기, 거대한 선박, 고속 기차 등도 있다. 기술적 발명으로 내게 가장 깊은 감동을 주었던 것은 자전거다. 페달은 전진을 위한 에너지가 가장 적게 든다. 컴퓨터와 인터넷 덕분에 사람들이 많은 지식을 쌓을 수 있게 되었다. 작은 반도체 칩을 통해 핸드폰으로도 가능하다. 그런가 하면 디지털의 도움을 받지 않아도 사람들이 점점 똑똑해져서 평균적으로 10년마다 IQ가 3점씩 높아진다. 말하자면 100년 전에 살았던 사람들의 평균 IQ가 70 정도였는데, 현재의 기준으로 보면 그 정도의 지능은 지적 장애가 있다고 본다.

우주선 기술 향상으로 로켓이 태양계와 그 이상까지 도달할 수 있다. 그것으로 달과 화성을 탐사할 수 있고, 심지어 태양에도 가까이 접근할 수 있다. 농업 기술의 발달로 인공 비료가 나와 세계 인구가 꾸준히 증가하는데도 많은 사람이 충분히 먹을 수 있게 되었다. 세계 인구가 지난 세기보다 약 6배 증가했다. 공기와 수질 오염 개선을 위한 조치도 시행되고 있다.

지금처럼 평화로운 시절이 없었다

우리는 훌륭한 복지를 누리고, 스포츠, 취미, 연구와 사회적 만남을 이어갈 수 있는 시간도 갖게 되었다. 우리가 이렇게 잘 지낼 수 있게 되자 살해당한 사람들의 숫자가 중세기보다 100배나 줄어들었다. 노예 제도는 세계 모든 곳에서 금지되었다. 사람들이 무력으로 폭력을 쓰는 사건이 줄어들고, 범죄율도 계속 낮아지고 있다. 네덜란드에서는 범죄 혐의를 받는 젊은이들의 숫자가 2005년부터 절반으로 줄어들었다.

1989년 11월 20일 유엔은 '유엔아동권리협약'을 제정하였다. 어린이를 전쟁 상황에서도 보호해야 한다는 규정이 그 협약에 명시되었고, 그것은 가정에도 적용된다. 부모가 자식을 마음대로 때릴 수 없게 된 것이다.

역사적으로 세상이 요즘처럼 평화로웠던 시절이 없었다. 그 이유는 아마도 사회적 동물인 우리가 더 명확하게 사고하고, 똑똑해졌기 때문이라고 할 수 있다.

농부가 몰랐던 것

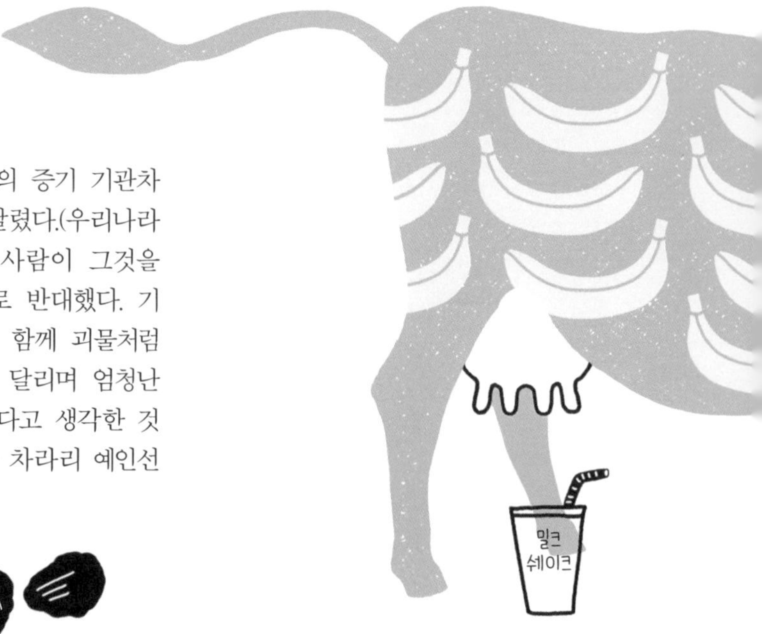

네덜란드에서는 1839년에 최초의 증기 기관차가 암스테르담과 할렘 사이를 달렸다.(우리나라 1899년 서울-인천_역주) 많은 사람이 그것을 못마땅하게 생각하고 적극적으로 반대했다. 기관차에서 나는 칙칙대는 소리와 함께 괴물처럼 생긴 기차가 매우 빠른 속도로 달리며 엄청난 소음을 만들었기 때문에 위험하다고 생각한 것이다. 기차를 반대하던 사람들은 차라리 예인선을 쓰자고 주장했다.

새로운 것 : 씨 없는 수박!

새로운 것에 대한 두려움이 유전자 변형 식물에도 나타난다. '유전 조작'이라는 말은 DNA에 약간의 변화를 주었다는 것을 의미한다. DNA는 생물이 성장하는데 필요한 모든 정보를 갖고 있는 작은 구성 요소가 긴 사슬 모양으로 연결되어 있다. DNA에는 질병에 걸릴 가능성도 내포되어 있다. 유전자 변형을 통해 특정한 식물이 병에 잘 걸리지 않게 해 독성이 있는 살충제를 덜 사용할 수 있게 해 준다.

그러나 DNA-조작은 기술적이고, 비자연적이라는 이유로 두려움을 준다고 많은 사람이 생각한다. 그들은 유전자 조작이 하나의 품종이 다른 것으로 반쯤 변신한 것으로 생각한다. 바나나 나무에 새끼 돼지가 자라거나, 개의 머리에 오리 머리가 달린다고 생각하는 것이다. 그러나 그런 것은 오직 마법으로만 가능하다. 생화학 기술에 대한 그런 미신 같은 두려움은 그저 안타까울 뿐이다.

20년 전쯤부터 두 명의 과학자가 일명 '황금 쌀'을 개발하고 있다. 그것은 비타민 A의 주요 구성 요소인 베타카로틴을 함유한 쌀이다. 그래서 쌀이 당근처럼 주황색을 띤다. 그 쌀로 수만 명의 어린이를 살려 낼 수 있고, 비타민 D 결핍으로 시력을 잃는 1만 명에게 도움을 줄 수 있다. 그러나 유전자 조작 제품에 대한 반대 활동이 매우 심하다. 환경 단체가 그 쌀을 '프랑켄슈타인 식량'이라고 부르기 때문에 많은 사람이 극도의 두려움에 떨고 있다. 그 결과 현재까지 황금 쌀이 시장에 나올 수 없었다. 아직도 많은 어린이가 비타민 A 결핍으로 사망하고 있다. 주로 흰쌀만 먹기 때문이다. 식물과 동물의 유전자를 변형시키는 방법은 여전히 실행되고 있다. 그 결과 씨 없는 수박과 포도, 귤이 나오고, 쓴맛이 강하지 않은 꽃양배추도 나오고, 크고 먹음직스러운 딸기와 즙이 많이 나오는 맛 좋은

사과도 판매된다. 또 송아지도 수익을 높일 수 있도록 맛있는 고기를 만들어 내고, 젖소는 우유를 더 많이 배출할 수 있게 되었다. 교차 재배나 접목은 아주 오래전부터 늘 해 왔던 일이었고, 아무도 그것을 문제 삼지 않고 있다.

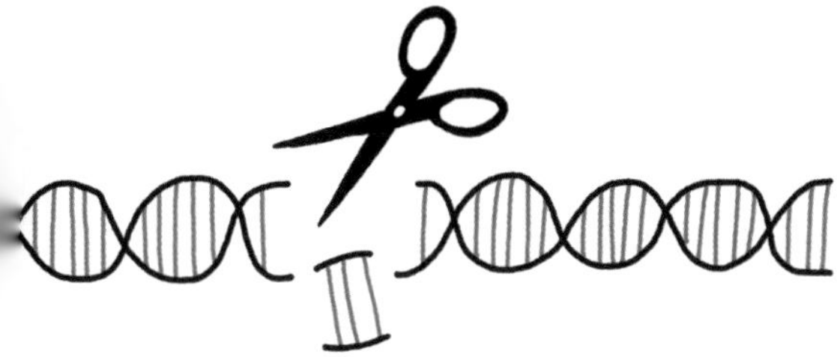

DNA-삽입

얼마 전부터 매우 정확하고, 빠르게 DNA-사슬을 가위로 자르고, 다른 DNA-사슬을 삽입시킬 수 있는 새로운 치료법이 도입되었다. 그것은 마치 단어를 다른 것으로 바꿔 이어 붙이기를 하는 놀이 같다. 그 방법을 통해 앞으로 말라리아가 완전히 퇴치될 전망이다. 최대한 급히 서둘러야 할 일이다. 매주 1만 명의 어린이들이

아프리카에서 말라리아로 사망하고 있다. 또 유전자 질환도 고칠 수 있다. 그 치료법에 대해 격렬한 논쟁이 이뤄지고 있어서 아직은 발표가 되지 않고 있다. 그 방법이 얼마나 안전할까? 인간의 DNA에 어떤 것은 변화시켜도 되고, 어떤 것은 변화시키면 안 되는 걸까? 장차 돈 많은 부자만 그들을 위해 만들어진 건강하고, 똑똑한 자식을 갖게 될 것인가?

새로운 이산화탄소 저장고

공기 중에 있는 이산화탄소의 양이 온실 효과의 주요 원인이고, 지구 온난화의 주범으로 밝혀졌다. 사실 이산화탄소는 유해하지 않다. 예를 들어 탄산수에도 이산화탄소가 들어 있다. 그러나 그 가스가 많이 나오면 지구를 이불처럼 감싸 보온을 유지한다. 그 결과 온실 효과가 나타난다.

공기에 이산화탄소 함유량을 줄이려면 석유, 가스, 석탄을 적게 사용하고, 나무를 많이 심어야 한다. 이산화탄소는 땅속에 저장할 수 있다. 예를 들면 오랫동안 가스를 뽑아 올린 해저층에 보관하는 것이다. 많은 사람이 일단 이산화탄소 배출을 감소시켜야 한다며 그러한 시도를 반대한다. 하지만 그것을 기다릴 만큼 우리에게 시간이 많이 남아 있을까? 기후 변화가 점점 비관적인 경계까지 도달하고 있는 것은 아닌가? 왜 지금 두 가지를 함께 실행하지 않는 걸까? 이산화탄소 배출을 억제하고, 이산화탄소 보관도 하면 안 되나? 단지 새로운 기술이라서 반대하는 건가?

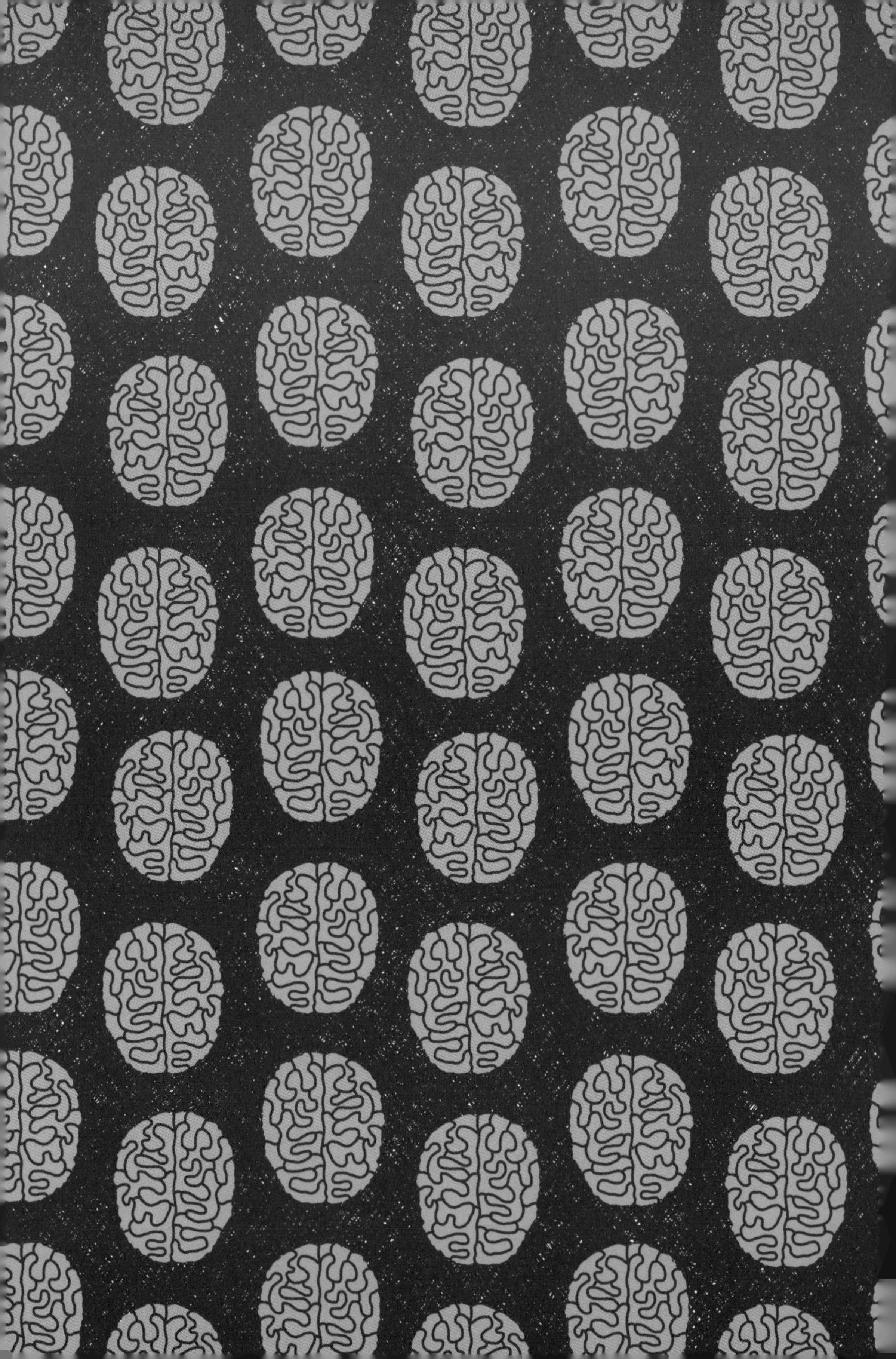

3 뇌를 믿지 마라!

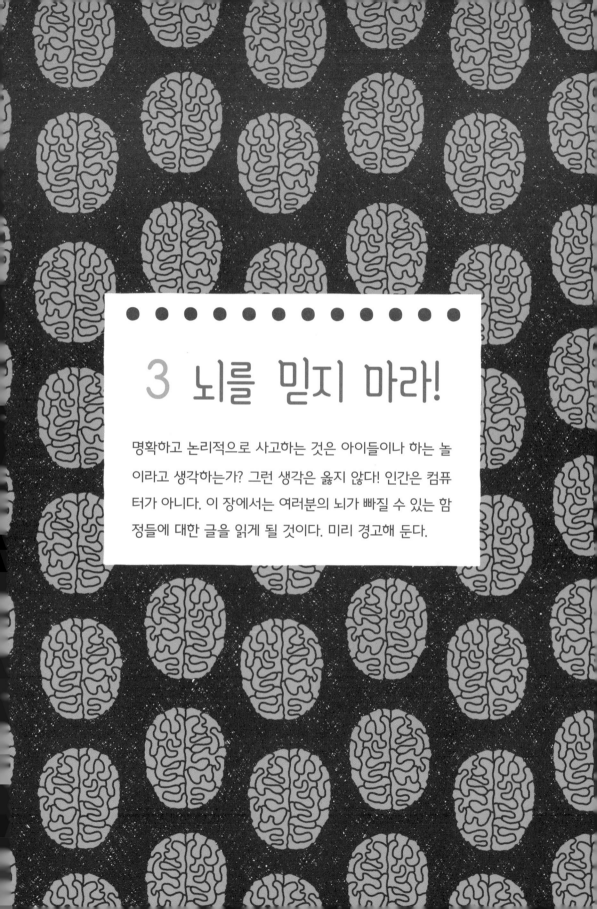

명확하고 논리적으로 사고하는 것은 아이들이나 하는 놀이라고 생각하는가? 그런 생각은 옳지 않다! 인간은 컴퓨터가 아니다. 이 장에서는 여러분의 뇌가 빠질 수 있는 함정들에 대한 글을 읽게 될 것이다. 미리 경고해 둔다.

여러분의 기억은 고정된 판이 아니다

네덜란드의 전 외무부 장관 할베 자힐스트라는 2018년까지 외무부의 수장이었다. 그가 속한 정당은 외국 정상과 풍부한 경험을 한 사람이라는 말로 그를 종종 추켜세웠다. 자힐스트라가 과거에 러시아 대통령 푸틴의 여름 별장에 초대되어 푸틴을 만난 적이 있다는 것이 그의 정당이 내세운 증거였다. 할베 자힐스트라는 그곳에서 푸틴을 만났고, 푸틴이 벨라루스, 우크라이나와 발트해 국가들을 러시아에 통합해 대러시아를 재건하고 싶다는 말을 했다고 전했다. 카자흐스탄은 왜 빼놓았을까?

자힐스트라는 틈만 나면 그 일화를 말해 자기 자신도 그 말을 확고한 사실로 믿을 정도였다. 그런데 사실 자힐스트라는 푸틴의 여름 별장에 초대된 일이 없었다!

푸틴이 한 말을 다른 사람을 통해 들은 것뿐이었다. 결국 그는 엉터리 거짓말을 해 왔다는 게 밝혀져 정치적으로 치명상을 입었다. 어쩌면 자힐스트라는 자기가 거짓말을 하고 있다는 것을 알고 있었는지 기자들이 그 소식에 대해 뭔가 질문하면 아무 말도 하지 않았었다.

그러나 거짓말도 여러 번 반복하면 자기가 직접 그 일을 했던 것처럼 느껴질 수 있다.

스스로 점검해 보라

여러분이 무슨 상을 받았다든가, 연극이나 뮤지컬에 출연해 연기한 것 같은 어떤 특별한 사건을 머리에 떠올려 보라.

컴퓨터에 저장된 자료를 불러내는 것처럼 여러분의 기억에서 불러내는 거다. 물론 몇 가지 사소한 것들을 잊어버렸을 수도 있지만 여러분의 기억 속에 있는 일이 실제로 일어났던 것은 사실 아닌가? 여러분의 두뇌가 여러분을 속일 수는 없을 테니까.

그런데 나는 여러분을 실망시키지 않을 수 없다. 인간의 뇌는 고정판이 아니고, 진실을 상당 부분 왜곡시킬 수 있다. 시간이 지나면서 기억은 변하고, 여러분의 기억력은 이런저런 새로운 것들을 기억에 덧붙인다. 온 가족이 함께 모인 자리에서 한 번 점검해 보라. 큰아버지와 큰고모에게 30년 전에 살았던 집을 설명해 보라고 해 보자. 큰아버지는 카펫에 장미가 있었다고 하는데 큰고모는 장미가 아니라 기하학적인 무늬가 있었다고 주장한다. 그런가 하면 작은고모는 집에 카펫이 아예 없었고, 부모님이 쓰던 큰 침대가 있었다고 말한다.

"큰 침대?" 큰숙모가 깔깔대고 웃는다. "내가 집에서 나갈 때 그 침대를 갖고 나갔어. 폭이 1미터 20센티미터밖에 안 되는 작은 침대였지."

각자 다른 것을 기억하고, 서로의 기억이 모순된다.

기억은 나중에 각자 다른 시각으로 뒤돌아보기 때문에 변한다. 작은고모는 부모님이 사용했던 침대가 큰 침대가 아니라 '폭이 좁은' 작은 침대였다고 기억을 고치게 될 것이다.

은행 도둑의 모자는 무슨 색?

어떤 사고나 사건이 생기면 매번 같은 문제가 발생한다. 목격한 증인의 증언이 일치하지 않는 것이다. 증인들이 사실을 굳이 왜곡하려고 하지도 않는데 말이다. 더구나 사건의 진실을 파헤치려는 형사는 질문을 어떻게 하느냐에 따라 증인에게 영향을 줄 수 있고, 증언을 일정한 방향으로 몰아갈 수 있기 때문에 질문도 조심해야 한다. 나쁜 형사는 일부러 그렇게 하기도 한다. 형사물 영화를 보면 그런 모습이 종종 나온다. 형사가 갑자기 범인이 쓴 모자의 색깔을 물으면 목격자가 범인이 쓴 모자를 털모자가 아닌 야구 모자로 착각하기도 한다.

잘못된 기억에 대한 연구는 이미 활발하게 진행되고 있다. 꼬치꼬치 캐묻는 질문을 받으면 사람들은 실제로 일어나지 않은 일을 일어났던 것으로 생각할 가능성이 크다. 기억이 여러 번 바뀌면서 상황에 적응한다. 다른 사람이 내 기억에 영향을 주는 것이다.

마스트리흐트 대학교의 연구 결과, 조사에 참여한 91명의 학생 가운데 70퍼센트가 UFO가 누군가를 납치하는 것을 봤다고 기억했다. 물론 조사가 이뤄지기 전에 학생들은 그런 일에 대해 많은 이야기를 들었다. 인간의 뇌가 그렇게 쉽게 외부의 영향을 받는다.

성인들은 심리 치료를 받다가 종종 평소에는 기억하지 못하지만 심한 심리적 트라우마를 겪었던 일을 기억해 내곤 한다. 심리 치료사는 형사가 범인에 대한 공격적인 질문을 증인에게 했던 것처럼 자기도 모르게 상담자와의 대화에 영향을 끼친다. 그러나 다시 발견된 그런 기억에 대해 의구심을 품어야 된다. 진정으로 트라우마를 안겨 준 사건이었다면 그렇게 쉽게 기억에서 잊힐 리가 없다. 그런 것은 원래 뇌리에 깊이 각인된다. 또한 무서운 일이 기억에서 일시적으로 지워졌다가 되돌아온다는 것이 과학적으로 증명되지 않았다. 분명한 것은 기억이 조작될 수 있다는 것이다. 테러 단체와 사이비 종교 단체는 그것을 자기들에게 유리한 쪽으로 이용한다. 그 결과 구성원들이 시간이 지날수록 묘한 확신을 갖게 된다. 흔히 그런 조작을 세뇌라고 한다. 인간의 뇌가 그것을 통해 더 명쾌해지는 것이 아니라 오히려 더 흐릿해진다. 사람들은 자기 자신을 속일 수도 있다. 정신적 충격을 크게 받은 사건에서 자신이 영웅적인 행동을 한 것으로 기억을 재구성하는 것이다.

슬쩍 쳐다볼 뿐
제대로 보지는 않는다

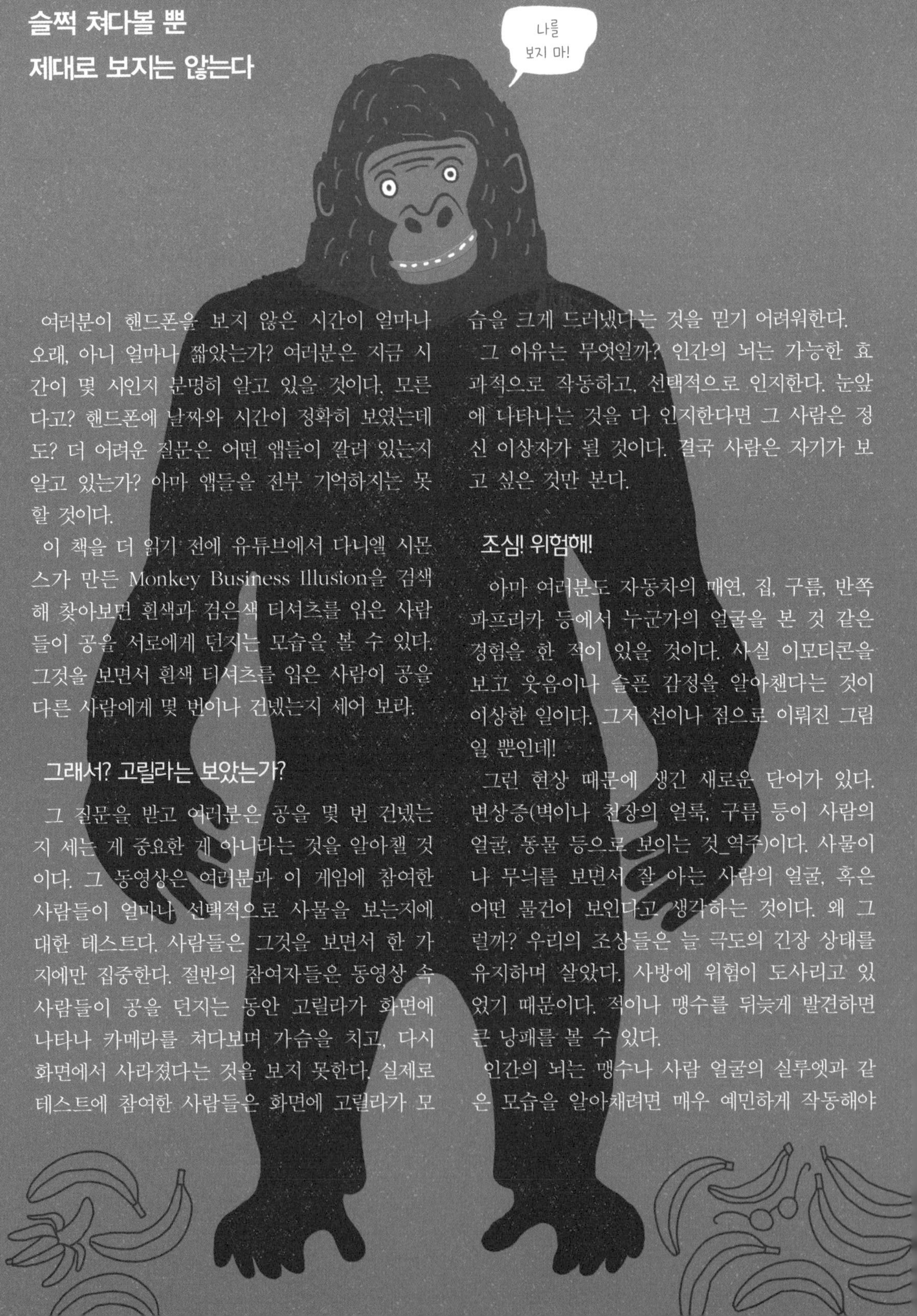

여러분이 핸드폰을 보지 않은 시간이 얼마나 오래, 아니 얼마나 짧았는가? 여러분은 지금 시간이 몇 시인지 분명히 알고 있을 것이다. 모른다고? 핸드폰에 날짜와 시간이 정확히 보였는데도? 더 어려운 질문은 어떤 앱들이 깔려 있는지 알고 있는가? 아마 앱들을 전부 기억하지는 못할 것이다.

이 책을 더 읽기 전에 유튜브에서 다니엘 시몬스가 만든 Monkey Business Illusion을 검색해 찾아보면 흰색과 검은색 티셔츠를 입은 사람들이 공을 서로에게 던지는 모습을 볼 수 있다. 그것을 보면서 흰색 티셔츠를 입은 사람이 공을 다른 사람에게 몇 번이나 건넸는지 세어 보라.

그래서? 고릴라는 보았는가?

그 질문을 받고 여러분은 공을 몇 번 건넸는지 세는 게 중요한 게 아니라는 것을 알아챌 것이다. 그 동영상은 여러분과 이 게임에 참여한 사람들이 얼마나 선택적으로 사물을 보는지에 대한 테스트다. 사람들은 그것을 보면서 한 가지에만 집중한다. 절반의 참여자들은 동영상 속 사람들이 공을 던지는 동안 고릴라가 화면에 나타나 카메라를 쳐다보며 가슴을 치고, 다시 화면에서 사라졌다는 것을 보지 못한다. 실제로 테스트에 참여한 사람들은 화면에 고릴라가 모습을 크게 드러냈다는 것을 믿기 어려워한다.

그 이유는 무엇일까? 인간의 뇌는 가능한 효과적으로 작동하고, 선택적으로 인지한다. 눈앞에 나타나는 것을 다 인지한다면 그 사람은 정신 이상자가 될 것이다. 결국 사람은 자기가 보고 싶은 것만 본다.

조심! 위험해!

아마 여러분도 자동차의 매연, 집, 구름, 반쪽 파프리카 등에서 누군가의 얼굴을 본 것 같은 경험을 한 적이 있을 것이다. 사실 이모티콘을 보고 웃음이나 슬픈 감정을 알아챘다는 것이 이상한 일이다. 그저 선이나 점으로 이뤄진 그림일 뿐인데!

그런 현상 때문에 생긴 새로운 단어가 있다. 변상증(벽이나 천장의 얼룩, 구름 등이 사람의 얼굴, 동물 등으로 보이는 것_역주)이다. 사물이나 무늬를 보면서 잘 아는 사람의 얼굴, 혹은 어떤 물건이 보인다고 생각하는 것이다. 왜 그럴까? 우리의 조상들은 늘 극도의 긴장 상태를 유지하며 살았다. 사방에 위험이 도사리고 있었기 때문이다. 적이나 맹수를 뒤늦게 발견하면 큰 낭패를 볼 수 있다.

인간의 뇌는 맹수나 사람 얼굴의 실루엣과 같은 모습을 알아채려면 매우 예민하게 작동해야

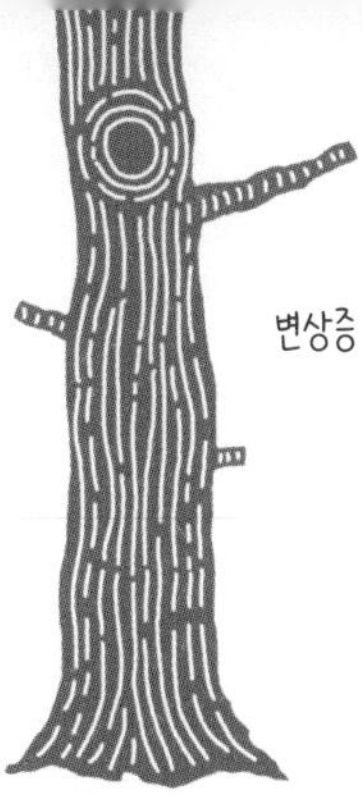
변상증

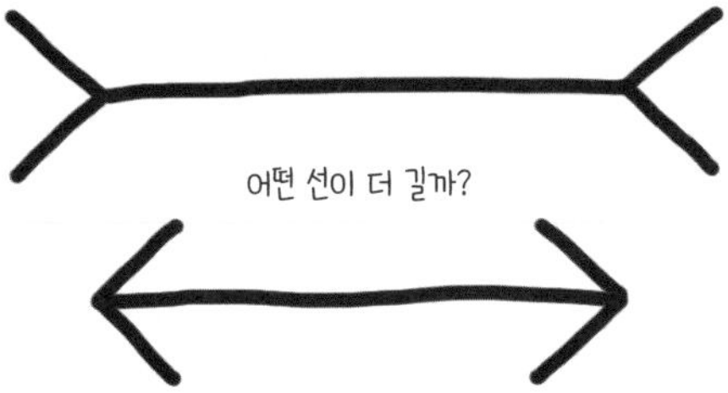
어떤 선이 더 길까?

한다. 그래서 옛날 사람들은 설령 나중에 나무로 밝혀지더라도 일단은 상대를 적이라고 인지하는 게 더 낫다고 생각했다. 상황 파악이 생존을 위해 매우 중요했다. 예를 들어 자동차에 부딪칠 것 같은 위험한 상황이 닥치면 즉시 반응을 보여야 한다.

위험에 미리 준비하기 위해 뇌는 사건 간의 상관관계를 먼저 파악하려고 한다. 뭔가 몸을 아프게 할 수 있는 것을 미리 알아채는 것은 도움이 되지만 때로는 너무 많거나 잘못된 인과관계를 믿는 실수를 범하기도 한다. 만약 여러분이 어떤 식당에서 밥을 먹고 몸이 아팠다면 그곳에 다시 가서 똑같은 경험을 하지 않으려고 할 것이다. 여러분은 그 식당이 부패한 음식을 팔았다고 판단해 앞으로 다시는 그곳에 가지 않겠다는 결심을 한다. 하지만 여러분이 생선 요리에 들어 있던 특정한 조개에 알레르기 반응을 했을 수도 있고, 그날 우연히 장염에 걸렸을 수도 있다. 그렇다면 여러분이 아프게 된 것이 식당의 잘못은 아니다. 그러나 뇌는 중요한 인과 관계를 간과하는 것보다 서로 상관없는 것들 사이에 상관관계가 있다고 생각하는 게 더 편해서 그쪽을 선택한다.

보지 말 것!
발 옆에
뭐가 있더라?

여러분의 눈을 믿지 마라

인간의 뇌가 결론을 맺기까지 두 가지 방법을 사용한다고 심리학자 다니엘 카네만은 말한다. 하나는 직관에 근거한 빠른 결론이다. 효과적이지만 잘못되는 경우도 많은 방법이다. 두 번째는 천천히 진행되는 방법으로 이성을 사용한다. 그때는 더 많이 노력하고, 주변 사람들을 많이 귀찮게 해야 된다. 그리고 세심한 주의를 기울여 면밀한 검토를 해야 하고, 종종 자기의 생각이 틀렸다는 것을 인정하고 의견을 바꿔야 하는데 쉽지 않은 일이다.

마술사는 첫 번째 방법인 빠른 사고를 그 누구보다 잘 이용한다. 마술사들은 우리의 주의를 다른 것으로 돌리고, 뭔가 속임수를 쓰는 것에 능숙하다. 우리가 표면적인 무늬에만 신경 쓰고, 다른 미세한 것에 신경을 쓰지 않는다는 것을 잘 알고 있다. 눈에 보이는 것을 그대로 믿으면 안 된다. 착시 현상도 그런 경우다.

색을 말해 보라

	파랑	빨강	주황
검정	초록	담청	파랑
파랑	초록		노랑
주황	담청	파랑	검정
노랑	빨강	검정	담청
주황	초록	빨강	파랑

빛을 발하는 지문

자기 기만은 유익하다

손을 여기에 30초간 올려놓고,
에너지를 느껴 보라!

제라드 크로이셋

제라드 크로이셋(1909~1980)은 네덜란드인인데 신비한 힘을 가진 것으로 유명한 치유사였다. 세계적으로도 명성을 떨친 크로이셋은 많은 사람의 몸에 손을 대는 것만으로 질병을 치유했다. 그리고 실종 사건이 생기면 크로이셋을 찾아가 도움을 요청하는 사람들도 많았다. 크로이셋은 속임수를 잘 쓰는 마술사가 아니라 독특한 재능을 타고난 사람이었다. 과학자와 기자들은 크로이셋이 한 일을 아무거나 마음대로 조사할 수 있었다. 그래서 크로이셋의 치료 사례와 통화에 대한 기록과 영화가 상당히 많이 나왔다. 몇 년 전 신경과 전문의 리엔 페르모일렌은 크로이셋이 신경계 장애를 안고 사는 사람들을 실제로 치유했는지에 대해 조사했는데 진실인 것으로 밝혀졌다. 크로이셋은 초자연적인 힘을 빌려 환자를 낫게 해 준 것이 아니라 환자들에게 희망과 확고한 믿음을 주어 치료했다. 또 자극을 주어 근육을 훈련하고, 두려움에 떨지 않게 해 주었다. 그것은 의사들에게 모범이 되는 치료법이었다.

보통의 경우에는 일부러 거짓을 말하고, 남을 속이면 누군가에게 들킬 것 같아 불안에 떨게 된다. 그러나 자기가 특별한 재능을 갖고 있다고 믿는 사람은 행동에 더 여유가 생긴다. 그런 자기 기만은 유익하다.

그것은 항상 신경을 곤두세우고 있는 것보다 쉽다. 그래서 마음이 편안해진다. 자기 기만을 할 만한 가치가 있는 것이다.

통통한
엄지

제라드 크로이셋의 경우도 처음에는 주변에 있는 누군가, 예를 들면 그의 부인이 머리가 아프다고 했을 때 그 치유법을 시작했을 거다. 크로이셋이 부인의 머리에 손을 얹고 가만히 있자 실제로 두통이 사라진 것이다. 두통이 저절로 없어졌거나, 남편이 자기에게 관심을 보여 주니 그렇게 되었을 수도 있다. 그러나 부인이 "당신 손에 신비한 힘이 있어요."라고 말했고, 다른 사람이 머리가 아프다고 할 때도 크로이셋이 손을 얹자 안 아프게 되었다면 크로이셋은 스스로 자신이 갖고 있는 신비한 힘을 믿게 되었을 거다. 크로이셋은 믿는 사람들이 많아질수록 자기 자신에 대해 더욱 확고한 믿음을 갖게 되었을 거다.

예언가, 손금을 보고 운명을 말하는 사람, 종교적 지도자들 곁에도 그들을 믿고 따르는 추종자들이 있다.

그들은 자기 자신이 특별하다는 것을 점점 더 강하게 믿고, 그의 추종자들은 자신에게 특별한 재능이 있다는 믿음으로 자신감에 찬 태도를 보이는 예언가나 종교 지도자들을 더욱 신뢰하게 된다.

이 모든 것들은 우리의 뇌가 우리를 속이기 때문에 가능하다. 왜 그렇게 되었을까? 그것이 모든 가능성을 정당화하는데 가장 쉬운 방법이기 때문이다. 두뇌는 진실에는 관심이 없고, 가장 그럴싸하게 보이는 것에만 관심이 있다.

자신의 실수를 보지 못한다

누구나 어리석은 짓을 하고 실수하기 때문에 자기 자신이나 다른 사람들을 실망시킨다. 그래도 시간이 조금 지나면 그것들을 머리에서 다 털어 내고, 마음을 불편하게 했던 것들을 말끔히 잊어버리거나 그것을 별로 나쁘게 생각하지 않게 된다. 그것은 특정한 질병에 대해 면역력을 갖는 것처럼 정신적으로 갖는 일종의 면역 체계다. 그런 과정을 통해 자신에 대한 자부심이 지나치게 손상되지 않는다. 좋은 방어 체계지만 다른 한편으로는 잘못된 확신을 갖게 만드는 계기가 된다.

예를 들면 다른 사람이 한 비논리적 주장에 대한 것만큼 엄하게 자기 자신을 질책하지 않게 된다. 남의 눈에 있는 티끌은 보면서 자기 눈의 들보는 빼내지 못하는 것이다.

미국 심리학자 레온 페스팅거는 50년 전에, 어느 특정한 날에 지구가 멸망한다고 예언한 한 사이비 종교 단체를 방문했다. 정한 날짜에 세계가 멸망하지 않자 그 다음 날 그 종교 단체의 지도자는 그간 교인들이 열심히 기도를 올린 덕분에 기적이 일어났다고 말했다.

그러자 교인들은 곧바로 기자들을 불러 모아 자기들이 지구의 멸망을 막았다고 발표했다. 페스팅거는 그런 현상을 '인지 부조화'라고 일컬었다. 두뇌가 서로 모순되는 두 개의 주장을 하나로 일치시키려는 힘을 발휘하는 것은 어떤 논리로도 설명이 불가하다는 뜻이었다.

얼마 전에 나도 주문했던 것과 다른 색깔의 침대보를 택배로 받았을 때 반품하는 게 귀찮아서 잘못 받은 침대보의 색깔이 더 예쁘다고 생각하는 것으로 나를 위로한 적이 있다. 생각을 그렇게 바꾸자 기분이 훨씬 나아졌다.

자기 기만을 이용한 다이어트

과식에 시달리고 있는가? 감자칩을 큰 그릇에 가득 담아 먹는다든가, 대형 피자 혹은 접시 가득 파스타를 담아 먹는가? 그렇다면 자기 기만 방법을 이용해 작은 접시나 그릇을 사용할 것을 권한다. 그리고 음식은 그릇에 담을 정도로만 먹기로 한다. 그렇게 하다 보면 자동적으로 체중이 줄게 된다.

코르트 반 이테르숨과 브라이언 완싱크는 음식을 어떻게 먹느냐에 따라 음식량에 영향을 미친다는 것을 아이스크림을 이용한 실험으로 증명해 보였다. 식이 전문가들을 위한 축제에 참여한 방문객들에게 그릇을 하나씩 나눠 주었다. 하나는 500밀리리터 아이스크림이 들어갈 정도의 그릇이고, 다른 하나는 1리터가 들어가는 그릇이었다. 조사 결과 큰 그릇을 이용한 참가자들이 작은 그릇으로 먹은 사람들보다 30퍼센트 정도 음식을 더 먹은 것으로 나타났다. 방문객들은 자기들이 그렇게 먹는다는 것을 식사 중에는 알아채지 못했다. 일종의 착시 현상이었다. 큰 그릇에 담은 아이스크림 덩어리가 더 작게 보이는 것이다.

엉터리 / 천재 / 사기꾼*

* 틀린 주장 지우기

게르트 얀 얀센은 네덜란드 출신 예술가다. 작품 활동으로 큰 성공을 거두지 못한 얀센은 돈을 벌기 위해 카렐 아펠의 판화에 대신 서명해 진품인 것처럼 팔자 그림이 많이 팔려 나갔다. 얀센은 아펠의 그림도 위조해 2,600굴덴(우리돈 약 1,600,000원)에 팔았다. 그 일을 계기로 얀센은 명화 전문 위조 작가로 살 것을 결심했다. 그래서 카렐 아펠, 앙리 마티스, 피에트 몬드리안, 살바도르 달리, 파블로 피카소, 장 콕토, 앤디 워홀 등 유명 화가의 작품들을 위조해 수십 년간 팔았다. 얀센의 작품들은 카렐 아펠과 피카소의 작품에 진품 증명까지 받을 수 있을 정도로 정교하게 위조되었다.

얀센은 1994년 프랑스에서 체포되었다. 경찰은 명화 위조품 1,600점을 압수했다. 게르트 얀 얀센은 유죄 판결을 받아 교도소에 갇혀 있을 때도 피카소의 작품 가운데 소품을 하나 그려 달라는 교도소장의 부탁을 들어주었다.

그 후 얀센은 여전히 유명한 화가의 화풍으로 그림을 그리지만 서명은 자기 이름으로 하고 있다.

혹자는 명화 위조 판별 전문가들이 얀센의 새로운 작품을 보고 생각을 바꿨을 거라고 생각할지도 모른다. 그러나 전문가들은 여전히 얀센의 작품을 위조품이 아닌 위대한 화가의 진품으로 보고 있다. 그들은 자신들이 갖고 있던 확신에서 벗어날 수 없었던 것이다. 그들 가운데 작품 판매상도 있었다. 그들은 진품이 아니라 위조품이라면 값어치가 없기 때문에 순순히 위조품이라고 인정하고 싶지 않았던 것이다.

오직 여러분의 생각만 진실이다

작품 판매상은 터널 시각(주변이 보이지 않는 현상_역주)에 시달린다. 다른 경우의 수에 대해 뇌가 생각하는 것을 거부하는 것이다. 그것은 자기 기만과 비슷한 면이 있다. 우리는 일단 마음속에 품고 있는 생각에서 벗어나는 것을 어려워하고, 우리의 생각에 모순되는 상황이 닥치면 더 강하게 자신의 판단에 집착하는 경향이 있다. 모든 종류의 신앙과 믿음에 그런 현상이 여실히 나타난다. 세상에는 기후가 빠르게 변화하고 있다는 것을 인정하려고 들지 않거나, 아담과 이브가 최초의 인간이었고, 진화 같은 것은 애초에 있지 않았다고 생각하는 사람들도 있다. 그들은 자기의 생각이 분명히 틀렸다는 것이 증명되어도 생각을 쉽게 바꾸지 않는다. 그러면서 자신들의 판단이 옳다는 것을 증명해 줄 수 있는 복잡한 설명을 찾아다닌다. 왜 그럴까? 남에게 창피당하지 않으려고 자기도 모르게 그렇게 행동하는 것이다. 그들은 '정상적인' 사람으로 보이지만 속으로는 그런 이상한 생각을 한다는 말을 듣고 싶지 않은 것이다.

자기가 만든 테두리

페이스북, 인스타그램과 구글은 터널 시각을 강화하고, 자기 생각이 옳다는 것을 확인시켜 준다. 특히 페이스북은 이용자가 무엇을 좋아하는지 정확히 알고 있어서, 그것을 볼 수 있게 해 주는 서비스에 탁월하다. 그래서 자기도 모르는 사이에 페이스북에 머무는 시간이 길어지고, 그것은 곧 광고주에게 희소식이다. 그런 이유에서 페이스북은 이용자가 이미 알고 있거나 다른 사람들과 의견 교환을 한 소재들을 모아 나열해 준다. 이용자의 생각과 반대되는 주장은 더 이상 보이지 않는다. 상황이 그러하니 이용자는 친구와 그들이 전해 주는 말을 더욱 신뢰한다. 친구가 올려놓은 믿기 어려운 소식에 대해서도 마찬가지다. 친구들과의 교류 범주 안에 속해 있고 싶은 마음 때문에 친구의 가짜 뉴스에도 엄지척을 눌러 공감 표현을 하며 댓글을 달고, 거기에서 읽은 글을 다른 사람에게 전파하는 경향이 있다. 그런 방식으로 사람들은 극단적인 사고를 갖게 되어 자기가 하는 생각이 정상이라는 믿음을 굳힌다. 자기 혼자만 그런 생각을 하는 게 아니라는 것을 확인했기 때문이다.

사람은 뉴스를 자주 접할수록 그 내용을 더 믿게 된다는 연구 결과가 있다. 가짜 뉴스로 인해 힘을 잃은 뉴스에 대해서도 마찬가지다. 이상하게 사람들은 가짜 뉴스가 더 그럴듯하다고 생각한다. 그 모든 것이 무의식적으로 종종 일어나는 일이다.

무죄 판정

법적인 문제를 다룰 때도 터널 시각이 자주 나타난다. 네덜란드 시에담의 공원에서 살인 사건이 일어났다는 소문이 돌았다. 10살 소녀가 성폭력을 당한 후 살해되었고, 그 소녀의 남자 친구는 폭행당했다. 그 소년이 도움을 요청할 때 우연히 근처에 있던 B가 경찰에 신고했다.

그런데 묘하게도 B가 혐의를 받게 되었다. 경찰의 강압 수사에 짓눌린 그가 범행을 시인하고, 경찰이 불러 주는 대로 구체적인 범죄 행위를 자백한 것이다. 그러나 시간이 조금 지난 후 그가 자신이 했던 자백을 취소하고 계속 무죄를 주장했다. 그러나 그의 거짓 자백으로 경찰과 판사는 이미 그의 범행에 대한 선입견에 의해 터널 시각을 갖게 되었다. 범행을 저질렀다는 확실한 증거도 없고, 혐의를 벗을 수 있는 증거는 간과되고, 누락되거나 심지어 비밀에 부쳐졌다. 그렇게 그는 선입견으로 유죄 판정을 받았고, 4년이 지난 후 진범이 잡혀 범행 일체를 자백한 후에야 뒤늦게 풀려났다.

헐값

여러분의 뇌가 기대감 때문에 여러분을 속이기도 한다. 사람들은 뭔가 값이 터무니없이 싸고, 무료라면 별로 좋지 않은 것으로 쉽게 생각한다. 세계적으로 유명한 그래피티 예술가 뱅크시는 바로 그 점을 이용했다. 그는 이상한 곳에서 자신의 예술을 펼친다. 그의 작업은 항상 전달하고자 하는 메시지를 갖고 있다. 빈곤, 전쟁, 폭력이나 차별에 대한 반대. 2013년 10월 13일 뉴욕 센트럴파크 한 모퉁이에서 그는 스프레이를 뿌려 완성한 자신의 유명한 작품들을 노점 판매대에 쌓아 놓고 단돈 60달러에 파는 행사를 벌였다. 그는 하얀 야구 모자를 쓴 채 판매대 옆 간이의자에 앉아 손님을 기다렸다. 당시 사람들이 생각지도 못하는 곳에서 그의 그림들이 불쑥불쑥 나타나 뉴욕 전체가 그에게 열광하고 있었다. 그런데 뱅크시가 이번에는 화폭에 스프레이를 뿌려 만든 작품을 들고 직접 나타난 것이다. 어떤 부인이 그의 작품을 사가기까지 한 시간 넘게 흘렀다. 그것도 반값으로. 그날 하루 동안 작품을 몇 점 더 팔아 최종적으로 총매출이 450달러였다. 몇 시간 후에 작품을 판 사람이 뱅크시 자신이었다는 것과 싸구려 위조품이 아니라 한 점당 25만 달러의 가치가 있는 진품을 팔았다는 것이 밝혀졌다.

뱅크시는 자기 작품으로 장난을 한 번 더 쳤다. 2018년 〈풍선과 소녀〉가 런던의 유명한 소더비 경매장에서 120만 유로에 낙찰되었다. 그런데 경매에서 낙찰된 직후 작품이 가늘게 찢어졌다. 작품 뒤에 자동 분쇄기가 설치되어 있었던 것이다. 놀랍게도 그렇게 잘린 작품의 가격은 그 후 더 상승했다. 아마 지금쯤 200만 유로는 호가할 것이다.

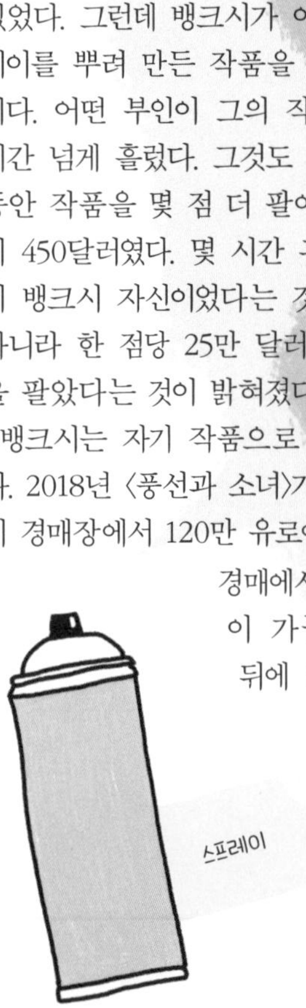

돈에 대한 더 많은 생각

여러분은 돈을 어떻게 생각하는가? 여러분은 돈이 인생에서 가장 중요한가, 여러분은 돈을 헤프게 쓰는 사람인가, 돈을 탕진하는 유형인가 아니면 악착같이 모으는 사람인가?

분명한 것은 많은 사람이 돈을 비논리적으로 사용한다는 것이다. 예를 들어 아이스크림 스쿱을 1개, 2개, 3개 사이에 결정해야 할 때 대개의 사람이 2개를 선택한다. 2개, 3개, 4개 사이에서 골라야 할 때는 대부분 3개를 고른다. 이게 무슨 상황인가? 인간의 뇌가 가운데 것을 가장 좋아하고, 극단의 것은 덜 좋아한다는 의미다. 판매자가 그런 속임수를 이용하는 것은 당연하다.

사실 어떤 것이 진정으로 어떤 가치를 지니고 있는지 결정하는 것은 매우 어렵다. 그래서 우리는 다른 물건이나 다른 가게를 통해 비교한다. 한 쌍의 귀걸이를 250유로에 파는 가게에서 갑자기 50유로에 판다면 매우 싸다고 생각해 구매 충동을 느끼게 될 것이다. 그런데 다른 가게에서 모든 귀걸이를 10유로에 판다면 50유로를 엄청 비싸다고 느낄 것이다.

우리는 똑같은 바지를 할인 없이 75유로에 판매하는 것보다, 정가가 100유로인데 75유로로 할인한 청바지를 구매하는 것을 더 좋아한다. 여러분의 두뇌는 원래 100유로짜리였다는 것을 생각하기 때문에 할인된 바지를 구매했으니 25유로를 벌었다고 생각한다.

그렇기 때문에 가짜 할인 행사가 매우 유용한

누구의 / 누구를 위해

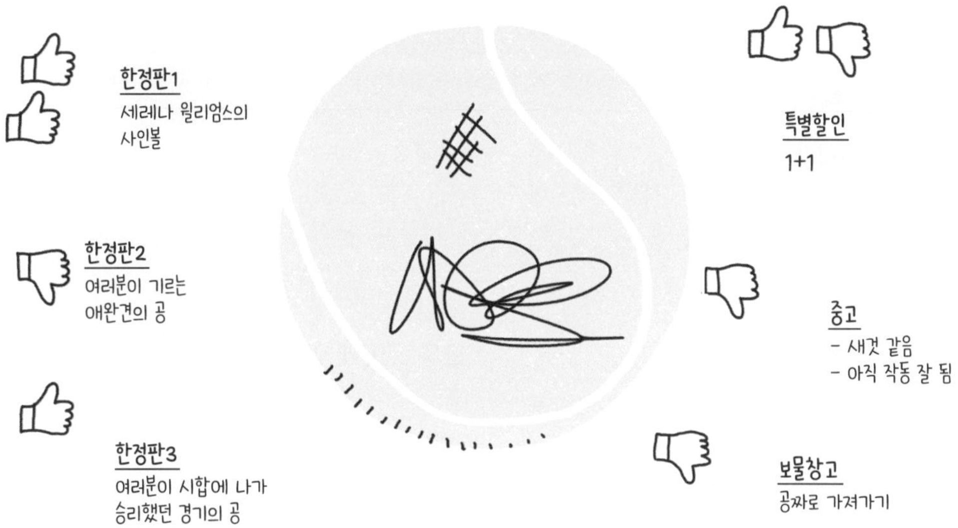

판매 전략 중에 하나다. 필자는 전에 정가로 샀던 옷이 세일 중에 더 비싸게 팔리는 것을 본 적도 있다.

소비자연맹은 좀 더 공정하게 할인 행사를 벌일 것을 요구하고 있다. 공정거래법에 따르면 판매자는 물건을 다른 가격으로 판매할 때 할인 행사 이전과 이후의 가격을 공개해야 한다. 하지만 과자를 샀는데 맛이 없다면 어떻게 하는가? 아마도 이미 값을 지불했기 때문에 그냥 끝까지 먹어 버릴 것이다. 이상하지 않나? 돈을 이미 지출한 것으로 끝난 것이다. 이미 돈을 내고 샀기 때문에, 재미없어도 책을 상당 부분 읽었기 때문에 그냥 끝까지 읽게 되지 않나? 특히 자기 돈을 내고 그 책을 샀다면 말이다. (이 책도 강요가 아니라 자발적 흥미로 끝까지 읽기를 바란다.)

양심의 문제

돈을 내지 않고, 책을 다운로드한 적이 있는가? 혹시 이 책도? 어쩌면 여러분은 책이 이미 온라인에 업로드 되어 있기 때문에 아무도 눈치채지 못할 거라고 생각할 수도 있다. 그러나 그런 모든 불법 다운로드 때문에 작가의 수입이 현저하게 줄어든다. 불법 다운로드는 도둑질이다. 돈이 없다면 도서관에서 책 혹은 전자책을 빌려 봐야 한다. 거의 모든 공공 도서관에 무료로 회원 가입을 할 수 있으니까.

권위에 대한 지나친 복종

많은 사람들은 자신이 독자적인 의지를 갖고 있다고 생각한다. 그런데 대개의 사람은 오히려 그 반대로 복종적이다. 그런 특성이 비판적인 사고에 영향을 미치고, 종종 안 좋은 후유증을 남긴다.

약 50년 전에 심리학자 스탠리 밀그램이 복종하는 현상에 대해 실험했다. 그는 제2차 세계대전 때 나치가 어떻게 그렇게까지 할 수 있었는가에 대해 알고자 했다.

수백만 명의 유대인 학살

스탠리 밀그램은 교사 역할을 할 실험 참가자에게 성적에 대한 처벌의 효과에 대해 연구하겠다고 말했다. 교사 역할을 하는 참가자는 다른 방에 있는 학생 역할을 하는 사람이 문제에 대한 답을 맞히지 못하면 전기 충격을 가하라고 지시할 수 있었다. 처음에는 15볼트의 전기 충격이 가해졌고, 오답이 나올 때마다 15볼트씩 전압이 추가되었다. 실험 책임자는 모든 과정에 대한 책임을 자기가 지겠다며 교사 역할을 하는 사람에게 계속 전기 충격을 가하게 독려했다. 급기야 사람을 죽일 수도 있는 450볼트까지 강도가 세졌다. 물론 충격이 실제로 가해진 것은 아니고, 잘못된 답을 말한 학생 역할의 사람에게 미리 정보를 주어 거짓 반응을 해 음모에 가담하게 했다. 그 실험을 통해 스탠리 밀그램은 교사 역할을 하던 사람이 실험 책임자의 작은 압력에 어디까지 갈 수 있는지에 대해 알 수 있었다. 실험 결과, 교사 역할을 한 참가자 가운데 3분의 2가 치명적인 수준까지 전압을 계속 올렸다. 그들은 옆방에서 나는 비명을 들었고, 어떤 시점에서는 학생 역할을 하는 사람이 죽은 것처럼 아무 소리도 내지 않게 했다. 교사 역할을 한 사람은 몹시 끔찍스러워하면서도 권위에 대한 복종으로 그렇게 했다.

모두 그렇게 말하기 때문에

우리는 다른 사람이 우리와 생각이 같으면 좋아한다. 다른 사람들로부터 수용되고, 무리 속에 속해 있기를 원하기 때문에 다수에 편승하는 것을 원하는 경향이 있다. 그래서 우리는 다수가 옳다는 생각도 쉽게 한다. 그것이 우리의 유전자에 각인되어 있다. 인간은 사회적 동물로서 무리를 지어 생활한다. 인간인 우리는 매우 훌륭하게 다른 사람들과 협동하고, 서로 상대에게 배울 수 있는 수준까지 도달했다.

단체의 힘이 많은 부분까지 영향을 미친다. 특히 자기 자신이 누구인지 잘 알지 못하는 사춘기 때 그렇다. 그럴 때 사람들은 자기에게 전혀 어울리지 않는 생각을 하거나 행동을 하기도 한다. 예를 들면 흡연이나 가게에서 물건을 훔치는 행위, 혹은 다른 사람들이 입는 옷을 자기도 입고 싶어서 이상한 다이어트를 하기도 한다. 그리고 많은 팔로워가 있는 인기 좋은 사람의 SNS를 방문하고, 계속 매진되고 있는 영화를 어떻게 해서든지 보려고 한다. 혼자 외톨이로 남고 싶지 않은 것이다. 말하자면 우리는 집단생활을 하는 동물이다.

그렇기 때문에 무리에서 자기만의 의견, 다른 사람들과 다른 의견을 말하는 것을 점점 더 어

실험

어떤 원이 왼쪽 그림만큼 큰가?

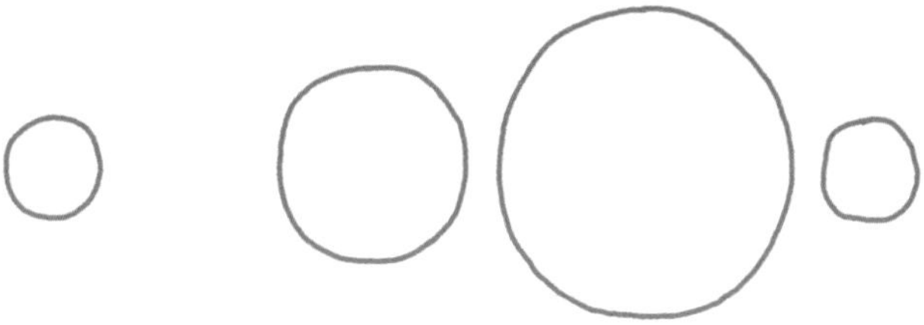

려워한다. 인간은 누구나 자기의 생각이 옳다는 것을 다른 사람으로부터 확인받는 것을 좋아한다. 페이스북과 구글이 그런 심리에 지속적인 도움을 준다. 그들은 이용자가 항상 자기와 비슷한 부류의 사람들과 함께 놀 수 있게 만들어 준다. 그러나 그런 이유에서 중요한 정보를 놓칠 가능성이 많은 것은 당연하다.

젊은이들에게 아주 간단한 질문을 던져 본다. 예를 들어 “저기 3개의 원 중에서 어떤 원이 왼쪽에 그려진 원과 크기가 정확히 같을까?” 그 질문에 대한 대답은 매우 쉽다. 혼자 있는 사람에게 물어보면 정답을 말한다. 그런데 오답을 말한 사람들의 무리에 속해 있으면 그룹의 4분의 3이 내는 의견에 실험 대상자가 동조한다. 그룹에 속한 사람들이 첫 번째 원이 왼쪽 원과 같다는 말을 하며 오답을 유도하는 바람잡이 역할을 하지만 실험 대상자는 그 사실을 알지 못한다.

비슷한 실험을 대합실에 모여 있는 사람들을 대상으로 실시했다. 화재 경보가 울리고, 연기가 자욱하게 나는데 모두 자리에 앉아 있게 한 것이다. 실험 공모자가 혼자 그렇게 있으면 실험 대상자는 곧장 그곳에서 밖으로 나간다. 그러나 여러 명이 같이 공모해 그대로 앉아 있으면 실험 대상자가 결국 그들과 같이 앉아 있는다. 몰래카메라로 담은 영상에서 그런 사례를 많이 찾아볼 수 있다.

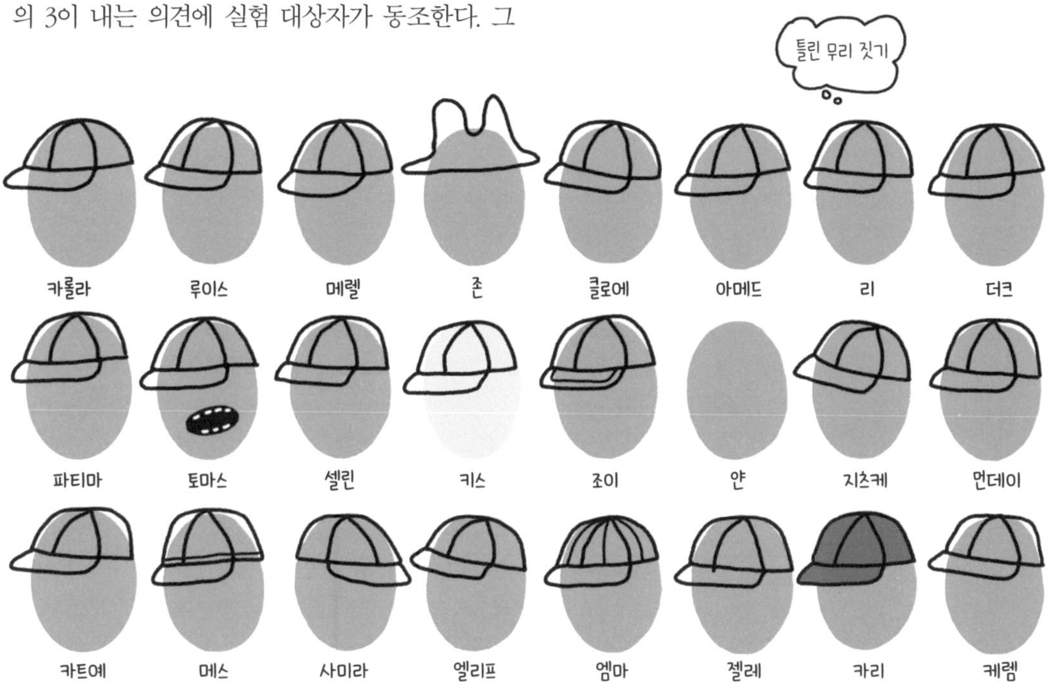

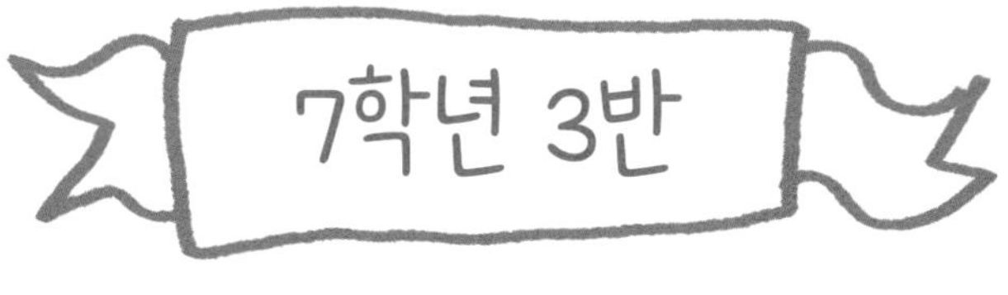

실험

공통점 찾기

누가 무리에 속하나?(누구는 안 속하나?)

여러분은 여러분이 생각하는 것만큼 영리하지 않다

인간은 자기 자신을 과대평가한다. 뽑힐 가능성이 거의 없다는 것을 알면서도 텔레비전의 오디션 프로그램에 지원하고, 잘하면 붙을 수도 있다고 생각한다. 출판사에서 원고를 받아 줘 책을 출간하는 게 어렵다는 것을 알면서도 여러분이 쓴 책이 베스트셀러가 될 것으로 예상하며 2년간의 시간을 투자한다. 어리석음의 대표적 사례를 맥아더 휠러가 보여 주었다. 그는 레몬주스를 바르면 투명 인간이 될 수 있다는 글을 어디선가 읽고 얼굴에 레몬주스를 바른 후 피츠버그 은행에 가 강도 범행을 저질렀다. 그렇게 하면 아무도 그를 보지 못할 것으로 생각한 것이다. 물론 맥아더 휠러는 범행 후 얼마 되지 않아 체포되었다.

그 사건을 흥미롭게 본 두 심리학자 더닝과 크루거가 재미있는 실험을 해 보기로 했다. 사람이 어떻게 하면 그렇게 어리석을 수 있는가에 대한 실험이었다. 그들은 실험에 참여한 참가자들의 유머 이해 능력, 말하는 수준과 논리적 사고에 대한 검사를 받도록 해 참가자들이 해당 분야에 자신의 능력을 예상하게 했다. 놀랍게도 한 분야에 최하위 점수를 받은 사람들이 정작 스스로는 자신들이 거의 전문가 수준일 거라고 착각하고 있었다. 어떤 분야에 대해 잘 모를수록 본인의 지식에 대해 더 큰 확신을 가졌던 것이다. 예술가가 될 소질? 얼마든지 가능하지. 정치인이 될 소질? 당연히 다분하지.

자신에 대해 그러한 과대평가가 여러 가지 현상의 원인이 된다. 어떤 것에 대해 잘 알지 못하는 사람은 그것과 관련된 어려움에 대해서도 알지 못한다. 화폭에 약간의 색을 칠하는 것쯤은 아주 쉬운 일이라고 생각하는 것이다. 그리고 많은 사람이 단지 자주 봐서 친숙하다는 이유에서 그것을 잘 알고 있다고 종종 생각한다.

책을 잠시 옆에 내려놓고, 종이와 펜을 가져와 아무것도 참고하지 말고 핸들, 페달, 쇠사슬, 보호대, 안장과 바퀴가 있는 자전거를 그려 보라.

쉽지 않은 주문 아닌가? 본인이 그린 그림을 제대로 살펴보라. 사람이 그 자전거를 타고 앞으로 달릴 수 있을 것 같은가? 아마 아닐 거다. 어쨌든 전체 인구의 절반이 안 되는 사람들이 실제로 타고 다닐 수 있을 것 같은 자전거를 그린다. 자전거를 거의 매일 보면서도 말이다.

여러분은 자전거를 자주 봐왔기 때문에 자전거에 대해 잘 알고 있다고 생각한다. 그러나 실

대단한 재능

제로는 전혀 그렇지 않다는 것을 보여 준 사례다. 디자이너 기안루카 기미니는 그것으로 하나의 프로젝트를 만들었다. 일명 벨로시페지아Velocipedia다. 그는 특별한 자전거 그림들을 3D로 볼 수 있게 했다. 인터넷에서 누구나 그것을 볼 수 있다. 그중에 사람이 타고 다닐 수 있는 자전거 모델이 들어 있을 수도 있다.

빌려온 지식

이왕 인터넷에 대한 이야기가 나왔으니 좀 더 이야기해 보자. 여러분은 아마도 모든 것을 인터넷에서 검색할 것이다. 그렇게 하다 보니 여러분은 어떤 특정한 주제에 대해 잘 알고 있다고 생각할 때가 있지 않나? 사춘기 때 호르몬에 대한 글들을 읽어 보기만 했을 뿐 여러분이 의사나 생화학자는 아니다. 여러분은 다른 사람의 지식을 빌려 잠시 이용할 뿐이다. 호르몬이 구체적으로 무엇이고, 어떻게 기능하는지에 대해 아주 정확히는 모르지 않나, 그렇지 않은가?

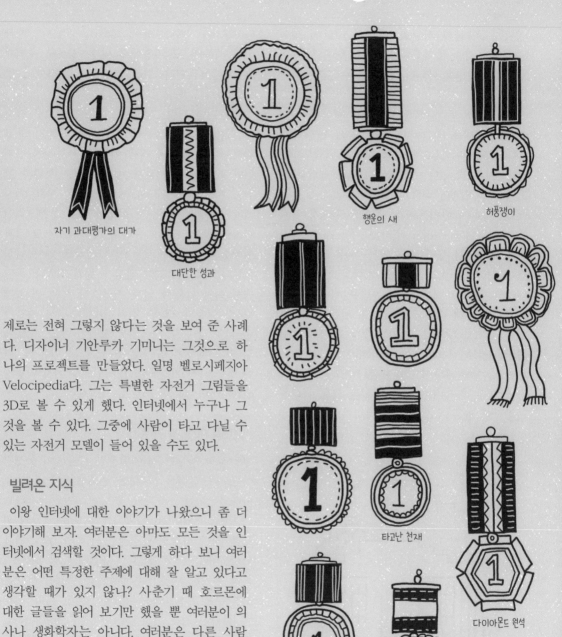

… 내가 연습을
조금만 더 하면

아름다움

서랍식 사고

인간은 사물과 사람을 각각의 서랍에 넣어 정리하는 것을 좋아한다. 친구냐, 적이냐, 믿어도 될 사람이냐, 아니냐, 몸에 좋은 건가, 나쁜 건가?

우리 조상들은 일상에서 도망칠 것인가, 아니면 전투태세를 취할 것인가를 즉시 판단하는 것이 중요했다. 그래서 그런 반응이 우리 안에 깊게 뿌리내려 있다. 평상시에는 그런 서랍식 사고가 어떤 결정을 내릴 때 유용하다.

그런 많은 습관이 우리의 문화와 환경을 통해 익힌 것들이다. 우리가 무리를 지어 사는 동물이라고 앞에서 했던 말 기억하는가? 하지만 그런 습관 탓에 우리는 종종 제대로 된 판단을 내리지 못한다. 예를 들어 특별한 이유도 없이 누군가에 대해 거부감을 가진다. 서랍식 사고를 하는 편이기 때문에 상대를 즉각 하나의 그룹에 집어넣는 것이다. 어떤 사람이 그 그룹에 어울리고, 어떤 사람이 그렇지 않은가? 그렇게 서랍에 넣은 다음에는 자기가 속한 그룹이 다른 사람들이 만든 무리보다 더 똑똑하다고 생각한다. 자기가 속한 그룹에 대해 긍정적으로 생각하기 때문에 그 그룹에서 나온 정보를 호의적으로 받아들인다. 그런 기준은 의도적으로 만든 그룹에도 똑같이 적용된다.

사회가 몇 개의 그룹으로 나뉘어 있으면 각각의 그룹은 자기들이 서로 얼마나 다른지 주장하고, 다른 그룹에 대해 차별할 가능성이 잠재되어 있다. 여자와 남자, 종교를 믿는 사람과 안 믿는 사람, 터줏대감과 새로 들어온 사람, 이성애자와 동성애자 등등. 특정한 그룹이 부정적인 판정을 받으면 그 후유증이 매우 크다. 그 결과 여성들은 오랫동안 2등 시민 취급을 받아 남성들보다 누릴 수 있는 권리가 훨씬 적었다. 독일에서 여자가 의사 국가 시험에 응시할 수 있게 된 것이 불과 120년 전의 일이다. 당시 여자들은 의학 공부를 외국에서 해야만 했고, 독일에서 의과 대학에 들어갈 수 있게 된 것은 몇 년이 더 지나서 가능해졌다. 독일에서 여자의 참정권은 101년 전에야 비로소 가능했다.

외모를 예쁘게 가꾸기

한 가지 이상한 것은 잘생긴 사람들이 못생긴 사람보다 살면서 더 많은 기회를 얻는다는 것이다.

'못생긴' 사람으로 평가되는 사람은 평균의 외모를 지닌 사람보다 직장을 구하지 못할 확률이 2.5배나 높다. '잘생긴' 사람에게 더 많은 기회가 부여된다. 친구 관계에서도 '못생긴 사람'은 3번 이상 거절당하는 경험을 한다. 흔히 '잘생긴' 사람은 키가 크고, 몸이 마르고, 옷을 잘 입고, 용모가 단정하고, 자신감에 차 있는 것으로 인식된다. 얼굴의 대칭이 좋을수록 예쁘다는 평가를 받는다. 잘생긴 사람은 더 정직하고, 믿음이 가는 사람처럼 보이기도 한다. 매력적으로 생

혹은 두뇌?*

검은색 혹은 흰색?
줄 안으로만 색칠하시오.

긴 사람은 범죄 행위 처벌도 경감된다.

잘생긴 사람에게 유리한 점이 많다. 왜 그럴까? 왜냐면 우리의 두뇌가 멋진 사람이 똑똑하다는 요지부동한 판단을 내렸기 때문이다. 그것은 물론 말도 안 된다. 그러나 왜 사람들이 외모를 예쁘게 꾸미고 다니려고 하는지 그 이유에 대한 설명이 되지 않을까? 아마도 내면의 아름다움만 삶에 중요한 것이 아니기 때문 아닐까?

여러분의 감정은 이성보다 강하다

우리는 감정에 호소하는 소식을 실제 사실보다 더 잘 받아들인다. 혹시 옷차림에 대해 조언을 해 주는 사람의 인스타그램을 팔로우하고 있지는 않은가? 완벽한 사진들에 감동하고, 그렇게 멋진 삶을 꿈꾼 적은 없는가? 여러분도 수천 혹은 수백만 명의 팔로워가 있는 사람처럼 유명해지고 싶은가? 팔로워가 많으면 돈도 벌 수 있다. 하지만 팔로워도 돈을 주고 살 수 있으므로 대부분은 진정한 팔로워가 아닐 수도 있다는 것을 여러분은 귀찮아서 깊게 생각하지 않으려고 한다. 다만 구독과 좋아요 표시에만 관심이 있다.

혹은 빵, 치즈, 글루텐, 친환경 먹거리, 저장 식품, 인공 감미료나 달걀 등에 대해 갖가지 이야기를 하는 음식 전문가의 블로그를 자주 드나들지는 않는가? 그들은 여러분의 감정을 정조준한다. 거기에 소개되는 식품들이 사실은 건강에 오히려 해롭다는 것을 알고 있는가? 여러분은 새로운 사실을 알게 되었다고 생각하고, 그것을 통해 많은 영향을 받는다. 그래서 그것을 본 이후부터 퀴노아, 견과류, 엄청난 양의 생강 등을 열심히 섭취한다. 혹은 글루텐 성분이 많은 탄수화물은 전혀 먹지 않겠다는 결심도 한다. 독일만 해도 100명 가운데 한 사람이 셀리악(소장에서 발생하는 유전성 알레르기 질환_역주)이라는 병을 앓고 있다. 선천적인 그 질병은 탄수화물을 먹은 후 장에 문제를 일으키는 것으로 알려져 있다.

그렇지만 이성적으로 한 번 생각해 본다면 사람이 뭘 먹었다고 해서 하루아침에 건강해지지 않는다. 그리고 이런저런 영양소나 식품 첨가제 때문에 죽는 경우도 거의 없다. 반면 비만과 당뇨로 사망하는 사람들은 아주 많다. 그 두 가지 질병 모두 과도한 음식, 특히 설탕과 지방의 과다한 섭취로 인해 걸린다.

와인에 들어간 첨가제를 마신다고 죽는 것은 아니지만 사람은 술을 많이 마셔 알코올 중독이 심해지면 죽는다. 담배도 특별 소재를 추가한다고 해서 몸에 좋은 것은 아니다. 폐암은 흡연으로 생기지 첨가제 때문에 걸리는 병이 아니다.

일명 건강하고, 자연적으로 만들었다는 시리얼은 설탕 덩어리다. 심지어 칼로리도 상당하다.

4 세상에 우연은 없다/있다*

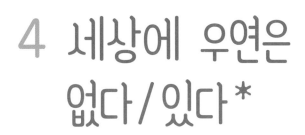

세상에 우연은 없다고 누군가는 말한다. 그런가 하면 누구는 하늘과 땅 사이에 수많은 우연이 있다고 말한다. 우연은 대체 어떻게 발생하는 걸까? 확률과 통계?
반짝이고, 획기적인 아이디어는 열심히 머리를 감싸고 고민을 하거나, 쉬지도 않은 채 일을 한다고 생각나는 게 아니라 우연에 의해 일어난다.

* 맞지 않은 단어는 지우시오.

세상에 이런 우연이?

네덜란드의 제론 보쉬 병원에서 2018년 같은 날 똑같은 이름을 가진 두 아기가 태어났다. 아이의 이름이 둘 다 테스 반 쉰델인데 아기들의 아빠는 둘 다 체격이 좋은 것만 빼고는 외모가 서로 비슷하지 않았다. 그런데 아이들의 아빠들도 이름이 거의 비슷했다. 한 사람은 게르트 얀 반 쉰델이고, 다른 사람은 게에르트 얀 반 쉰델이었다. 또 아기들의 엄마는 둘 다 직업이 똑같이 초등학교 교사였다.

이 무슨 믿기 어려운 우연인가? 이 소식이 곧바로 신문에 실렸다. 그런데 우리의 두뇌가 우연을 좋아하지 않는다는 점이 문제였다. "이런 우연은 있을 수 없어!"라고 많은 사람이 말하면서 게르트 얀과 게에르트 얀이 서로 친척 관계일 거라고 주장했다. 그러나 두 사람은 서로 아무 관계도 아니었다.

그래도 두 아기에 얽힌 이야기는 재미있다. 반면 리차드 굿야르라는 기자가 겪은 일은 훨씬 끔찍하다. 프랑스 국경일이었던 2016년 7월 14일 어느 트럭 운전사가 축제를 즐기던 군중을 향해 돌진해 테러를 자행하던 순간 그는 우연히 니스에 머물다 호텔 밖으로 보이는 풍경을 비디오로 담고 있었다. 사망자가 86명 발생한 끔찍한 사건이었다. 굿야르는 독일 텔레비전 방송을 위해 사건 관련 취재를 하는 기자였다. 니스에서 사건이 발생하고 8일이 지난 7월 22일 그는 이번에도 우연히 뮌헨 쇼핑가에서 벌어진 광란의 살인 현장에 있었다. 그래서 그곳에서도 취재 기사를 썼다.

"세상에 그런 우연은 있을 수 없어!"라고 음모론자들이 주장했다.

몇 주일 후 굿야르에게 온갖 협박과 악의적인 메일이 쏟아졌다. 굿야르가 범인이고, 이스라엘 출신인 부인도 이스라엘 비밀 첩보원이라는 소문까지 돌았다. 결국 굿야르의 부인과 자녀는 신변 안전을 위해 이스라엘로 이주해야만 했다.

사람들은 우연을 받아들이는 것을 힘들어한다. 여름휴가지에서 어떤 사람을 알게 되었는데 그 사람과 여러분이 둘 다 아는 사람이 있다는 것을 알게 되면 본능적으로 이상하다고 생각한다. 세상에 사람들이 얼마나 많이 살고 있는데 두 사람이 공통으로 알고 있는 사람이 있다니! 그런 특별한 우연을 마주치면 사람들은 말도 안 되는 일이 벌어졌다며 놀라워한다. 마법의 힘에 대한 증거라고 믿는 것이다. 대개 사람들은 그런 경우 이렇게 말한다. "세상에는 참 불가사의한 일이 많다. 여기에 분명 무슨 의미가 있을 거다." 그러나 그간 연구된 바에 따르면 최고 6번의 인간관계를 넘으면 아는 사람이 적어도 한 명은 나온다고 한다. 그러니 그렇게 말도 안 되는 우연은 아니다. 다시 말하면 순수한 우연은 종종 무슨 일이 일어나는 원인이 된다. 그러나 그렇다고 어떤 이유가 있어야 우연이 생기는 것은 아니다.

우연은 있다

살다 보면 여러 가지 일들이 동시에 일어나지만 그렇다고 반드시 하나의 사건이 다른 사건의 원인이라는 의미는 아니다. 예를 들어 여러분은

축구를 할 때 항상 축구화를 신는다. 그렇다고 운동화를 신으면 언제나 축구를 한다는 의미는 아니다. 닭이 아침 해가 떴다는 것을 알리려고 꼬꼬댁하고 우는 것이 아닌 것처럼.

동시에 두 가지 이상의 사건이 일어나면 사람들은 흔히 우연이라고 말한다. 그러나 동시에 일어났다고 해서 일어난 사건들이 반드시 서로 관계가 있다는 의미는 아니다. 한 번 상상해 보라. 바쁠 때마다 철도 건널목 앞에 멈춰 서서 기다려야 하는 상황이 반복되었다고 생각해 보라. 그것을 여러 각도에서 생각해 볼 수 있다.

A. 여러분이 바쁠 때만 기차가 지나가게 철도청이 조작한다. (비논리적)
B. 바쁠 때마다 여러분이 마법의 힘을 발휘해 기차 출발 시간을 앞당겨 기차가 지나가게 만든다. (비논리적)
C. 여러분이 집을 나가는 시간과 기차 운행 시간의 시점이 맞아서 그렇다. (제법 논리적)
D. 그냥 우연이고, 건널목 앞에서 기다릴 때 때마침 바빠서 특히 그렇게 느껴진다. (상당히 논리적)

여러분이 바쁜 것과 철도 건널목의 차단기가 내려오는 것 사이에 어떤 인과 관계도 성립되지 않는 것을 알 수 있다. 그냥 두 가지 사건이 동시에 일어나는 것뿐이다. 그런데도 사람들의 첫 번째 충동은 자기가 경험한 것의 원인을 찾으려고 한다. 특히 뭔가 감성적으로 느껴질 때 그렇게 한다. 그 결과 종종 잘못된 결론을 내린다.

그런 일은 마약을 먹었거나, 정신병이 있어서 환청을 들었을 때도 일어난다. 그런 사람은 자기가 이미 죽은 사람의 모습을 봤거나 몸에서 유체이탈을 했거나 직접 전생을 보고 온 경험을 진실이라고 생각한다.

불가사의한 생각이 쉽게 나타날 수 있으니 우리는 계속 논리적인 사고를 하려는 노력을 기울여야 한다. 우리는 가끔 너무 편하게만 지내려고 한다.

문어가 축구 경기의 결과를 미리 예언한다

파울은 독일 오버하우젠 해양생물박물관에 살던 '점쟁이 문어'의 이름이다. 2010년 월드컵 경기가 열렸을 때 파울이 축구 경기의 결과를 예언해 세계적으로 유명해졌다. 문어가 독일 축구 대표단이 치른 모든 경기의 승패와 결승전에서 맞붙은 네덜란드와 스페인의 경기 결과를 다 맞혔다. 파울의 예언은 이런 식으로 진행되었다. 수족관에 사료통을 2개 준비해 놓고, 하나에는 독일 국기를, 다른 하나에는 상대 팀의 국기를 꽂았다. 파울이 사료통에 먼저 다가가 먹이를 먹는 통의 국가가 승리팀이 되었다. 파울의 인기가 하늘 높은 줄 모르고 치솟았다. 스페인의 '오카르발리노'라는 도시는 스페인이 경기에서 이기자 파울을 명예시민으로 추대하기까지 하였다.

그러나 독일팀이 준결승에서 탈락했을 때는 파울의 수족관에 안전요원을 배치해야만 했다. 사람들이 파울에게 단단히 화가 나 있었기 때문이다. 해양생물박물관에 협박 편지와 증오 메일까지 날아오고, 문어 요리법도 쇄도했다. 어떤 사람들은 독일이 경기에서 진 것이 파울 때문이라고 했다. 물론 문어가 경기 결과를 미리 예언할 수도 없고, 결과에 어떤 영향을 미칠 수도 없었다. 어쩌면 파울은 색깔이 선명한 국기가 있는 쪽으로 먼저 갔을 수도 있다. 문어가 그런 것을 좋아하기 때문이고, 혹은 완전히 우연이었을 수도 있다. 그러나 우리의 두뇌가 인과 관계를 다르게 생각하는 것에 어려움이 있어서 사람들이 잘못된 결론을 내렸다. 이미 말했듯이 두 가지 사건이 한꺼번에 일어날 때 둘 가운데 한 가지 사건이 반드시 다른 사건의 원인이라는 의미는 아니다.

재미있는 이야기

여러 가지 일들이 우연히 발생하지만 우리의 뇌는 우연이나 불확실한 것을 좋아하지 않고, 지나치게 복잡한 것도 싫어한다. 우리는 옳고 그름을 따지기보다 사건들 사이의 관계에 대해 말하는 것을 더 좋아한다. 그런 것을 잘 알고 있을 때 우리는 스스로 사건 개요를 잘 파악하고 있다는 느낌을 받는다. 우리는 우리에게 무슨 일이 일어나면 먼저 그 일의 의미를 해석하려고 한다. 이를테면 이런 거다. 나는 가까스로 사고를 벗어날 수 있었는데 왜 동생은 그렇지 못했던 걸까? 왜 나는 크고/작고/뚱뚱하고/마르고/흉하고/어리석고/우둔하고 등등 그럴까?

대개는 마땅한 이유가 없다. 단지 우연이다. 우리는 살아가면서 숱한 일들을 그냥 받아들여야 한다. 물론 여러분은 여러분에게 일어나는 일

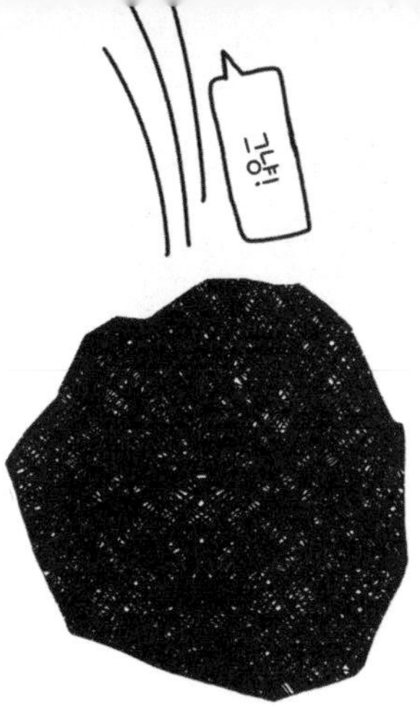

에 의미를 부여하고, 그 가치를 가늠해 볼 수 있다. 그런 다음에는 교통사고 같은 것을 당했을 때 안전 규칙을 더 잘 지키려고 노력할 수도 있다. 우리는 모든 일에 숨어 있는 의미와 뜻이 반드시 있을 거라고 굳게 믿는다. 그런 습관이 예외적으로 아기들에게는 실용적이다. 아기들은 부모의 말투를 익히며 매우 빠른 속도로 말을 배운다. 어쩌면 그래서 우리는 복잡한 수학보다 구체적인 이야기를 더 좋아하게 되었는지도 모른다. 아마도 그래서 우리는 재미있는 이야깃거리를 찾으려고 노력하고, 그런 것을 즐기는 것 같다. 평소에 우리는 정치, 우리 자신의 일상, 돈, 음식, 스포츠, 죽음, 옷 등에 관한 이야기를 많이 한다. 그런 이야기들이 우리의 행동을 결정한다. 유행이라는 이유로 여러분이 굳이 찢어진 청바지를 입거나 머리를 보라색으로 물들이는 까닭을 생각해 보라. 실제로 젊은이들이 많은 문제를 일으킬까, 아니면 그런 이야기를 많이 들어서 그렇게 생각하는 걸까? 여러분은 왜 어느 날 갑자기 탄수화물이나 지방의 섭취를 거부하는가? 만약 여러분에게 종교가 있다면 어떤 이야기가 여러분이 믿는 신앙에 영향을 미치나? 가끔 '새로운 예언자'라는 사람이 나타난다. 그들은 강한 인상을 풍기며 상대에게 확신을 주는 이야기를 해 사람들을 사이비 종교에 빠져들거나 극단적인 단체에 가입하게 만든다.

괴물!

괴물에 대해 재미있는 이야기들이 많다. 신비스러운 곳마다 그곳에 산다는 독자적인 괴물이 있다. 히말라야에는 무서운 설인(雪人)인 예티가 산다. 그것은 거대한 원숭이 같은 모습이다. 그것의 발자국이 종종 발견되고, 그것을 직접 봤다는 사람도 있다. 오래전에 수의사 마크 에반스라는 사람이 괴물을 봤다는 사람들의 이야기를 따라 히말라야를 샅샅이 뒤진 적이 있다.

그는 뼛조각 몇 개, 치아, 머리카락과 예티가 배설한 것으로 추정되는 분뇨를 발견했다. 하지만 그 모든 것을 검사한 결과 개와 곰의 몸에서 나온 것임이 밝혀졌다. 괴물처럼 생긴 개나 곰일 수는 있지만 그것들은 분명 동물이지, 동화 속의 생물은 아니었다.

북서 아메리카 알래스카에는 큰 원숭이가 발자국을 찍어 놓은 것 같은 빅풋이 발견되었다. 스코틀랜드의 네스호에는 네시라는 괴물이 산다. 많은 곳에서 괴물의 흔적이 발견되었지만 그곳에서 나왔다는 증거들 모두 거짓으로 밝혀졌다. 세상 어느 곳에서도 동종의 생명체가 발견되지 않았다. 괴물들 가운데 영원히 사는 괴물이 없다는 것은 놀라운 일 아닌가? 괴물에게는 부모나 배우자나 자식이 없었던 걸까?

수많은 기괴한 소문들이 종종 들린다. 빅풋을 소재로 한 영화는 큰 성공을 거둔 바 있다. 시간이 지난 후 그것이 모두 가상의 이야기라는 것이 밝혀졌다. 누군가 원숭이탈을 쓰고 연기를 한 것이다.

계산을 먼저 해 볼 것!

옛날에 인도에서 왕을 위해 장기를 발명한 똑똑한 남자가 있었다. 왕은 그 사람에게 원하는 것은 뭐든지 주겠다고 약속할 정도로 크게 기뻐했다. 그 말을 듣고 몹시 기뻐하던 발명가는 쌀을 이런 방식으로 달라고 말했다. 장기판의 첫 번째 칸에 벼 1톨, 2번째 칸에 벼 2톨, 3번째 칸에 벼 4톨, 4번째 칸에 벼 8톨을 주어 마지막에 남아 있는 64번째 칸까지 계속 그렇게 계산해서 달라고 제안했다. 왕은 시시한 제안이라고 생각해 껄껄껄 웃으며 흔쾌히 승낙했다.

그러나 왕의 입가에 번진 웃음은 얼마나 많은 벼를 발명가에게 넘겨줘야 하는지 알게 된 순간 말끔히 사라졌다. 32번째 칸에 이르자 왕이 발명가에게 준 벼가 이미 40억이 넘었다. 마지막 칸에 이르러 줘야 할 벼가 50경이 넘었다. 그러니 왕이 발명가에게 준 벼를 다 더하면 180경이나 되었다. 오늘날 전 세계 인구를 200년간 충분히 먹일 수 있을 정도의 양이다. 그만큼의 벼를 기차의 화물칸에 실었다면 기차의 길이가 지구에서 태양에 이를 정도다.

물론 이것은 하나의 이야기일 뿐이다. 그러나 이것은 숫자 개념이 없을 때 벌어질 수 있는 일에 대한 좋은 본보기다. 상상할 수도 없는 결과에 이를 수 있다는 말이다.

연쇄 편지의 함정에 빠지지 말라

하나의 숫자를 장기판의 벼처럼 2배로 불리는 것을 사람들은 흔히 기하급수적이라고 말한다. 그 원칙은 연쇄 편지에도 적용된다.

연쇄 편지는 수신인이 꼭 다른 사람에게 계속 전달해야만 하는 행운의 편지 같은 것이다. 종종 좋아하는 음식을 만드는 요리법이라든가 행운을 비는 덕담이 전달되기도 하지만 돈을 송금해 달라는 내용도 자주 등장한다. 그것은 여러분이 단시간 안에 부자가 될 수 있다고 현혹한다. 하지만 사실은 다 불법 편지다. 예를 들어 명단의 제일 위에 적혀 있는 사람에게 소액의 돈을 보낸 다음 그 이름을 지우고, 자신의 이름을 명단 제일 아래에 적고 5명에게 똑같은 내용의 편지를 보낸다. 그럼 여러분으로부터 그 편지를 받은 5명도 여러분과 똑같이 해야 한다. 만약 모두 그 일에 적극 동참하면 여러분은 일정한 시간이 지난 후 3125(5x5x5x5x5)명의 사람들로부터 돈을 받게 된다. 물론 그 연쇄 편지는 계속 이어질 수 없다. 11번째 순서가 된 사람이 48,828,125(5의 11제곱)명이나 되는 사람들에게 돈을 보내야 하기 때문이다.

연쇄 편지는 그것을 계속 전달하지 않으면 여러분에게 불행한 일이 생긴다든가, 여러분 때문에 세계 신기록이 무산될 거라는 협박의 내용

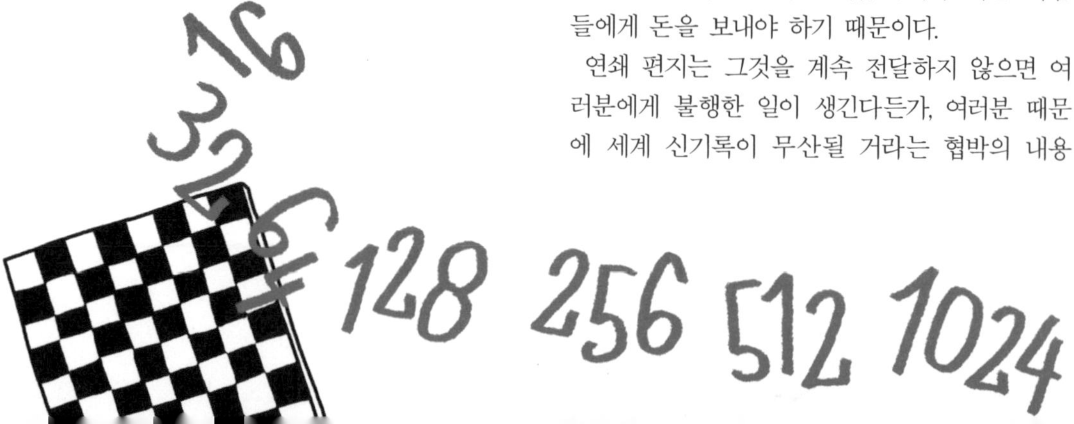

도 담고 있다.

여러분은 여러분 메일이 바이러스에 걸렸다며 가능한 많은 사람에게 연속해 전달하라는 내용의 거짓 경고를 담은 메일을 받은 적이 있을 것이다. 그런 메일들은 일명 스팸 메일로 거짓 정보다. 그런 것을 받으면 그냥 깔끔하게 삭제하면 된다. 그런 메일을 보내는 사람이 여러분의 컴퓨터를 망가뜨리는 범죄 행위를 할 수도 있다.

그런가 하면 연쇄 편지 중에 몸이 아픈 어린이에게 카드를 보내도록 독려하는 것들도 있다. 그런데 그 어린아이가 10년쯤 후에는 우체국 수레 가득 우편물을 꾸러미로 받을 수 있다는 것을 알고 있는가? 그런 엄청난 우편물 중에 진짜 우편물을 골라내느라 수많은 사람이 수고해야만 한다. 크래이그 쉐르골드는 영국인 암환자였다. 그는 그런 방식을 통해 3,500만 통 이상의 우편엽서를 받았다. 급기야 그가 제발 그만 보내라고 부탁하는 편지를 쓰느라 고생했지만 아무 소용이 없었다.

숫자는 어디에서 왔을까?

연구 결과의 숫자는 진실을 말하는 것처럼 보이지만 그 숫자들은 설문, 측정과 임의 추출 과정을 통해 수집한 결과다. 연구의 결과가 원자료를 어떻게 모으고, 분석했느냐에 따라 많은 숫자가 왜곡된다. 자료를 기반으로 맺는 결론이 다른 것에 상당한 영향을 미칠 수 있다.

유도 클럽에 다니는 아이들에게 발레를 좋아하느냐고 물어보면 좋다고 말하는 사람의 숫자가 적을 것이다. 그러나 그렇다고 발레를 좋아하는 아이들이 적다고 말할 수 있을까? 아니다, 똑같은 질문은 발레를 배우는 학생들에게 물어봤다면 전혀 다르게 나왔을 거다. 아이들 가운데 95퍼센트가 춤추는 것을 좋아한다는 기사를 읽으면 어떤 아이들을 대상으로 설문 조사가 이뤄졌고, 어떤 종류의 춤을 말한 것인지에 대해 의문을 갖게 될 것이다. 브레이크 댄스는 클래식 발레와 조금 다르다. 댄스파티에 가서 추는 춤은 수업 시간에 배우는 사교춤과는 다를 것이다.

연구에 참여한 사람이 거짓으로 대답할 수도 있다. 젊은 사람들은 실제 자신의 모습보다 더 멋진 사람처럼 보이려는 경향이 있다. 혹은 참여자가 설문지에 대한 질문을 착각해 답을 잘못 적을 수도 있다. 그런 경우 말고도 세상에는 작은 거짓말, 큰 거짓말, 혹은 통계 실수도 많이 있다.

직접 점검하라

통계 도표에도 속임수가 종종 포함되어 있다. 전체 그래프에서 여러분이 어떤 부분을 보고 있는지 스스로 자문해야 한다. 평탄한 선처럼 보이는데 그 부분을 지난 다음 선이 위로 치솟거나 급격하게 아래로 꺾일 수도 있다. 아기의 성장 곡선을 생각해 보라. 첫해에는 급격한 상향 곡선이 이뤄진다. 나중에는 계속 그런 각도로 올라가지 않으니 얼마나 다행인가?

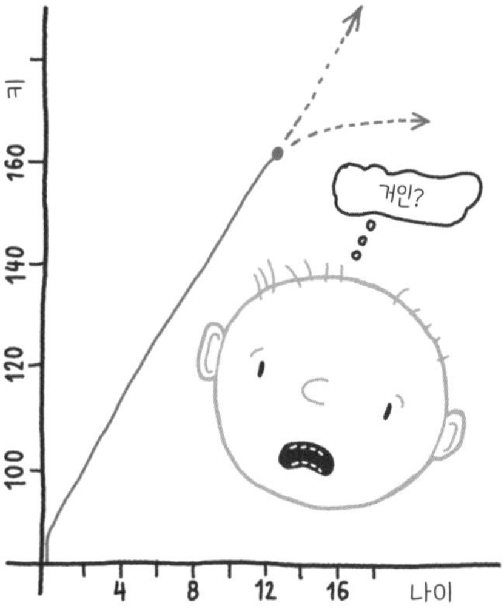

평균에 속지 말 것

통계 자료는 사회 전반에 사용된다. 정치, 과학, 언론, 법 등등.

그러나 통계의 수치가 말하고자 하는 것은 무엇인가? 한 지역의 연평균 온도는 별다른 의미가 되지 못한다. 미국의 데스밸리는 1년 기준으로 측정해 보면 평균 온도가 섭씨 25도다. 그 정도면 사람들이 견디기에 힘들지 않은 온도다. 그러나 사실은 절대 그렇지 않다. 사막에서는 낮에 온도가 극단적으로 높아진다. 섭씨 57도가 측정된 적도 있다.

가끔 극단의 결과가 평균치에 영향을 끼칠 수 있다. 그러므로 평균보다는 중위값을 보고 판단하는 게 현명하다. 그것은 중간값을 의미한다. 그 중간값을 넘어선 수치들이 그 밑에 있는 것만큼 많다는 것을 뜻한다.

내가 넷플릭스를 볼 확률이 얼마나 될까?

확률 계산을 해 엉뚱한 결과가 나오는 경우도 많다. 동전을 던졌을 때 숫자나 그림이 있는 면이 나올 확률은 2분의 1이다. 주사위를 던져 3이 나올 확률은 6분의 1이다. 확률은 그것을 기준으로 계산된다. 그러나 객관적인 확률은 주사위를 6번 던지면 반드시 3이 한 번 나오는 것을 의미하지 않는다. 주사위를 던질 때마다 새롭게 6분의 1의 확률이 새로 생기는 것이다. 주사위는 아무것도 기억하지 못하고, 6이 얼마나 많이 나왔는지 알지 못한다. 주사위 던지기를 오랫동안 계속하면 그제야 비로소 하나의 패턴이 나온다.

객관적인 확률이 아닌 주관적인 확률도 있다. 거기에는 개인적 확신이 개입된다. 예를 들어 내가 오늘 저녁 넷플릭스를 시청할 확률이 90퍼센트 이상이라고 말할 수 있지만 그것은 나 자신의 선택을 통해 결정된다. 시험을 볼 때는 그런 확률을 말할 수 없다. 날씨 예보도 마찬가지다. 비가 올 확률이 10퍼센트라고 말할 수는 있지만 그 수치는 그것을 계산해 낸 사람의 전문 지식에 따라 결정된다. 공개된 자료에 의해 날씨를 예보하는 기상학자와 하늘의 구름을 보고 날씨가 어떨 거라고 말하는 할아버지 사이에는 분명한 차이가 있다.

억울한 옥살이

여러분이 억울한 누명 때문에 7명을 살인하고, 3명에게 살인 미수의 범행을 저질렀다는 혐의를 받아 종신형을 선고받고 강제로 복역하는 상상을 해 보라!

네덜란드인 루시아 드 B에게 실제로 그런 일이 벌어졌다. 왜 그랬을까? 확률 계산을 어떻게 해야 하는지 제대로 아는 사람이 아무도 없기 때문이었다.

간호사였던 루시아가 근무하던 중에 한 아기

5 7 12

$$\text{평균} = \frac{5+7+12}{3} = 8$$

5 7 12

$$\text{중위값} = 7$$

1 5 7 12

$$\text{중위값} = \frac{5+7}{2} = 6$$

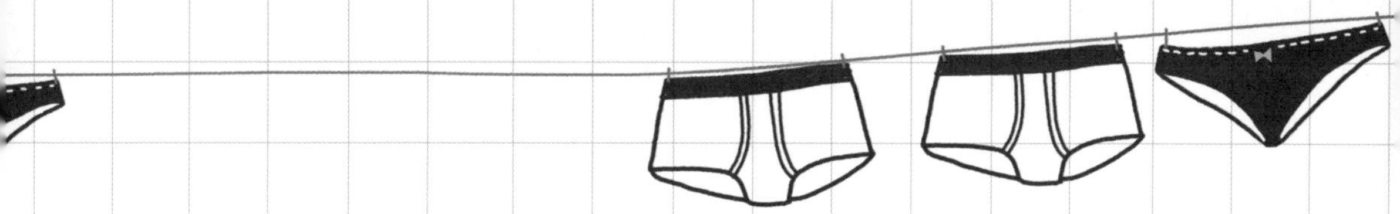

환자가 숨졌다. 사람들이 루시아에 대해 이러쿵 저러쿵 수군댔다. 그녀가 근무할 때 유독 환자들이 많이 죽기 때문이었다. 사람들은 그것을 루시아 때문이라고 생각했다.

한 통계 전문가가 한 명의 간호사가 그렇게 많은 사망 사건을 직접 체험할 확률이 3억4천2백만 분의 1이라고 계산했다. 아주 드물게 일어나는 일이기 때문에 루시아에게 연쇄 살인범이라는 낙인이 찍혔다. 제대로 된 증거는 그것 말고 아무것도 없었다.

살인 혐의와 아무 상관없는 증거들이 마구 쏟아져 나왔다. 그녀가 한때 몸을 파는 접대부로 일을 한 과거가 들춰졌고, 타로점을 본다는 소문도 돌았다. 결국 루시아는 종신형을 선고받고 투옥되었다.

다행히 시간이 얼마 지난 후 그 사건에 개입하려는 사람들이 나타났다. 통계학 교수들이 간호사가 그렇게 많은 사망 사건에 개입할 확률을 다시 계산한 것이다. 결과는 어떻게 나왔을까?

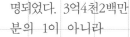

애초의 확률 계산이 완전히 틀렸다는 것이 증명되었다. 3억4천2백만 분의 1이 아니라 44분의 1이나 심지어 9분의 1이라는 결과가 나왔다. 루시아가 병원에서 근무하기 이전에 얼마나 많은 환자가 죽었는지에 대한 조사는 왜 아무도 하지 않았을까? 조사를 해 보니 그녀가 근무하던 시기보다 그녀가 병원에 오기 이전에 더 많은 환자가 죽은 것으로 밝혀졌다.

결국 루시아는 억울한 옥살이를 6년이나 하다가 석방되었다.

어려운 단어 : 상관관계

통계에서는 두 가지 자료의 연관성을 미리 예단하기 위해 둘 사이의 상관관계를 표시한다.

예를 들어 유가와 석유 공급량 사이의 상관관계 같은 것이다. 석유의 공급량이 줄어들면 유가의 상승을 예측할 수 있다. 놀이공원은 공휴일과 방문객 숫자 사이의 상관관계를 예의 주시한다.

그래서 놀이공원 측은 많은 방문객의 방문이 예상될 때 충분한 근무 인원을 확보할 계획을 세운다. 그렇지만 통계적으로 두 변수에 상관관계가 있다고 해서 하나가 다른 하나의 원인이 된다고는 말할 수 없다. 어떤 때는 둘 사이의 상관관계가 아무 의미가 없을 때가 있다. 예를 들면 지구가 핼리 혜성과 떨어져 있는 거리와 유가 사이에 강한 상관관계가 있는 것으로 밝혀졌다.

그것은 완전한 우연이다. 배에서 추락해 죽는 사람의 숫자와 미국 켄터키주에 거주하는 기혼자의 숫자 사이에 나타나는 상관관계도 마찬가지다. 그저 우연일 뿐이다. 그러나 1800년 초에 황새의 수가 급격히 증가하고, 새로 태어난 황새의 수가 늘어난 것은 우연이 아니다. 황새가 많아져 더 많은 새끼를 낳은 것이다.

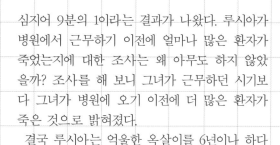

그것 봐!

누구나 우연을 경험한다. 여러분이 친구에게 연락하려고 할 때 같은 시각 여러분 친구가 연락해 올 때가 있다. 혹은 신문에 난 운세 풀이에 오늘 좋은 일이 있을 거라고 했는데 길에서 우연히 돈을 주울 수도 있다. 혹은 사고를 당하는 꿈을 꿨는데 다음 날 자전거를 타고 가다 사고를 당하기도 한다. 그런 우연은 기억에 오래 남는다. 여러분의 친구가 하루에도 수십 번 하는 연락을 여러분과 겹치지 않은 시간에 한 적도 많은데 그것은 쉽게 잊힌다. 다른 날에도 우연한 행운은 많았지만 다 잊어버린다.

예언은 언제나 그런 식으로 작용한다. 새해가 되면 점술가들이 새로운 한 해에 일어날 일들을 예언한다. 그것을 잘 보관해 두었다가 연말에 다시 한 번 살펴보라. 그럼 예언했던 많은 일들이 일어나지 않았다는 것을 알게 될 것이다. 실제로 일어났던 몇 가지의 일들은 오래전부터 계획된 일이거나, 언젠가는 맞을 수 있는 애매한 표현들이다. 예를 들면 느닷없이 '아시아에서 재난 사고가 일어난다.'라고 말하는 거다. 실제로 그런 일이 일어나면 점술가들은 그것 보라고 말한다. 점술가들은 맞지 않은 예언은 여러분이 모르고 지나갔을 거라고 생각한다. 만약 뭔가 완벽하게 들어맞았다면 그건 단지 운이 좋아서다. 예언한 모든 것들이 왜 다 들어맞지 않는 걸까?

좋은 테스트

1월 1일 새해에 일어날 일들을 적어 리스트를 만들어 보라. 친구들에게도 똑같이 해 보라고 권한 다음 12월 31일에 그중 어떤 예언이 맞았는지 점검해 보라. 여러분이 예언가보다 더 높은 확률로 맞췄을 가능성이 있다. 여러분의 예언이 맞을 수 있었던 것은 우연과 좋은 추리력에서 비롯되었다는 것을 잊지 말라.

자업자득

여러분은 많은 일을 할 때 특정한 이유가 있어서 한다. 좋은 성적을 받고 싶고, 더 나아가 좀 더 똑똑해지기 위해 시험공부를 한다. 또는 감자를 날것으로 먹는 것보다 익혀 먹으면 소화도 잘 되고, 맛있다는 것을 알기 때문에 익혀서 먹는다. 여러분은 친구들과 서로 정보를 나누기 위해 SNS를 이용한다. 사람들은 미리 정해 놓은 목적을 달성하지 못한 일들이 있을 수 있다는 것을 받아들이기 매우 힘들어한다. 마찬가지로 어떤 원인도 없이 우연히 일어나는 일을 그대로 받아들이는 것을 어려워한다.

삶은 더 높은 목표를 갖고 있어야 하고 그렇지 않으면 아무 의미가 없는 건가? 모든 것이 죽으면 끝나 버린다는 것에 어떤 의미나 목적이 있는 것은 아니지 않은가?

모든 것이 미리 결정된 목표를 갖고 있고, 미리 정해져 있는 의미를 지니고 있다는 이론도 있다. 그런 이론 가운데 하나를 예로 들면 몸이 아픈 것에 특별한 의미가 있다고 생각하는 것이다. 그런 이론의 추종자들은 눈이 잘 보이지 않으면

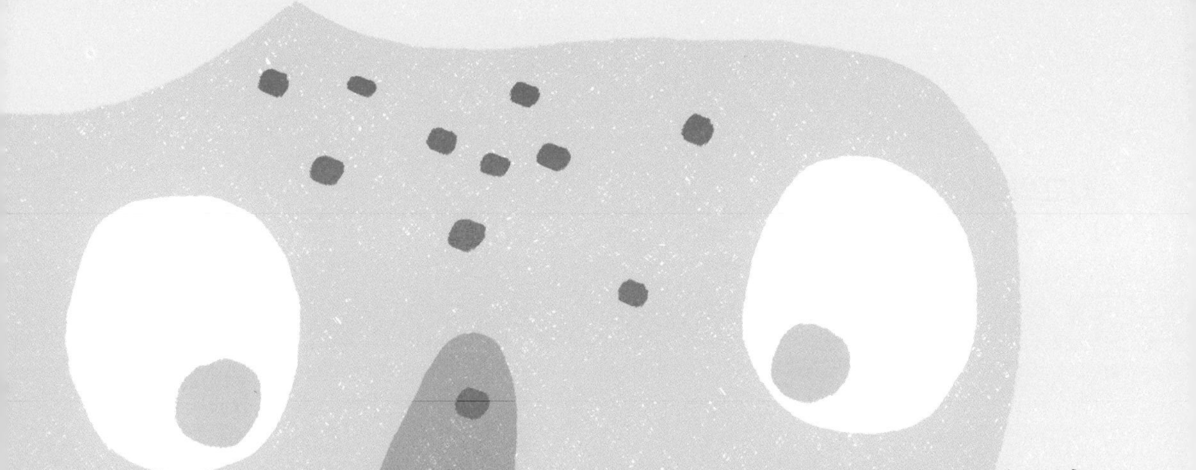

네덜란드의 대체 의학자 얀 피터 드 콕은 그런 이론을 추종할 뿐만 아니라 허술해 보이기 그지없는 자신의 방식을 다른 사람들에게 전파한 사람이었다. 그는 호메오파티Homoeopathie(동종 요법)와 인지학Anthroposophie의 합성어로 이아스트로피Iastrophie를 만들었다. 발도르프 학교의 설립자 가운데 한 사람인 루돌프 슈타이너가 인지학의 창시자다. 얀 피터 드 콕은 정통 의학을 극렬히 반대했다. 그는 한 환자와 그 환자의 아기에게 정상적인 의료 처치를 받지 못하게 해 안 좋은 후유증에 시달리게 만들어 2년간 실형을 선고받았다. 다만 2살 여아의 죽음에 관여했다는 혐의는 증거 부족으로 무죄를 선고받았다.

전생에 뭔가 잘못했고, 이번 생에는 더 나은 인간이 되어야 한다는 목표를 갖고 태어났다고 믿는다. 질병이 자업자득이고, 다시 건강해지는 것도 본인의 노력 여하에 달려 있다고 보는 것이다. 그런 이론의 추종자들은 사람이 가끔 병에 걸리는 것이 좋다고 말한다. 설령 앓다 죽는다고 해도 그렇다고 한다. 다음 생에 더 나은 인간이 되어 돌아올 거라고 굳게 믿기 때문이다.

얀 피터 드 콕

무슨 일만 생기면 사람들이 자동으로 그 일의 의미와 목적이 있을 거라고 생각하기 때문에 우리의 유전자에도 모든 것에는 원인이 있다는 생각이 뿌리 깊이 박혀 있다. 목표에 빨리 도달할 수 없을 때 우리는 더 높은 목표에 도전하려고 한다. 우리는 태어날 때부터 설명할 수 없는 일을 받아들이려는 특성이 있고, 초자연적인 것에 관한 이야기를 믿으려고 한다. 저절로 그렇게 되는 것이다.

모든 것에 목표가 있다고 자동으로 생각하기 때문에 사람들은 영혼이 죽음 이후에 계속 살고, 삶에 어떤 사명이 있다고 생각한다.

최고의 우연은 무엇인가?

수학 시험에서 100점을 받는 게 최고의 우연인가? 아니면 여러분과 여러분의 친구가 둘 다 아무것도 모른 채 똑같은 운동화를 산 것이 최고의 우연일까? 아니, 아니, 최고의 우연은 여러분 자신이다. 정자와 난자가 서로 다르게 짝을 맞출 수도 있었고, 여러분의 부모가 다른 사람을 사랑할 수도 있지 않았나? 부모의 부모도? 더 위로 거슬러 올라간다면 이 세상에 인간이 있다는 것 자체가 엄청난 우연이다. 모든 것이 달라질 수 있었다. 6천만 년 전에 운석이 공룡 시대를 끝내지 않았다고 가정한다면? 아니면 지구상에 생물체가 전혀 없었다고 상상해 본다면?

찰스 다윈 : 진화

대부분의 서양 사람들이 옛날에 하느님이 세상을 만들 때부터 모든 종류의 동물과 식물이 존재했다고 믿었다. 〈성경〉에 그렇게 적혀 있고, 아무도 그것을 의심하지 않았다.

찰스 다윈은 고민을 거듭하다가 진실을 찾아보려고 나섰다. 그는 160년 전에는 모든 것이 전혀 달랐다고 주장하며 식물과 동물이 시간이 지나면서 변화했다는 증거들을 많이 모았다. 그리고 그 이론을 진화라고 불렀고, 진화는 변화라는 의미였다.

진화는 19세기에 더욱 많은 사람에게 관심을 받는 단어가 되었다. 프랑스 출신 라마르크는 기린이 오랜 시간이 지나면서 나무의 높은 곳에 있는 나뭇잎을 먹기 위해 목이 길어졌다고 생각했다. 모든 것에 독자적인 목표가 있다는 전제로 사람들이 생각하기 때문에 그의 주장은 논리적으로 받아들여졌다. 라마르크는 세상의 많은 것들이 우연히 만들어질 수 있다는 것을 전혀 고려하지 않았다. 바로 그 점을 다윈은 주장했다.

비글호 항해기

찰스 다윈은 젊은 시절 자연 탐험가로 활동하며 범선을 타고 먼 길을 나섰다. 다윈은 수수께끼 같은 것들을 많이 발견했다. 그 과정에서 죽은 동물의 화석이나 메가테리움(포유류인 나무늘보의 조상_역주)처럼 멸종된 동물의 의미 있는 화석들을 보았다. 왜 그것들은 보통 나무늘보와 똑같이 생겼는데 몸의 한쪽 구석만 유달리 클까? 다윈의 입장에서 그런 궁금증에 대한 대답은 딱 한 가지뿐이었다. 메가테리움이 긴 시간을 지나면서 진화해 평범한 나무늘보가 된 것이다. 지구 곳곳에 똑같이 생긴 식물과 동물이 있지 않다는 것에 대해서도 다윈은 전혀 놀라워하지 않았다.

거의 모든 유대류有袋類(캥거루나 코알라같이 원시적인 태생 포유류로, 태반이 없거나 불완전하여 발육이 불완전한 상태로 태어난 새끼를 육아낭에 넣어서 기름_역주)가 왜 오스트레일리아와 뉴질랜드에서 살았을까?

갈라파고스 제도에는 왜 섬마다 다르게 생긴 방울새가 사는 걸까? 각각의 종류마다 부리가 다르고, 그것은 특정한 먹이를 구하기에 적합했다. 그래서 땅방울새는 강하고 짧은 부리를 갖고 있어서 그것으로 딱딱한 씨앗을 쪼아먹을 수 있다. 작은 벌레를 잡아먹는 나무방울새의

되새 가족

부리는 작고 날카로워, 틈새와 나무에 뚫려 있는 구멍을 쪼아 벌레를 잡아먹을 수 있다.

난제

다윈은 궁금한 모든 수수께끼를 풀기까지 수많은 고민을 해야만 했다. 결국 그 모든 질문에 대한 대답은 진화였다.

다윈은 모든 생물의 자식들은 부모와 비슷하게 생겼다는 결론을 내렸다. 생물들은 특성을 대물림해 물려받는다. 침팬지는 오랑우탄이 아니고, 더욱이 다람쥐도 아닌 침팬지 새끼를 낳는다.

다윈은 세대가 바뀌면서 우연히 작은 변화가 생기고, 그러한 변화도 유전된다는 것을 발견했다. 털의 색깔이 더 연해진 동물의 새끼들이 연한 색의 털을 갖게 되는 것이다. 마지막으로 다윈은 자연에서의 삶이 생존을 위한 힘든 싸움이라는 것도 밝혀냈다.

다만 주로 거주하는 지역에 잘 적응하고, 살아남기에 적합한 특징을 가지고 있는 것은 번식에 성공했다. 그런 종류들은 시간이 지나면 대부분 살아남았다. 목숨을 위한 투쟁과 최고의 적응을 위한 서바이벌이 이뤄지는 것이다. 최고로 적응을 잘했다는 것은 주변 여건에 제일 잘 적응했다는 의미다. 그러므로 싸움닭만이 살아남는 게 아니라 목이 긴 기린 같은 동물이 살아남을 확률이 크다.

그래서 여러 동물이 조상은 같은데 세월이 오래 지나면서 다른 환경에서 살았기 때문에 다르게 성장하고 번식할 수 있다.

다윈은 번식을 잘하고, 새끼들을 잘 돌보는 종류의 동물이 결국 생존한다는 것도 밝혀냈다. 동물의 수컷은 대개 짝짓기를 하기 위해 암컷을 고른다. 그래서 수컷들은 암컷의 마음에 들기 위해 정성을 많이 들인다. 상대를 유혹하는 춤을 추거나, 싸움을 잘하거나, 노래를 잘 부르고, 공작새의 꼬리처럼 눈에 확 띄는 장식을 펼쳐 보이는 등 온갖 속임수를 쓴다. 다윈은 그런 특징에 '성 선택'이라는 명칭을 부여했다.

훨씬 더 커진 딸기

자연적인 선택을 통해 종의 성질이 바뀐다. 그러나 약간은 인공적 선택도 있다. 인간은 종족을 개선하려는 목적으로 그것을 사용한다. 그래서 즙이 풍부한 토마토를 맛도 좋게 하고, 딸기도 큼지막하게 키워 낸다. 말은 빨리 달릴 수 있게 되고, 양은 털을 많이 배출하게 된다. 그 모든 것들이 진화와 종의 변화에 대한 증거가 아니겠는가?

이 책이 블랙리스트에 오르는 것은 아닐까?

인간이 별로 특별하지 않고, 다른 모든 종류의 동물들처럼 우연히 진화했다는 것을 믿는 것이 무척 어려울 수 있다. 우리는 지구 위를 걸어 다닐 수 있는 유일한 인류도 아니다. 아주 오래전 인간과 비슷한 여러 종류의 원시 인류가 지구에 살았었다. 네안데르탈인 같은 원시 인류는 멸종되었다. 호모 사피엔스만 살아남았다. 그것이 바로 우리다. 호모 사피엔스가 다른 원시 인류들을 다 살해했을 거라는 가설도 있지만 확실한 것은 아니다. 많은 사람이 어렸을 때부터 네안데르탈인의 유전자를 아주 조금 지니고 있다. 그것은 인간이 네안데르탈인과 성적 교류를 했다는 증거로 제시된다. 얼마 전에 네안데르탈인과 또 다른 원시 인류인 데니소바인 사이에서 태어난 어린이의 뼈가 발견되었다. 데니소바인도 다른 원시 인류로부터 유전자를 물려받았다. 그들은 모두 후손을 만들었다. 그런데도 그런 많은 원시 인류들 가운데 오직 우리만 아직도 지구상에 살고 있다. 호모 사피엔스가 다른 원시 인류와 다른 점은 협동을 잘하고, 다른 사람으로부터 배운다는 점이다. 아마도 그래서 우리가 여기까지 올 수 있었던 것 같다.

이 장에서 보았듯이 우리는 우연을 쉽게 받아들이지 못한다. 모든 자연이 우연과 자연적인 선택으로 형성되었다는 직관을 거역한다. 그런 사고는 삶에 아무 목표가 없냐고 묻는다. 모든 것이 단지 자유재량인지 되묻는 것이다.

그러나 그게 그렇게 중요한지 한 번 전문가에게 물어 보라. 삶, 자연, 우주가 서로에게 영향을 준 것 같지 않은가? 이 세상이 단 하나의 계획에 따라 만들어졌다고 믿는 것과 진화를 통해 만들어졌다고 생각하는 것에 큰 차이가 있는가? 진화에 대해 많이 알면 알수록 더 크게 감탄하게 되지 않나? 진화를 이해하는 게 어렵게 느껴질 수는 있다. 하지만 그렇다고 해서 그것이 진실이 아니라는 의미는 아니다. 그런데도 세상에는 진화를 증명되지 않은 이론처럼 취급하는 사람들이 있다. 그들은 모든 것을 다 생각하고, 미세한 것까지 세심하게 고안해 낸 초자연적인 힘을 믿는다. 그런 인식이 일명 지적 설계 혹은 창조설이다. 어떤 사람들은 진화를 이야기하는 것조차 금기시한다. 이 책은 그런 사람들에게 금지 도서이고, 블랙리스트에 올릴 수 있는 책이다.

노아의 방주에 공룡도 있었을까?

지적 설계를 태초의 우주 대폭발이 일어나게 해 모든 것이 각자의 길을 걷게 해 준 신성한 불꽃으로 생각할 수도 있다. 그렇게 하면 기준과 가치의 발전에 신앙이 도움 될 수 있다. 신앙을 구축하는 이야기들이 진실인가, 아닌가를 굳이 따지지 않는다. 그 경우 사람들은 진화에 대해 그냥 예스라고 말한다.

반면 지적 설계의 추종자들은 지적인 창조주가 잘 빚어 놓은 계획에 따라 우주와 생명이 창조되었고, 아직도 그것을 돌봐 준다고 주장한다. 그것은 진화 이론에 부합하지 않는다. 그것은 단지 우연과 자연적인 선택을 통해 이뤄졌다고 해석한다. 생물이 전혀 다

르게 발전될 수 있었다고 믿는 것이다.

지적 설계에는 두 가지 해석이 존재한다. 하나는 세상을 창조하는데 수백만 년의 시간이 걸렸다고 보는 해석이고, 다른 하나는 6일 만에 창조되었다고 보는 해석이다. 가끔 고고학자들이 발굴했다며 소개하는 거대한 공룡의 뼈들은 하느님이 신앙을 가진 사람들에게 인간의 믿음을 시험하기 위해 놓아두었다고 생각한다.

지적 설계의 추종자들은 아주 복잡한 인체의 기관이 단순한 형태에서 진화하는 것이 절대 불가능하다는 말로 진화에 반대하는 주장을 한다. 물론 우리는 인체의 모든 기관이 정확히 어떻게 만들어졌는지 알지 못한다. 그러나 우리가 그것을 아직 모른다고 해서 앞으로도 그럴 거라는 의미는 아니다. 무엇이 어떻게 작동하는지 정확히 알지 못한다고 그 즉시 초자연적인 힘을 찾으려고 하는 것은 이상한 짓이다. 그것은 옛날 사람들이 번개가 치면 하느님이 노했다고 생각하는 것과 똑같다.

우리는 진화가 우연한 변화를 통해 종종 비논리적인 해답을 제시한다는 것을 알고 있다. 고래의 아랫배에서 등까지 이어지는 긴 숨구멍을 예로 들어 보자. 대체 왜 그렇게 불편하게 만들어 놓았을까? 왜냐면 포유동물인 고래가 아주 오래전에는 땅에서 살기 위해 바다에서 땅으로 올라왔기 때문이다. 그러던 고래들이 나중에 다시 바다로 들어갔다. 그게 더 안전해서 그랬을까? 아니면 먹을 것이 바다에 더 많아서 그랬을까? 세월이 지난 후 고래가 숨을 쉬는 분수공이 실용적인 자리로 옮겨간 것이다.

5 맛있게 드세요 핫 몽키!

대도시 이야기 혹은 방랑자 이야기라고도 부르는 '도시 전설'은 <유카 나무속의 거미>라는 책에 묶여 나와 있다. 그 책에 소개됐던 미국 어느 핫도그 가게에서 일어났던 일이 좋은 사례가 될 것 같다. 핫도그 노점상 옆에 머리가 잘리고, 털을 벗겨낸 사체가 하나 놓여 있었다. 사람의 사체가 아니라 원숭이 사체였다. 무슨 이유였을까? 핫도그 노점상 주인이 자기가 만들어 파는 핫도그에 그것을 넣어 팔아 볼까 하는 생각에 동물원에서 죽은 원숭이를 갖고 온 것이다. 여러분이라면 그 가게에서 핫도그를 사 먹을 수 있을까? 핫 몽키?

자가 진단 테스트 진실인가 진실이 아닌가?

목록을 읽어 보고, 여러분 생각에 진실이라고 생각되는 것에 꺾쇠 표시를 하고, 결과를 후에 점검해 보라.

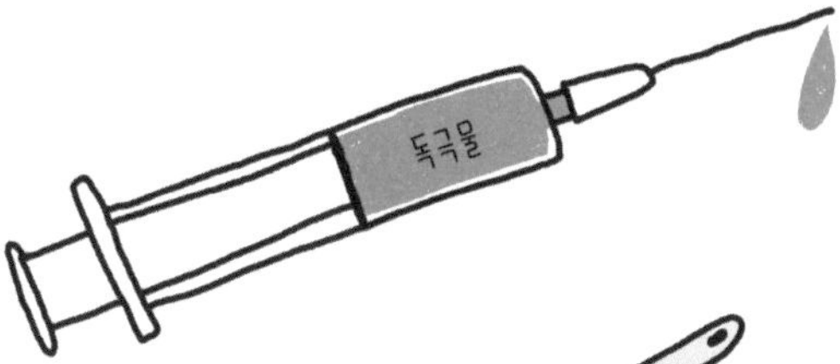

- 우리 중에 누군가는 외계인이고, 오바마 전 미국 대통령도 그중 한 사람이다.
- 노트북과 전화기에서 나오는 안 좋은 푸른 가시광선(블루라이트)으로부터 자신을 보호하기 위해 보호 크림을 계속 발라 줘야 한다.
- 나사NASA가 비밀리에 화성에서 동물실험을 하고 있다.
- 미국의 중앙정보국 CIA가 9·11 테러의 배후이고, 쌍둥이 빌딩으로 비행기를 타고 직접 돌진했다.
- 지구 온난화는 동화에 나오는 이야기일 뿐이다.
- 에이즈 바이러스는 흑인과 동성애자들을 멸종시키기 위해 인간이 만들어 냈다.
- UFO는 세상에 존재하고, 미국의 로스웰에서 외계인이 발견된 적이 있다. 정부가 외계인을 어느 비밀 장소에 보호하고 있다.
- 세계 권력이 하늘의 별자리 중 용자리에서 온 어느 변장한 파충류의 손에 들어가 있다.
- 아돌프 히틀러는 아직 생존해 있다.
- 모든 게 유대인 탓이다.

- 모든 게 미국인 탓이다.
- 모든 게 회교도 탓이다.
- 모든 게 기독교인 탓이다.
- 모든 게 흑인 탓이다.
- 모든 게 백인 탓이다.
- 모든 게 난민 탓이다.
- 모든 게 남자 탓이다.
- 모든 게 엘리트 탓이다.
- 모든 게 포퓰리즘 탓이다.
- 모든 게 자본주의 탓이다.
- 지구에 오스트레일리아는 없다.
- 인간은 달에 착륙한 적이 없다. 달에 착륙한 것처럼 보이는 영상은 할리우드에 있는 스튜디오에서 촬영한 것이다.
- 홀로코스트는 세상에 존재했던 적이 없다.
- 멜라니 트럼프의 공식 행사에 언제나 도플갱어가 역할을 대신한다.
- 비행기가 지나면 하늘에 남는 비행운은 연료에 독성이 있는 화학 제품을 섞었기 때문에 더 오래 흔적을 남긴다.

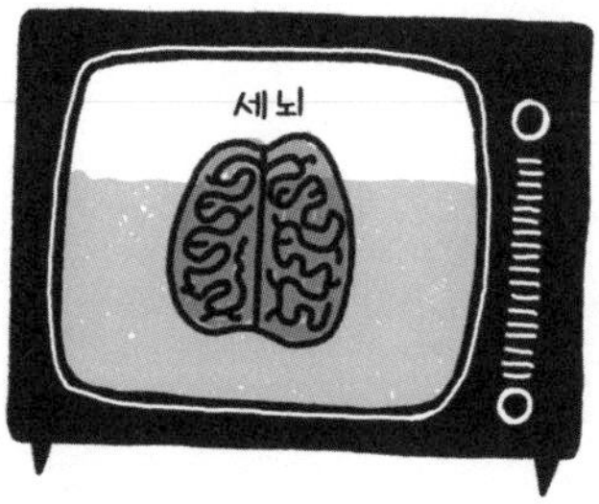

- 텔레비전 방송국은 시청자를 세뇌하기 위해 잠깐씩 섬광처럼 지나가는 그림을 사용한다.
- 정부는 국민이 두려움에 떨면 구조의 손길을 뻗으려고 일부러 갈등을 유발한다.
- 이민은 국민을 뒤섞기 위한 엘리트들의 방식이다.
- 테러 조직 IS와 알카에다는 서양의 정보원들에 의해 만들어졌다.
- 정부와 제약업계는 백신의 해로움을 숨긴다.
- 지구는 평평하고, 모든 우주인과 우주선 관계자는 우리에게 거짓말을 한다.
- 지구는 안에 굴 같은 것이 있고, 그곳에 도망간 나치들이 숨어 있다.
- 옛날에는 인간의 키가 12킬로미터가 될 정도로 클 수 있었다.

결과

혹시 꺾쇠 표시를 한 문항이 있는가? 그렇다면 안타까운 일이다. 이 주장들은 모두 그저 헛소문들이다. 아돌프 히틀러의 유해 일부를 검사해 그것이 실제 그의 몸에서 나온 것이라는 증명을 한 적도 있다. 그러니 그가 남극의 어느 비밀기지에 숨어 있다는 말은 사실이 아니다. 홀로코스트는 분명히 존재했고, 그것에 대해 수많은 증거가 있다. 우리가 사는 세상에 외계인은 없다. 오스트레일리아는 분명히 있다.

그 모든 질문은 음모론일 뿐이다. 인터넷을 들춰 보면 온갖 음모론을 찾을 수 있다. 그렇지만 인터넷에 올라와 있다고 전부 다 진실은 아니다. 그런 정보를 자주 접한다고 해도 그것이 신빙성 있는 정보는 아니다. 친구들과 함께 서프라이즈 파티를 하려고 준비하는 것도 음모라고 할 수 있다. 그러나 진정한 음모론은 흥미진진하게 잘 쓰인 형사 추리물처럼 검은 의도가 숨어 있는 픽션이다. 음모론자들은 세상의 어떤 뉴스나 소식에 대해 다른 사람들과 완전히 다른 해석을 내놓는다. 자기가 원한다고 무턱대고 믿어서는 안 된다. 제2차 세계대전 때처럼 한 민족에게 죄를 다 뒤집어씌우면 끔찍한 결과가 야기될 수 있다.

아니 땐
굴뚝에 연기가
안 남

음모론 : 영화나 책에 나와 가슴을 조마조마하게 하는 이야기

인간은 가슴을 조마조마하게 만드는 이야기를 좋아한다. 뭔가 이해하기 어려운 것이 있으면 우리는 그 이면에 무엇이 있는지 찾아보려고 한다. 우리는 우연을 좋아하지 않고, 특정한 그룹에 책임 미루는 것을 무척 좋아한다. 적이 딱 하나라면 이해하기도, 이해받기도 쉽다. 그것은 음모론의 좋은 소재가 된다. 이 책에서 그런 이론을 좀 더 다뤄 보고자 한다. 정확히 말하면 2001년 9월 11일에 일어난 테러에 관해서다.

9월 11일 : 사실

2001년 9월 11일 미국 뉴욕의 세계무역센터 건물에 항공기가 충돌해 4번의 대폭발 사고를 일으킨 테러 사건이 일어났다. 아침 9시경 보잉 767기가 세계무역센터의 쌍둥이 빌딩 북쪽 타워에 정면충돌했다. 엄청난 폭발이 일어난 후 비행기에 적재된 거대한 양의 기름에 불이 붙어 화재가 일어났다.

약 20분쯤 지나 또 다른 보잉 비행기가 남쪽 타워를 들이받았다. 많은 사람이 텔레비전 생중계를 지켜보았다. 화염에 휩싸여 죽지 않으려는 사람들이 200명 이상 건물에서 뛰어내렸다. 엄청난 화염에 철근이 녹아내려 충돌 후 한 시간이 지나자 남쪽 타워가 완전히 붕괴됐다. 북쪽 타워는 30분이 더 지난 후 주저앉았다. 그날 쌍둥이 빌딩이 불길에 휩싸이고, 무너져 내린 여파로 세계무역센터의 3번째 건물도 무너졌다. 4번째 건물도 심한 손상을 입었다.

같은 날 3번째 비행기가 미국 국방부 본부가 있는 워싱턴의 펜타곤을 향해 돌진했다.

납치된 4번째 비행기는 피츠버그 외곽의 들판에 추락했다. 조종실 음성 기록 장치에 승객들이 비행기 탈취범으로부터 비행기를 되찾으려고 저항했던 기록이 남아 있다. 그들은 뉴욕에서 벌어진 일을 이미 알고 있었기 때문에 죽을힘을 다해 저항했다. 납치범들은 미국의 수도인 워싱턴이나 백악관으로 가려고 했던 것 같다. 승객들의 영웅적인 저항으로 납치범은 목표에 도달하지 못했다. 4대의 비행기에 납치범들이 네 명 혹은 다섯 명이 타고 있었다. 납치범들은 삼각형의 날이 날카로운 스탠리 나이프로 조종실의 문을 열고 들어갔다. 그들은 기초 비행 훈련을 마친 상태라 비행기를 몰고 큰 건물을 향해 돌진할 수 있는 실력이 있었다.

그날 거의 3,000명이 테러로 사망했다. 사망자 가운데 소방관과 경찰이 400명 희생되었다.

비행기에 타고 있던 승객들은 그 끔찍한 비극에서 아무도 생존하지 못했다. 납치범들의 신원이 곧 밝혀졌다. 모두 알카에다 소속이었다. 사우디아라비아의 억만장자 오사마 빈 라덴과 그가 이끄는 테러 조직 알카에다가 테러의 배후로 지목되었다. 오사마 빈 라덴은 비디오를 통해 납치범들의 행위를 지지하고, 자기가 원했던 것 이상으로 공격이 잘 이뤄졌다고 발표했다.

9월 11일 음모론자들의 주장

음모론의 추종자들은 그 사건에 대해 전혀 다르게 생각했다. 그들은 사건의 배후에 미국 대통령과 미국의 중앙정보국 CIA가 있다고 보았다. 대통령이 중동 지역에서 전쟁을 일으키기 위

아무것도
안 보여

… 의심스러워

한 구실이 필요해서 그 일을 저질렀다고 본 것이다. 이유는? 그곳에 사는 국민의 자유를 제한하고, 방위비를 더 받아 내고, 그곳에 있는 석유를 탈취하기 위해서라고 봤다. 테러 사건이 터지기 직전 항공사 주식의 거래량이 폭발했다. 음모론자들은 그것을 테러가 일어나리라는 것을 미리 알고 있는 사람들이 있었다는 증거라고 주장했다. 그들은 비행기 충돌만으로는 그런 엄청난 재앙을 만들어 낼 수 없다며 쌍둥이 빌딩 곳곳에 숨겨 놓은 폭발물로 인해 건물이 무너졌을 거라고 주장했다. 그들의 주장으로는 비행기의 충돌이 단순히 사람들의 시선을 다른 곳으로 모으기 위한 것에 불과했다. 또 음모론자들은 3번째 무너진 타워에 CIA가 모아 놓은 엄청난 양의 정보가 보관되어 있었다고 주장했다. 그래서 안전을 위해 그 빌딩도 폭파시킨 거라고 본 것이다.

음모론자들의 주장이 옳지 않다는 것을 말해 주는 증거는 부지기수다. 일단 9·11 테러의 음모론을 증명해 주는 증거가 전혀 나오지 않았다. 물론 그 테러를 계기로 미국 정부가 아프가니스탄과 이라크에 전쟁을 선포했다. 그러나 그렇다고 그들이 직접 그 사건을 일으켰다는 의미는 아니었다.

그리고 미국의 중앙정보국이 그 사건의 배후에 있었다면 얼마나 많은 준비를 해야만 했겠는가? 수많은 기술자가 층마다 폭발물을 설치해야 하는데 그렇게 하려면 사방에 전기선이 이리저리 흩어져 있었을 텐데 아무도 그것을 눈치채지 않게 할 수 있었을까?

중앙정보국은 아마도 자살 테러범을 고용해 엄청난 비밀 작전을 수행해야 했을 거다. 그것도 몇 년에 걸쳐서! 테러범들이 수천 명의 무고한 시민들을 죽이고, 수천만 달러의 피해를 주었다. 그런 작전을 수행하려면 적어도 천 명은 작전에 개입해야만 했다. 그렇게나 많은 사람이 아무도 모르게 그런 끔찍한 작전에 참여할 수 있었을까?

거대한 비밀 작전이 끝까지 누설되지 않는 것은 불가능하다. 세 사람이 자기들끼리만 비밀을 공유하는 것도 쉽지 않은 일이다.

반면 오사마 빈 라덴은 훨씬 적은 사람을 이용해 그 일을 할 수 있었다. 자살 테러리스트들을 이용한 계획을 준비하는 것은 매우 복잡했을 것이다. 그들은 '운'도 따랐다. 빌딩이 전부 무너져 내리리라는 것을 그들은 아마 생각하지 못했을 거다. 그들은 세계무역센터 빌딩과 펜타곤에 비행기로 돌진하는 게 과연 가능한 일인지도 모르고 있었다. 또 작전을 수행하는 비행기 중 한 대에서 납치범들이 승객들에게 붙잡혀 제압당하는 것은 전혀 생각지 못한 일이었다.

납치범들은 출국했던 공항에 설치된 카메라에 찍힌 사진으로 모두 신원이 확인되었다. 그런 그들이 미국 정부의 계획에 동참하려고 자신의 목숨을 내던졌을까? 그리고 정부가 한 일이라면 비행기와 충돌한 것만으로도 큰일인데 굳이 왜 폭발물을 설치해 빌딩 전체를 붕괴시켰을까? 숨기고 싶은 자료가 있다면 그것을 폐기하는 게 빌딩을 송두리째 공중분해 시키는 것보다 훨씬 쉬웠을 텐데.

자기 자신의 필터링

음모론 추종자들은 언제나 극단의 복잡한 상황을 기다린다. 그 특징을 9·11에 관한 음모론에서 잘 볼 수 있다. 그들의 주장을 조금만 깊게 생각해 보면 모순과 이상한 논리의 궤도 이탈을 볼 수 있다. 음모론자들은 일어날 수 있는 모든 상황을 가정한다. 미국 정부를 의심하고, 그것을 기준으로 모든 것을 안 좋은 쪽으로 생각하고, 모든 것이 신빙성이 없다고 주장한다. 터널 시각 현상이 생각나지 않는가?

그러나 어떤 주장을 펼치는 사람은 그것을 증명해 보일 수 있어야 한다. 과학은 늘 그런 원리로 작동된다. 그것에 관해 7장에서 더 많은 이야기를 할 생각이다. 특이한 주장을 펼치는 것만으로는 안 되고, 먼저 증명을 해 보여야 진실에 다가갈 수 있다. 음모론자들은 세계무역센터의 쌍둥이 빌딩에 폭발물이 없었다는 것을 다른 사람에게 증명하라고 요구하지 말고 그 빌딩이 폭발물에 의해 무너질 수 있다는 것을 스스로 증명해야 한다.

맞는 말일까?

음모론자들은 모든 것을 의심한다. 비판적 사고는 모든 것을 의심하는 것과는 완전히 다른 것이다. 그것은 주장하는 바가 정말 맞는지 점검하는 것도 의미한다.

음모론자에게는 실제 주장은 물론이거니와 진실도 중요하지 않다. 그들은 자신들의 생각이 옳다는 것만 인정받으려고 한다. 그들의 확신은 분명한 실체보다 더 중요하다. 모든 것을 음모라고 생각하는 사람들은 과학과 정부가 서로를 불신하도록 쌍방을 자극한다. 그러면서 그들은 정부에 엄청난 권력이 있는 것처럼 말한다. 마치 어린아이가 부모님은 모든 것을 할 수 있고, 알고 있다고 생각했던 것처럼 말이다. 정부를 산

타클로스나 일종의 신처럼 생각하는 것이다. 음모라고 생각하는 사람들은 자기들이 고귀하고, 성스럽다고 믿는 그들만의 현실을 창조한다. 그들은 전문가의 증거를 받아들이지 않는다. 자신들이 내세우는 이론을 확인해 준 전문가만 가끔 자기 진영으로 끌어들인다. 그러나 그런 전문가들은 대개 어떤 강연을 하면서 그들과 같은 생각을 조금 내비쳤을 뿐이다. 그 외에도 음모론자들은 자기들이 설정한 조건에 따라 선택된 인터넷의 정보들만 좋아한다.

엄연한 사실이 단지 하나의 견해가 될 수 있나?

음모론의 어려운 점은 음모가 실제로 존재한다는 점이다. 9월 11일의 테러에도 실제로 음모가 있었다. 오사마 빈 라덴과 알카에다 추종자들의 음모였다. 인터넷에는 증오와 두려움을 전파하고, 다른 사람들을 잘못된 길로 인도하는 나쁜 사람들이 있다. 실제로 러시아의 해커가 2016년 미국 대선 결과에 영향을 주기 위해 침입했다. 그런데 러시아의 해커가 침입했다는 것이 가짜 뉴스라고 하필이면 트럼프 대통령이 말했으니 얼마나 많은 사람이 그 말을 믿었을까? 미국 신문 〈워싱턴 포스트〉의 팩트 체크팀 분석

결과 트럼프는 1년 반 동안 총 4,229번의 거짓말을 한 것으로 밝혀졌다. 그런 거짓말을 그는 '대체 사실' 혹은 하나의 견해라고 말했다. 그러나 사실은 그 어떤 것으로도 임의 대체할 수 없는 엄연한 사실이었다. '대체 사실'이라는 표현만 보더라도 진실을 속이는 느낌이 난다. 더 심각한 것은 공화당원(트럼프의 소속 정당)들 가운데 4분의 3이 자기들이 뽑은 대통령이 진실을 말한다고 믿었고, 그 사람들 가운데 16퍼센트만 언론 기사를 믿었다. 트럼프는 틈만 나면 언론을 '국민의 적'이라고 불렀다. 심지어 2018년 〈CNN〉 기자와 가진 인터뷰에서 기자를 협박할 정도까지 되었다.

그러나 '대체 사실'을 미국만 좋아하는 것은 아니다. 정부가 어떤 사건을 소개하고 해석하는 것이, 보통 사람들이 실제로 보고 경험한 것과 다르다. 특히 독재 정권은 사실을 왜곡하는 경향이 있다. 그들은 언론을 장악하고 있어서 그렇게 하는 게 가능하다. 그러나 많은 나라의 정부에서 그런 일들이 벌어지고 있다고 하더라도 그것이 이 장의 초반부에 다룬 음모론에 대한 증거는 아니다.

돈, 돈, 돈

음모론이 가슴 조마조마하게 만드는 이야기로 그치는 게 아니라 종종 돈에 휘말린다.

미국 국방부는 지난 수년간 UFO와 하늘에서 일어나는 묘한 현상들을 비밀리에 연구하고 있다. 비밀 연구 프로젝트에 2,200만 달러의 비용이 들고, 네바다 출신 상원 의원 헤리 리드가 프로젝트 대표다. 2,200만 달러의 경비가 리드의 친구가 경영하는 한 업체로 유입되고 있다.

햄버거는 누가 처음 만들었을까?

김정일은 2011년까지 북한의 국가수반이었다. 그가 태어날 때 바다에서 영물들이 노래를 부르고, 하늘에는 쌍무지개가 떴다. 동시에 나라 전체에 꽃이 활짝 피어나고, 그날 밤 높은 하늘에 새로운 별이 떠올랐다. 김정일은 태어난 지 3주 만에 걸음을 걸었고, 8주 만에 말을 했다. 대학생 때는 1,500권의 책을 썼고, 2년 만에 오페라를 6편 완성했다. 그런 그가 날씨가 마음에 안 들면 어떻게 했을까? 그가 머릿속으로 생각만 하면 비가 내리거나 햇볕이 내리쬐이게 만들 수 있었다. 또한 그는 햄버거의 최초 발명가다.

동화? 아니다. 북한의 공식 언론 매체가 그 모든 것을 진실이라고 주장했다. 북한의 어린이들은 위에 적은 내용대로 학교에서 교육받는다. 말도 안 되고, 거짓 정보라는 것은 내가 굳이 말해 주지 않아도 모두 알 것이다.

가짜 뉴스는 언제나 존재했다. 의도적으로 만들어졌거나 착오로 생겨났다. 그러나 오늘날은 많은 사람이 온갖 가짜 뉴스를 만들어 낸다. 러시아에서 HIV 바이러스 전염병이 창궐하던 시

기가 있었다. 2017년만 해도 144,000명이 HIV 바이러스가 일으킨 질병인 에이즈에 걸려 사망했다. 그런데도 러시아 정부의 공식 웹 사이트에는 에이즈 환자가 없는 것으로 발표되었다.

이유는? HIV 바이러스가 러시아에서는 동성애자들에게만 있다고 인식되고 동성애자는 러시아에서 심한 차별을 받는다.

그러니 그런 질병이 아예 없다고 발표한 것이다! 그곳 사람들은 HIV 바이러스가 사람을 차별해 병에 걸리게 하지 않는다고 알고 있을까? 누구나 걸릴 수 있다는 것을 정말 모르는 걸까?

쉿, 그 소식 들었어요?

다른 사람들이 여러분에게 전해 주는 정보는 대개 사실을 각색한 것으로 이 사람, 저 사람 전달되면서 왜곡된 것이다.

직접 실험해 보라. 어떤 이야기를 한 사람의 귀에 대고 말하고, 그 자리에 모여 있는 사람들에게 한 사람씩 전달하도록 하다 보면 마지막에는 전혀 다른 이야기가 될 것이다. 예를 들어 보자. 선생님 개가 광견병에 걸렸다는 소식 들었어? → 선생님이 광견병에 걸렸대. → 선생님이 죽었대.

단순한 손잡이가 달린 커피 잔이나 둥근 시계가 아니라 예를 들면 선풍기나 스카치테이프 커터기같이 복잡하게 생긴 물건을 대충 그려 본다. 그리고 그 그림을 다른 사람에게 잠깐 보여 주고, 그 사람에게 방금 본 것을 다시 보지 말고, 그림으로 그려 달라고 부탁해 본다. 그렇게 해서 그림이 완성되면 다른 사람에게도 똑같은 부탁을 하고, 그 부탁을 5번 반복한다. 결과는 어떻게 나올까? 전달 과정에서 그림이 점점 더 단순해지고, 뭔가 그럴듯해 보이는 것을 만들기 위해 이상한 것들을 갖다 붙여 놓은 것을 볼 수 있을 거다.

쉽게 믿는 것

이상하게 사람들이 어떤 때는 다른 사람의 말을 쉽게 믿는다. 다른 한편으로는 지나칠 정도로 비판적이다. 많은 사람이 확신에 가득 찬 글을 블로그에 소개하는 사람들의 주장을 믿는다. 그들은 빵은 몸에 안 좋으니 먹으면 안 된다고 주장하고, 독일 식품영양학회가 과학적인 연구를 통해 통밀빵이 건강에 좋다는 결론을 내린 것에 동의하지 않는다. 연구에서는 통밀빵이 몸에 좋은 식이질 섬유소, 비타민, 탄수화물이 들어 있어 몸에 에너지를 공급한다는 결과가 나왔지만 믿지 않는 것이다. SNS를 통해 수많은 정보가 넓게 퍼지고, 많은 단체의 사람들이 말도 안 되는 것을 주장하는데 그것을 그대로 믿는 사람들이 생겨난다.

무시무시한 이야기!

'도시 전설' 즉 대도시를 배경으로 만들어진 이야기들은 심하게 조작된 무시무시한 이야기로 정점을 찍는다. 그것은 한 번 들어 보면 머리가 쭈뼛하게 서는 이야기가 실제로 있었던 일이라고 주장한다. 그런 엉터리 이야기를 여러분도 언젠가 들어 본 적이 있을 것이다.

이 이야기들은 일부러 만들어 낸 이야기가 아니다

실제로 일어났던 일이다. 내 친구의 친구가 닭다리를 구웠다고 생각했지만 자세히 살펴보니 고기에 꼬리가 붙어 있었다. 사실은 닭다리가 아니라 생쥐였다!

보라색 물

많은 수영장이 물속에서 소변을 누면 물이 보라색으로 변하게 만드는 제품을 사용한다.

빌 게이츠

빌 게이츠는 어느 날 타고 가던 자동차가 고장이 나자 바퀴를 대신 교체해 준 사람에게 감사의 표시로 집을 한 채 사 주었다.

불에 달군 스펀지

개를 싫어하는 사람들은 개가 덥석 물어 죽게 만들려고 불에 달군 뜨거운 스펀지를 개에게 준다.

작문

내 동생의 친구가 졸업 시험 때 제출한 작문으로 100점을 받았다. 그 작문의 제목은 딱 일곱 글자였다. '용기란 무엇인가?' 그 친구는 그 말만 적었다고 했다.

용기란 무엇인가?

하얀 버스

동유럽에서 온 하얀 버스를 조심하라. 길거리에서 아이들을 납치해 그 버스에 태운다. 로테르담에서도 그런 일이 일어날 뻔했는데 유치원 선생님이 사태를 빠르게 파악해 막았다. 불가리아에 어떤 회사가 있는데 암시장에서 큰돈을 번다고 한다.

위에 적혀 있는 글 중에 참된 정보는 없다. 생쥐를 구웠다는 이야기도 사실이 아니고, 수영장에 색소를 푼다는 이야기도 맞는 말이 아니다. 물론 페놀프탈레인 성분이 ph 지수가 높은 알칼리성 물을 보라색으로 바꾸는 것은 맞다. 그러나 소변은 대개 알칼리성이 아니다. 그것이 사

실이 아니라는 또 다른 이유는 그 성분이 시험관에 들어 있는 물을 시험할 때만 사용하기 때문이다. 수영장 전체에 그것을 사용하는 경우는 없다. 수영장의 물 전체를 그렇게 만들려면 아주 많은 양을 사용해 비용이 상당히 많이 들고, 몸에도 해롭다. 그리고 액체가 매우 빠르게 섞이므로 수영장 물 전체가 변색할 것이다. 그러므로 어딘가에 '수영장 물에 소변 감지기 있음'이라고 적혀 있는 표지판이 있다면 그것은 이용객들에게 수영장 안에서 소변을 보지 말라는 경고를 하기 위해 붙여 놓은 표지판에 불과하다. 그리고 자주 듣는 이야기이기는 하지만 지금까지 개의 배 속에서 불에 달군 스펀지를 본 수의사는 단 한 명도 없다.

빌 게이츠에 관련된 이야기도 헛소리다. 빌 게이츠나 빌 게이츠의 운전사가 정비업소에 전화를 걸어 사고 처리를 부탁할 수도 있는데 핸드폰도 갖고 있지 않았다는 것이 이상하지 않은가? 그리고 왜 운전사가 직접 바퀴를 갈지 못했을까? 그 일과 관련해 이런저런 다양한 버전으로 많은 이야기가 있다. 그런 비슷한 이야기가 1,891개나 된다.

그리고 작문에 대한 말도 아주 흥미롭기는 하지만 자꾸 다시 입방아에 오르는 헛소문이다. 이 세상 어느 교사가 그런 작문에 좋은 점수를 주겠는가? 그것을 진짜라고 믿는 이유는 단지 그 이야기를 자주 들었기 때문이다.

어린이를 납치해 어느 회사에 팔아넘긴다는 헛소문은 여러 나라에 있다. 인도에서는 그 이야기가 2018년에 빠르게 전파되어 수십 명이 억울하게 몰매를 맞고 사망하기까지 한 사건이 있었다. 불신과 불안이 증폭되어 사람들이 모르는 사람을 보면 의심부터 하게 되고, 그 결과 걸인이나 우연히 마을을 지나던 외지인이 피해를 입었다.

내 사촌의 친구의 친구가 그러는데…….

사람들의 입방아에 오르는 떠도는 헛소문들은 매우 흥미롭고, 무섭고, 때로 끔찍한 이야기라서 사람들은 그런 이야기를 들으면 곧잘 다른 사람에게 전달한다. 그런 이야기라는 것을 어떻게 하면 알 수 있나?

어떤 소식이나 문자에 '이것은 실제로 일어난 일'이라고 강조해 적어 놓은 것이 그 증거다. 진실이라면 왜 그렇게 강조하는지 한 번 생각해 보라. 신문 기사는 그런 말을 굳이 하지 않는다. 기껏해야 실제로 일어난 일을 바탕으로 쓴 책 같은 것에서 그런 글을 종종 볼 수 있다.

많은 사람이 그렇듯이 내가 가는 단골 미용실 미용사도 흥미진진한 소식에 관심이 많다. 한 번은 공항에서 어떤 애가 납치되었다는 소식을 내게 말했고, 어떤 날은 자기 사촌의 친구의 남자 친구에게서 들었다며 다른 소식을 전했다. 어떤 남자가 이혼하고, 새로 사귄 여자 친구를 전 부인과 함께 살았던 집으로 데려가 같이 살았단다. 새로 한 쌍이 된 그들이 여행을 떠났을 때 전 부인이 그 집의 자물쇠를 따고 들어가 작은 생새우를 커튼 봉에 잔뜩 집어넣었단다. 시간이 지나자 그 집에서 참기 어려운 악취가 진동했고, 그 남자와 새로 사귄 여자 친구는 결국 그 집을 떠나 이사를 나갔는데 커튼 봉까지 가지고 갔단다.

물론 미용사가 일부러 꾸며 낸 이야기를 내게 해 줬을 수도 있다. 그녀가 내게 해 주는 이야기는 대개 어떤 친구의 남자 친구로부터 전해 들었다는 이야기들이다.

말도 안 되지만

여행지에서 사 온 기념품

25살 여성이 일생에 남을 만한 여행을 떠났다. 아프리카의 여러 나라를 돌며 여행한 그녀는 여행지가 무척 마음에 들어 반 년 동안 여행했다. 집으로 돌아온 후 시간이 얼마 지나 왼팔에 혹이 생긴 것을 발견했다. 처음에는 대수롭지 않게 여기고, 혹이 다시 없어지리라고 생각했다. 그러나 혹이 점점 커지고, 가렵기까지 하자 걱정이 되었다. 어느 날은 밤에 잠을 자다가 아파서 깼다. 혹이 엄청 크게 자랐고, 피부는 팽팽하게 긴장되었다. 그녀가 의사에게 전화를 걸려고 하는 바로 그 순간 혹이 툭 터지더니 혹 안에서 10여 마리의 거미가 기어 나왔다. 나중에 병원에 가보니 아프리카 정글에 이상한 거미가 살고 있는데 그것이 체온을 유지하기 위해 포유동물의 피부밑에 알을 까 놓는다고 의사가 말했다.

자유롭게 키우기

슈퍼에서 어떤 아이가 큰 소리로 울고, 선반에 놓여 있던 물건들을 마구 잡아당기며 막무가내로 소동을 피웠다. 그 아이가 계산대 앞에서 계산하려고 하는 어떤 할머니의 장바구니에 있던 물건들을 바닥에 내던지자 할머니가 격분하며 아이의 어머니에게 애가 그런 짓을 하는데 단속하지 않는다며 항의했다. 아이의 어머니는 자기는 자식을 자유롭게 키우기 때문에 훈계도 안 하고, 잔소리도 하지 않는다고 했다. 계산대 앞에서 기다리다가 그 말을 엿듣게 된 한 펑크족이 바닐라 푸딩 통을 열어 아이의 어머니 머리 위에 쏟아붓고 말했다. "나도 워낙 자유롭게 자라서요."

좀도둑

한 부부가 슈퍼마켓에서 물건을 샀다. 부부는 수레에 넘치도록 담아 온 물건들의 값을 한 계산대에서 지불했다. 슈퍼 밖으로 나간 후 부부는 싣고 온 짐을 빠르게 자동차 안으로 옮겼다. 그런 다음 남편 혼자 다시 슈퍼마켓으로 가서 수레에 조금 전에 담았던 것들과 똑같은 물건을 잔뜩 담았다. 딱 한 가지 '커피'는 챙기지 않았다.

남편은 자신이 계산했던 계산원에게 다가가 조금 전에 물건을 여기서 계산했다고 말했다. 그런데 커피를 안 샀는데 계산이 잘못되었다고 했다. 토요일 오후라 매장 안이 붐비고, 기다리

소문으로 도는 이야기들

는 사람들도 많았다. 계산원은 마음이 급해 사기 행각을 눈치채지 못한 채 커피값을 반환해 주었다.

결국 그 남편은 물건을 이중으로 갖고 나왔고, 돈도 몇 푼 호주머니에 집어넣을 수 있었다.

그 사이 부인은 첫 번째 가지고 나온 물건들을 실은 자동차를 타고 집으로 갔다. 남편은 새로 가지고 나온 물건들을 바퀴가 달린 시장 가방에 잔뜩 집어넣고, 미리 준비해 둔 자전거를 타고 슈퍼마켓을 떠났다.

치약 억만장자

치약 공장에서 일하는 직원이 어느 날 회사의 사장을 찾아갔다. 직원은 매출을 최소 10퍼센트 올릴 수 있는 기막힌 아이디어가 있다고 말했다.

"어서 말해 보시오."라고 사장이 말했다. 직원이 말을 하기 전에 먼저 조건을 달았다.

회사가 그의 아이디어를 수용하면 앞으로 추가 수익에 대한 지분을 평생 달라고 한 것이다.

직원이 사장에게 자신의 아이디어를 말했고, 사장은 직원의 말을 듣고 박장대소했다. 결국 그 직원은 회사의 임원이 되고, 좋은 집에서 살게 되었다.

그의 아이디어는 뭐였을까?

아주 간단했다.

치약의 배출구를 10퍼센트 확대한 것이다. 그 결과 아무도 눈치채지 못한 채 치약을 10퍼센트 더 소비하게 되었다.

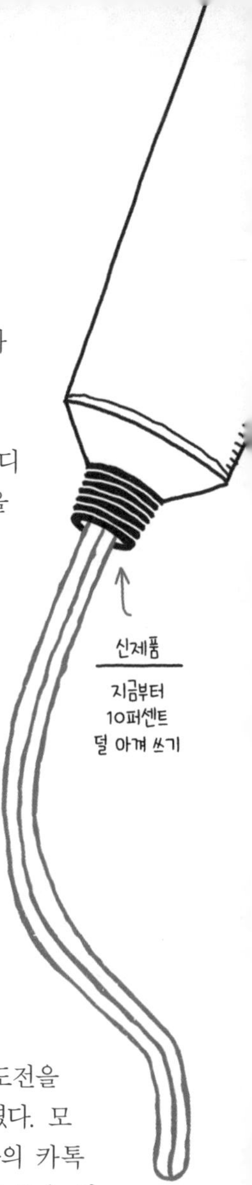

독일에서 있었던 모모 도전 놀이

독일에서 많은 학생이 모모 도전을 하면서 여러 학교에 비상이 걸렸다. 모모 도전 놀이는 왓츠앱(우리나라의 카톡 같이 가까운 사람들과의 연락 소통을 위한 메신저 응용 프로그램_역주)에 모르는 번호가 추가되어 자살을 시도하게 만드는 놀이였다. 그 번호는 모모의 것으로 그는 모든 정보를 갖고 있다고 말해 아이들에게 압박을 가했다. 자신의 정보가 인터넷에 떠도는 것을 막기 위해 아이들은 모모가 주는 미션을 수행해야만 한다. 미션이 처음에는 쉬운 것부터 시작되었지만 마지막에는 극한까지 치달아 아이들을 만신창이로 만들었다. 최후의 미션은 자살이었고, 세계 곳곳에서 희생자가 발생했다.

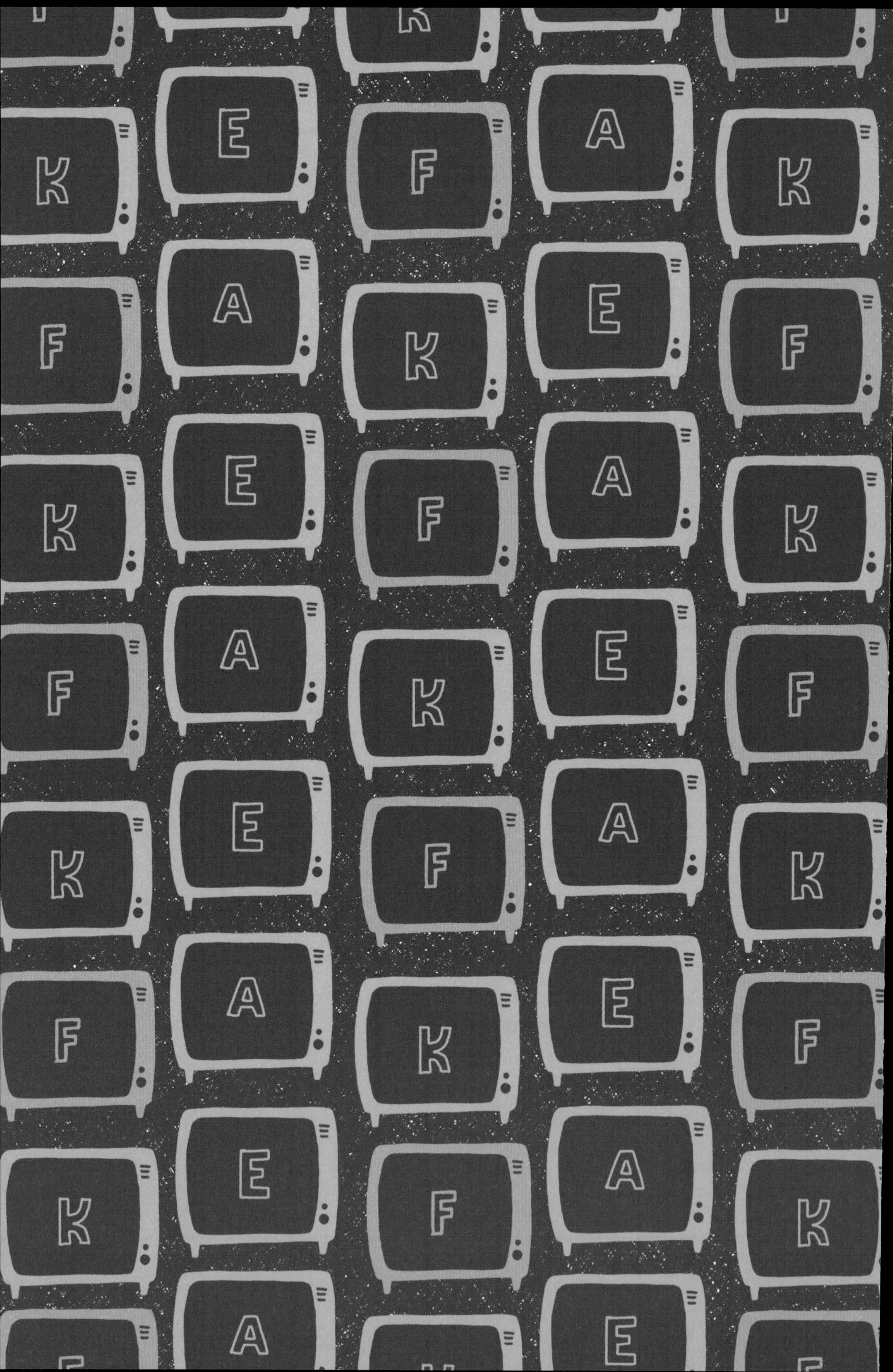

6 가짜 뉴스

가짜 뉴스는 인류의 역사만큼 그 역사가 깊다. 빌헬름 폰 오라니엔은 스페인의 필립 2세 왕을 중상모략하기 위해 모든 것을 감행했다. 그는 필립 2세가 12번째 생일날 받은 원숭이 선물을 산 채로 불에 태웠다는 거짓말을 퍼뜨렸다. 하늘 아래 새로운 것은 없다. 하지만 인터넷에서는 가짜 뉴스와 거짓 동영상이 빠르게 전파되고 있다. 어떤 뉴스는 진짜이고, 어떤 뉴스는 거짓인지 어떻게 알 수 있나? 엄청난 양의 정보에서 어떻게 갈피를 잡아야 하나? 기자를 믿어도 될까? 트윗을 보내는 사람들도 기자가 맞는가?

속보! ≫ 오이 피클 시즌 시작 ≫ 속보 ≫

1996년 9월 네덜란드의 유력 일간지 〈드 폴크스크란트〉는 파리 디즈니랜드에서 발생한 어린이 납치 사건에 대한 얀 하에링크의 특집 기사를 내보냈다. 나드야라는 소녀가 해적같이 수염을 기른 한 남자에게 납치된 사건이었다. 하루가 지난 후 나드야는 말을 하지 못하고, 거의 인사불성 상태로 발견되었다. 아이의 금발 머리가 싹둑 잘리고, 검은색으로 염색이 되어 있었다. 파리 디즈니랜드의 대변인 에릭은 그런 식의 납치 사건이 한 달에 적어도 한 번 이상 발생한

다고 했다. 그 소식은 많은 사람, 특히 어린 자녀를 둔 부모에게 큰 충격을 주었다.

그래서 어떻게 되었을까? 그것은 얀 하에링크가 꾸며 낸 거짓 기사였다. 그 기사가 유명한 거짓 이야기와 비슷한 점이 있어서 다행히 그 기사에 대해 의문을 품은 다른 기자들이 있었다. 당연히 얀 하에링크가 쓴 다른 기사들에 대한 검증도 이뤄졌다. 조사 결과 그가 쓴 기사 중에 10여 개가 조작되었다는 것이 밝혀졌고, 기자로서 그의 생활은 종지부를 찍었다. 이 이야기가 주는 교훈은 무엇일까? 실제로 신문에 가짜 뉴스가 많이 실린다는 것이다. 또 이름 있는 신문에 실리는 거짓말은 결국 발각되어 뿌리내리지 못한다는 것이 증명되었다. 그런 곳에서는 이와 같은 일이 매우 드물게 일어난다. 나드야에 대한 기사를 낸 신문사는 그 일로 인해 신뢰에 치명상을 입었다.

뉴스는 하나의 선택

뉴스는 일상의 광기라고도 불린다. 신문이나 속보는 이미 일어난 사건, 정확히 말하면 가장 최근에 일어난 사건들을 주로 지면에 싣는다. 세상에서 일어나는 숱한 사건 중에 가장 많은 관심을 끌고, 특별한 사건들을 선택한다.

'개가 사람을 물었다.'는 새롭지 않지만 '사람이 개를 물었다.'는 특별하다! 필자가 신문사에서 일할 때 직접 그런 교육을 받은 적이 있다. 혹시 '오늘 전국에서 아무 일도 일어나지 않았다.'고 적혀 있는 신문을 본 적이 있는가? 분명히 없을 거다. 언론 매체들은 특히 관심을 끄는 새 소식을 앞다투어 소개한다. 자연재해, 전쟁, 범죄, 절약하는 방법, 질병 등등.

오래전 옛날에는 시에서 고용된 사람이 북을 울려 소리를 내고 다니며 우리가 사는 마을이나 도시에서 일어난 새로운 소식만 알렸다. 요즘은 전 세계에서 일어난 일들을 듣고 볼 수 있다.

그 결과 우리는 훨씬 많은 고통을 받게 되었

다. 금방이라도 세상이 망할 것 같고, 과도하고, 매우 특이한 일들이 일어나는 게 마치 당연한 일처럼 느끼게 되었다. 우리는 그것들을 보고 종종 두려움에 휩싸인다. 감정은 이성보다 강하다. 그러나 사실을 파악하면 여러 방면에서 지금이 옛날보다 훨씬 더 나아졌다는 것을 알 수 있다. 다만 그런 발전이 서서히 진행되고 있고, 그것에 대한 소식은 전해지지 않는다. 저술가이며 심리학자인 스티븐 핑커는 이렇게 조언했다. "뉴스만 보지 말고, 통계에 나타난 숫자를 보라."

신문, 텔레비전, 라디오와 웹 사이트들은 잘 팔리기 때문에 가장 흥미롭고, 지금 당장 일어나는 사건을 전달한다. 기자가 그런 것을 누구보다 빠르게 보도할수록 남들보다 더 낫다고 평가받는다. 사람들은 호기심이 많고, 세상에서 무슨 일이 일어나고 있는지 늘 궁금해한다. 그래서 최근 일어나는 상황을 알기 위해 신문을 읽는다. 그러나 때로는 새로운 소식이 기자가 꼼꼼하게 검증하지 못한 채 너무 빠르게 신문에 실려 나올 때도 있다. 예를 들어 인터넷에 떠도는 이야기를 기사로 작성하거나, 과학자의 홍보 자료를 제대로 검증해 보지도 않고 신문 기사로 쓰기도 한다. 연구자들은 연구 지원금을 잘 받기 위해 연구 결과를 과장해서 보고하기 일쑤다.

몇 달간에 걸친 꼼꼼한 취재

새 소식은 사람들의 이목을 집중시키고, 재미있다. 그러나 1면의 큰 제목 밑에 적혀 있는 짧은 소개글만 읽지 말고, 배경 기사들도 찬찬히 읽어 보라. 그것은 뉴스를 쉽게 설명해 주고, 좀 더 넓은 의미에서의 연관 관계를 파악하도록 도와준다. 그렇게 함으로써 요즘 일어나는 일에 대해 통찰력을 갖게 되고, 자극적인 것으로부터 자신을 해방할 수 있다. 그런 소식은 말하자면 '슬로우 뉴스'다. 배경을 설명하는 기사들은 유력 언론 매체들이 다 내놓는다. 기자들은 종종 뭔가에 대한 진실을 찾기 위해 몇 달 동안 집중 취재한다. 그렇게 해서 국경을 넘는 공조에 협조한 신문사의 기자들이 파나마 페이퍼 컴퍼니에 대한 국제 탈세 사건을 파헤칠 수 있었다. 26개 나라에서 일하는 250명의 기자가 의치, 심장 박동 보조기, 인슐린 주사기와 같은 의료용품에 결함이 있다는 것도 밝혀냈다. 그런 보도를 통해 잘못된 점이 드러나고, 바로잡히게 된다.

빨리, 빨리, 최고로 빠르게

SNS를 통해 새 소식이 엄청나게 빠른 속도로 전파된다. 목격자의 증언이 신문에 기사로 실리고, 텔레비전에서 많은 사람의 주목을 받기 전에 활발히 퍼져 나간다. 유력 언론 매체들은 새 소식이 생기면 빠른 속도를 최우선으로 삼지 않는다. 그들은 의미와 신빙성을 가장 중요하게 생각한다. 실제로 무슨 일이 일어났는지가 관심사다.

누구나 소식을 세계로 내보낼 수 있지만 그렇다고 그것이 꼭 진실일 이유는 없다. 심지어 트윗, 어느 대통령의 트윗만 보면 잘 알 수 있다.

실제로 무슨 일이 일어났는지 알기 위해 기자들은 시간이 필요하고, 일정한 선을 지켜야 한다. 사람들은 지면에 실리는 기사들이 바른 정보이기 때문에 유력한 일간지 신문을 구독한다.

킁킁 냄새를
잘 맡아야 해!

여러분 자신이 (약간은) 대표다

이 장에서는 민주주의에 대해 논하고자 한다. 민주주의라는 말의 어원은 그리스에서 온 것으로 백성이 지배한다는 뜻이다. 하지만 이제는 매번 전체 국민에게 의견을 묻는 게 어려워졌다. 어차피 모두 다 어떤 일에 대해 의견을 갖고 있지도 않다. 그래서 많은 나라에서 만 18세 이상을 정치적 유권자로 인정해 그들의 의견을 묻는다. 한 정당이 충분한 지지를 확보하면 나라의 행정을 맡는다. 그래서 민주주의 국가에서는 누구나 (어떤 면에서는) 대표라고 할 수 있다.

어쩌면 여러분은 정치에 별 관심이 없을지도 모른다. 그래도 선거에 참여하고, 정당의 청년 조직에 가담함으로써 정치적 결정에 영향력을 행사할 수 있다.

기자가 개처럼 짖을 수 있다고?

언론의 자유는 민주주의에 매우 중요한 요소다. 좋은 언론은 정부와 경제를 점검할 수 있다. 기자들은 익명의 정보원이 제공하는 주장이 옳은지의 여부를 검토한다. 무엇이 진실이고, 무엇이 진실이 아닌가? 사실에 기인했는가? 뭔가 제대로 들어맞지 않으면 불법을 감지하는 개처럼 큰 소리로 짖어야 한다. 기자는 세계적으로 '민주주의를 지키는 개'라고 불린다.

그래서 정부가 가짜 뉴스를 검열이나 선별해 억제하는 것은 좋은 정책이 아니다. 그렇게 하면 정부가 손쉽게 부당한 압력을 가할 수 있다. 많은 나라의 정부가 언론을 장악하며 그렇게 하고 있다. 그런 국가는 국민이 무엇을 알아야 하고, 무엇은 알면 안 되는지를 정부가 정한다.

그러나 민주주의 국가에서도 공보 비서관들이 비밀스럽게 활동한다.

공보 비서관은 대변인 혹은 홍보 자문의 역할을 한다. 비서관들은 기자들을 선동하거나, 긍정적인 보도에도 영향력을 행사하게 만든다. 정부가 어떤 통제도 없이 자유롭게 언론을 다루지 않게 하는 것이 매우 중요하다.

진실이 중요하다

물론 저널리즘은 쉬운 분야가 아니다. 기자는 자기가 무슨 말을 하는지 잘 알고 있어야 한다. 기자는 질이나 깊이로 진실을 추구해야 한다.

기자들은 올바른 방법으로, 양심적으로, 열정적으로, 뇌물에 흔들리지 않고 기사를 쓸 수 있어야 한다. 기자들은 어느 정당에도 기울어지지 않은 채 독립적으로 활동해야 하고, 주가가 출렁이는 대로 춤추지 말아야 한다.

모든 것을
똑바로 잘 볼 것!

훌륭한 기자들은 대변인이 주는 정보를 전적으로 신뢰하지 않는다. 모든 것을 다른 정보원을 통해 검증해야 한다.

그런 다음 가독성이 좋고, 독자가 이해할 수 있게 글을 써야 한다. 그래야 독자에게 매력적이고, 쉽게 읽히는 정보가 된다.

많은 사람이 블로그나 페이스북 혹은 인스타그램에 영향력 있는 사람이 되어 유명해지려고 한다. 그러나 많은 사람이 좋다고 동의하고, 글

기자는 탐지견

소중한 진실

이 널리 공유되었다고 하더라도 기자들의 정보가 믿을 만하고, 중요하다고는 말할 수 없다. 좋은 기자들은 명성이나 지위를 위해서가 아니라 진실을 위해 싸운다. 기자들은 자신의 이상을 좇으며 일하지만 그들 역시 돈을 벌어 먹고살아야 한다. 그래서 돈도 안 받고 공짜로 일할 수는 없다.

언론 출판의 자유

좋은 기사는 검증 가능해야 한다. 좋은 신문은 첨언, 반론과 불평불만에 고스란히 노출되어 있기 때문에 신문사에 독자 투고가 넘쳐난다. 그래서 언론중재위원회가 언론사의 침해 사항을 심의해 필요한 경우 추후 보도, 정정 보도, 반론 보도 등을 할 수 있도록 해 준다. 그런 방식으로 믿을 만한 언론 매체는 자신들이 한 일에 책임을 진다. 기자의 책임과 독립은 언론 출판의 자유에 명시되어 보호되고 있다.

고문과 살해

기자는 자유가 보장되고, 독립적이어야 일할 수 있다. 독재자들은 무엇보다도 먼저 자유 언론을 금지하고, 기자들을 감옥에 투옥한다. 해마다 수십 명의 기자가 살해된다. 2017년에는 81명 이상의 희생자가 발생했다. 불가리아 출신 기자가 EU 보조금에 대한 사기 행각을 취재하다가 살해되었다. 똑같은 운명의 수레바퀴가 사우디아라비아 기자 자말 카슈끄지를 덮쳤다. 그는 터키 이스탄불의 사우디아라비아 대사관을 방문했다가 그곳에서 살해당했다.

공교롭게도 훌륭한 기자들이 증오 범죄의 희생자가 되기 일쑤다. 인터넷에서는 어떻게 하면 기자에게 위협을 가할 수 있을지에 대한 안내 정보도 찾아볼 수 있다.

독재자들은 진실을 숨기기 위해 자유 언론을 금지한다. 또한 그들은 누가 신문사에 비밀 정보를 누설하는 내부 고발자인지 찾아내려고 한다. 자유롭고, 민주적인 나라에서 활동하는 기자에게는 정보원을 보호할 권리가 있다. 그들은 설령 처벌이 가해질 거라고 협박해도 침묵을 지킬 수 있다. 네덜란드에서는 2018년 법무부가 조스 반 드 벤 기자의 핸드폰을 요구한 후 결국 받아 내 큰 스캔들이 일어났던 사건이 있었다. 기자를 권력의 힘으로 압박하는 것은 끔찍한 일이다. 그렇게 하면 아무도 '내부 고발자'가 되려고 하지 않고, 결국 많은 부정한 일들이 외부에 알려지지 않게 된다. 국가가 너무 많은 힘을 갖게 되는 것이다.

네덜란드 기자의 경우 법무부는 압수한 모든 자료를 폐기하고, 사용할 수 없게 되었다. 그 이후 법무부에 대한 내부 규정이 강화되었다.

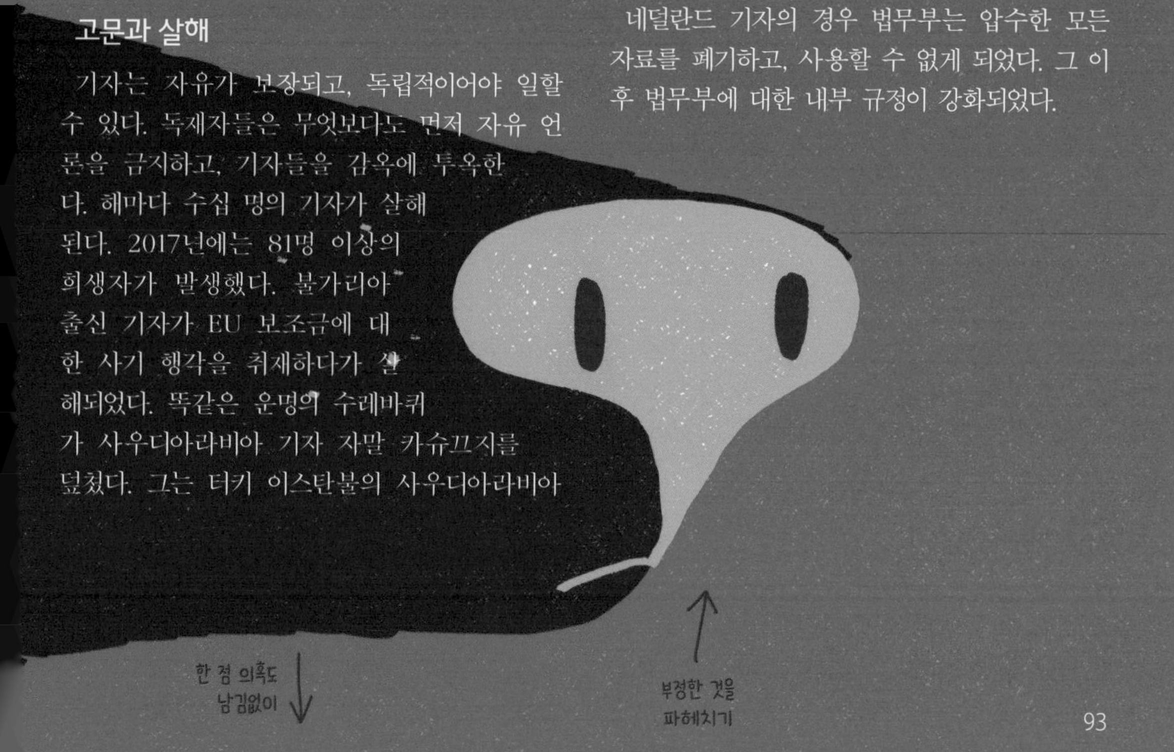

새 소식을 전하기 위해 기자가 스스로 소동을 일으킬 수 있나?

이 장은 기자가 지켜야 할 규칙을 규정한 저널리즘 협의회에 대한 이야기다. 협의회의 규정에는 기자가 지켜야 할 원칙들이 매우 명확하고, 자세하게 정해져 있다.

예를 들면 이런 규칙들이다

- 기자는 자기의 신분을 밝히고, 통화 내용을 녹음할 수 있다.
- 기자는 혐의가 있는 사람의 의견을 물어볼 수 있다.
- 기자는 어떤 의견이나 사실에 대해 분명한 태도를 보여야 한다.
- 기자는 이해를 구하기 위해 어쩔 수 없는 경우가 아니라면 인종, 국적, 종교와 성 취향에 대한 기사를 쓰면 안 된다.

각 나라에는 신문윤리위원회가 있다. 그것은 일간 신문 및 통신이 신문윤리강령과 실천요강을 준수하도록 하기 위한 언론인들의 자율 규제 기구이다. 그리고 신문윤리위원회가 정한 신문윤리강령과 실천요강이 있는데, 신문윤리강령에는 언론의 자유, 언론의 책임, 언론의 독립, 보도와 평론, 개인의 명예 존중과 사생활 보호, 반론권 존중과 매체 접근의 자유 제공, 언론인의 품위와 관련한 조항이 정해져 있다. 실천요강에는 언론의 자유, 책임 독립, 취재 준칙, 보도 준칙, 사법 보도 준칙, 취재원의 명시와 보호, 보도 보류 시한, 범죄 보도와 인권 존중, 출판물의 전재와 인용, 평론의 원칙, 편집 지침, 명예와 신용 존중, 사생활 보호, 어린이 보호, 정보의 부당 이용 금지, 언론인의 품위, 공익의 정의 등이 정해져 있다.

가짜 뉴스는 이렇게 만들어진다

가짜 뉴스는 아무 목적 없이 전파되지 않는다. 그것을 널리 퍼뜨리는 사람이 거짓된 정보에 개인적 관심이 있거나 사람들의 생각을 어지럽히려는 목적이 있다. 종종 그런 분위기를 풍기는 것만으로도 충분할 수 있다. 은행가 로트쉴드(1777~1836)의 유명한 일화가 있다. 언제나 새로운 소식에 대해 잘 알고 있었던 그가 워털루 전쟁이 끝나자마자 소유하고 있던 주식을 전부 내다 팔았다. 그러자 주식 거래인들은 그가 아무 이유 없이 그렇게 할 리가 없다고 확신했다. 나폴레옹이 전투에서 승리해 증권 시장에 재앙이 일어날 거라고 판단한 것으로 생각해 모두 로트

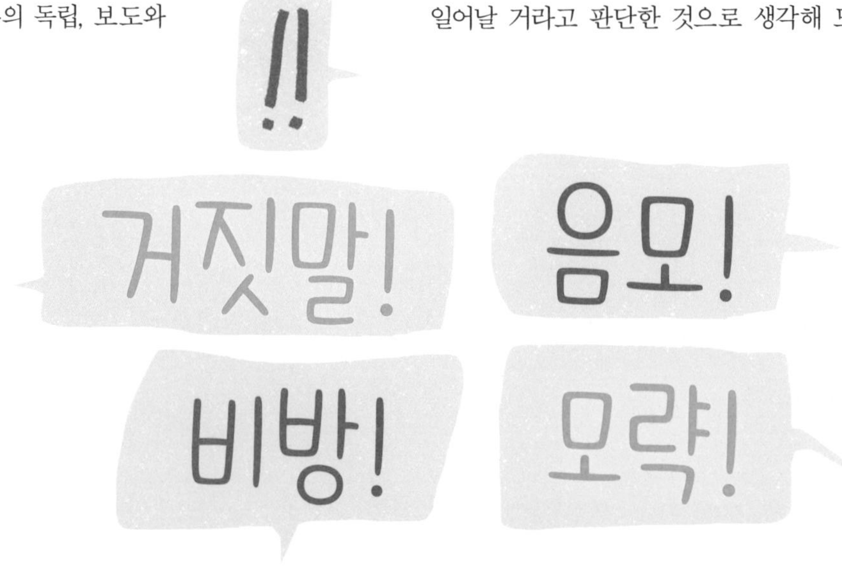

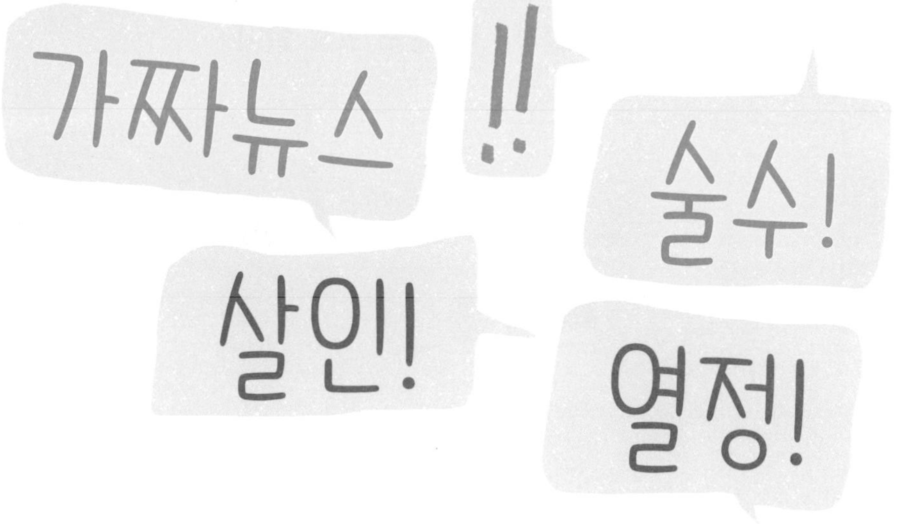

쉴드를 따라 주식을 헐값에 매도했다. 그러자 로트쉴드가 주식을 전부 매수하고, 하루 만에 이전보다 몇 배의 재산을 갖게 되었다. 그런 짓을 하려면 물론 용기가 있어야 한다.

거짓 정보를 퍼뜨리는 사람들은 언제나 특정한 사람들에게 영향을 미치려고 한다. 그래서 그들은 각 그룹에 속하는 사람들이 무엇을 쉽게 믿는지 미리 조사한다. 예를 들면 학술 세미나에서는 땅에서 수맥을 찾을 수 있는 도구를 판매한다는 공지를 하지 않지만, 자연 요법 관련 웹 사이트에서는 활발한 영업을 한다. 어차피 도구에 대해 어느 정도 신뢰를 갖고 있는 사람들이 찾아오는 곳이기 때문에 홍보 문구가 자연스럽게 받아들여지는 것이다.

가짜 뉴스를 퍼뜨리는 사람들은 대상이 되는 그룹에 속한 사람들을 주의 깊게 살펴볼 뿐만 아니라 그들이 공공의 적에 대한 적개심을 갖게 유도한다. 그 적은 대부분의 경우 좀 애매하다. '기자들은 국민의 적'이라고 하거나 '난민 지원자들은 우리 사회를 파괴한다.'와 같은 말이 좋은 예다. 앞서 음모론에서도 밝혔듯이 거짓 정보를 퍼뜨리는 사람이 적을 비난하는 게 아니라 대상 그룹의 마음을 움직이기에 충분히 매력적인 예를 드는 게 도움이 된다.

특히 거짓 정보가 대단히 충격적이라서 다른 사람들이 그것을 인터넷이나 신문 혹은 텔레비전을 통해 찾아본다면 더 잘 퍼져 나간다.

거짓 정보 전파자들이 자기들이 속한 정당이나 자기들이 판매하는 상품을 그런 문제에 대한 해결책으로 제시하는 것은 당연하다.

실제로 세상은 그렇게 단순하지 않고, 그런 식의 보도는 더 많은 선입견과 분열을 초래한다.

그러므로 특정한 그룹이나 단 한 사람에게 모든 죄를 뒤집어씌우는 뉴스는 조심해야 한다.

한 장의 사진이 수천 마디의 말보다 더 많은 말을 한다

사람들은 흔히 한 장의 사진이 수천 마디의 말보다 더 많은 말을 한다고 말한다.

혹시 저 위에 있는 사진을 알고 있는가? 제일 좌측 사진은 터키의 휴양지 보드룸 근처에서 익사한 채 발견된 시리아의 어린이 사진이다. 아이는 시리아 내전이 발발하기 직전 부모와 함께 피난 중이었다. 다른 사진은 1969년 7월 20일에 있었던 인간의 최초 달 착륙 사진이다.

저 사진들은 세계 많은 사람의 이목을 집중시켰고, 뇌리에 깊이 각인되었다. 하지만 사진이 우리를 바보 멍청이로 만들 수도 있다. 초대형 화재 사고 사진에 대해 얼마나 많은 이야기가 나올 수 있는지 한 번 생각해 보라. 혹은 비쩍 마른 백곰의 사진에 대해서.

조작된 사진과 비디오

비쩍 마른 백곰 사진은 환경 단체가 기후 변화를 경고하는 목적으로 사용해 왔다.

그러나 실제는 어땠을까? 사실 그 백곰은 백곰들이 평온하게 잘 지내는 지역에서 살고 있던 늙고, 병든 곰이었다.

사진은 조작이 쉽고, 세상에 사진사가 존재한 이후 줄곧 그런 조작이 이뤄져 왔다. 어떤 때는 사진 속 인물이 삭제되기도 한다. 혹은 사람이나 괴물, 예를 들면 네스호의 구덩이에 산다는 괴물이 발견되기도 하고, 엘프 혹은 비행접시가 추가되기도 한다.

옛날에는 사진을 인화할 때 암실에서 작업했다. 매우 번거로운 일이었다. 하지만 이제는 포토샵이라는 프로그램을 써서 거의 모든 것이 가능해졌다. 그러나 사진은 머릿속에 깊은 인상을 남기기 때문에 사진을 조작하면 진실에 막대한 영향을 미칠 수 있다. 그래서 미국에 있는 한 프랑스 학교는 그 학교에 다니는 학생들의 단체 사진 속 아이들 얼굴을 더 어둡게 만들어 매년 많은 유색인 아이들로부터 입학 신청을 받고 있다.

비디오도 특별한 소프트웨어를 사용하면 쉽게 조작할 수 있다. 한 사람의 머리 부분을 다른 사람의 머리로 대체할 수도 있다. 일명 페이스 쇼핑이 가능한 것이다. 여러분의 얼굴이 야한 동영상이나 영화 속 인물의 얼굴로 대체되었다고 생각해 보라. 몇몇 유명한 배우들에게 그런 일이 실제로 일어났다.

인간은 쉽게 착각에 빠지고, 잘못된 생각을 하게 될 수 있다.

트럼프가 중국어로 말한다!

특별한 소프트웨어를 사용하면 동영상에 나오는 사람이 어떤 언어로든 말할 수 있게 만들 수 있다. 립싱크 소프트웨어를 통해 입의 움직임에 맞춰 다른 말을 하는 것처럼 만드는 것도 가능하다. 30초짜리 원본만 있으면 된다. 그래서 트럼프가 중국어로 말하고, 네덜란드의 보수당 출신 총리 마크 루테가 자신을 '좌파'라고 말하는 동영상도 나오게 되었다.

동영상이 진짜인지, 아니면 가짜인지 구분하는 것이 점점 어려워지자 일명 위조 감별사까지 생겼다. 그들은 비디오가 원본인지, 아니면 편집본인지도 조사한다. '스토리풀' 같은 회사가 그런 일을 한다. 누군가 어떤 상황을 찍은 동영상을 올리면서 출처를 밝히지 못하면 일단은 의심해야 한다. 조작된 비디오들은 거짓 보도나 사진보다 훨씬 더 큰 피해를 줄 수 있다. 특히 잔인한 장면이 녹화되어 있으면 소셜 미디어에 빠르게 전파된다. 그런 것에 여러분이 반응을 보이거나 다른 사람에게 전달하는 것만으로도, 거짓된 정보를 만든 사람을 지지하는 행위가 되므로 약간의 공동 책임이 있다.

나를 더욱 예쁘게!

솔직하게 말해 보자. 소셜 미디어에 올린 사진들이 실제 모습인가, 아니면 필터를 사용하고 온갖 수단을 동원해 예쁘게 꾸민 것인가?

젊은이들 가운데 4분의 1이 사진에 손을 대는 것으로 밝혀졌다. 자기 얼굴에서 가장 예쁜 부분을 사진으로 찍는 것까지는 좋지만 그것을 남에게 보여 주기도 하는가?

온라인에서 인기 있는 사람들은 하루 종일 자기 사진을 가장 예쁘고, 매력적으로 만드는데 몰두한다.

그들은 자신의 인스타그램이나 블로그에 올리는 사진을 위해 하루 24시간을 다 허비하기도 한다. 팔로워가 많은 사람은 스폰서 제안을 받거나 돈을 받기도 한다. 내면의 모습보다는 겉모습만을 중요하게 생각하는 사람들이 내는 돈이다.

자신감 결여

다른 사람의 완벽한 몸과 멋진 사진들을 보면 어떤 느낌이 드나? 더구나 잡지의 표지 모델 같은 사람을 보면? 그런데 그 모습이 가짜라면? 청소년기에 모든 것이 가짜인 포르노 영상을 보면 섹스에 대한 그릇된 인식을 가질 수 있다. 많은 젊은이가 인터넷에 떠도는 수많은 거짓 때문에 자신감을 잃는 게 허무한 일 아닌가? 특히 젊은 여성들이 많은 고통을 받는다. 그들은 자기 몸의 어떤 부분에 대해 수치심을 느끼고, 성형 수술을 진지하게 고려한다. 조작된 그림들이 종용하기 때문에 그렇게 하는 거다. 아무도 실제로 그렇게 생기지 않았는데도 말이다.

인터넷에서는 아무도 책임지지 않는다

학교 교과서, 백과사전, 유력한 신문을 통해 사람들은 바르고, 검증된 정보를 얻는다. 종이로 나오는 출판물만 그런 것이 아니라 디지털 형식에도 마찬가지다. 반면 '자유로운' 인터넷에는 원칙적으로 누구나 자기가 원하는 것을 올릴 수 있다. 누가 뭐라고 말하는 사람도 없고, 정보의 진위를 검증하지도 않는다. 합법적인 공익 광고는 제한된 범위 안에서만 홍보 활동을 할 수 있다.

유튜브에서는 특히 유명한 유튜버들이 돈을 받는다. 그들이 주장하는 말이 옳은지 아무도 조사하지 않는다. '충격적이고, 믿기 어려운 속보……'라는 문구로 사람을 현혹하는 사이트는 대부분 광고 수입을 위해 가공한 정보들을 과장되게 올려놓는다. 정보가 극단적일수록, 무슨 대단한 음모가 도사리고 있는 것처럼 보일수록, 초자연적인 현상과 대체 치료법이 그럴싸해 보일수록 방문객이 많아진다.

인터넷에서는 누구나 상상한 바를 표현하고, 거짓을 말하고, 잘못된 주장을 펼칠 수 있다. 그렇지만 많은 웹 사이트가 믿음직스러워 보이지 않는다. 그런데도 많은 사람이 조작된 주장은 믿고, 과학자, 기자 혹은 정부가 주는 정보는 믿지 않는 게 이상한 일 아닌가?

꼭 코로나바이러스감염증-19 예방 기억해야 할 국민 수칙

필수 위생수칙 4가지

① 비누로 30초 이상 꼼꼼하게 손 씻기

② 기침할 땐 옷소매로 입과 코를 가리기

③ 기침 등 호흡기 증상 시 마스크 착용하기

④ 의료 기관(선별 진료소) 방문 시 해외여행력 알리기

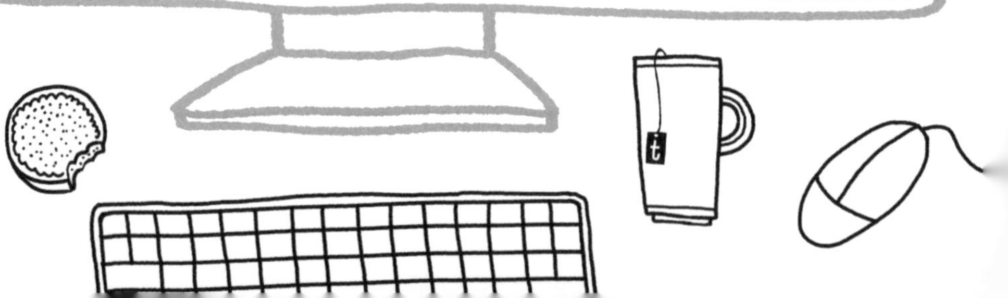

기자, 의사, 과학자들에게는 엄격한 행동 규칙들이 정해져 있는데도 말이다. 기자는 언론평의회로부터 해명을 요구받을 수도 있다. 과학자는 상황에 따라 실험이 금지당하기도 한다. 민주주의 국가에서는 나라를 통치할 사람을 국민이 정한다.

위키피디아를 믿어도 될까?

종이로 된 구식 백과사전에서는 과학자들과 편집위원들이 정보의 신뢰도에 책임을 진다. 온라인 백과사전 위키피디아는 누구나 정보를 추가할 수 있다. 그런 과정을 통해 잘못된 부분은 계속 수정되고, 그 전에 잘못된 정보를 올린 사람에게 변경된 내용이 통보된다.

그리고 돈을 지급해 정보를 변경하고, 기사를 편집하는 것은 규칙에 어긋난다.

대단하지 않은가?

대개는 그렇다. 그러나 진화나 기후 변화와 같이 예민한 주제에 대한 글은 자주 변경된다. 정보에 숱한 속임수가 개입된 것이 밝혀지기도 한다. 그래서 바티칸, 미국 중앙정보국 CIA도 그런 공격을 당한 적이 있고, 소니, 미국 방송국, 텔레비전 네트워크와 마이크로소프트도 그런 적이 있다.

그러므로 위키피디아를 볼 때는 조심해야 한다.

광고를 위한 공간

가짜 뉴스 : 참

가짜 뉴스 웹 사이트들을 보는 즉시 알아채지는 못한다. 대개는 그런 사이트들이 진짜 소식이나 공공 언론 매체의 링크도 접속할 수 있게 만들어 신뢰도를 높이고, 뭐가 진짜이고, 뭐가 가짜인지 구분할 수 없게 만들기 때문이다. 기사 맨 아래에 말도 안 되는 주석과 출처의 목록을 잔뜩 적어 놓지만 누가 그런 것을 읽어 보겠는가?

1 멍청한 닭처럼 헤매지 말 것!

인터넷에서 구글 같은 것을 통해 뭔가 정보를 얻고자 한다면 정확한 검색어를 넣는 게 중요하다. 전체 문장으로 표현하지 말고, 중요한 키워드를 넣어야 한다.

인용 부호

어떤 사람의 이름이나 어떤 단어의 의미를 찾고 싶을 때 인용 부호를 사용해 보자. '소셜 미디어'를 검색하면 그 두 단어가 붙은 글이 나오는 사이트들이 차례대로 소개된다. '소셜'만 나온다든가 '미디어'만 나오는 사이트는 제외되는 것이다. 그런 식으로 전체 문장을 찾을 수도 있다. 그것을 이용하면 정보가 진실인지, 아닌지 더 잘 알 수 있다. 그리고 그것을 작성한 사람이 인터넷에서 그대로 복사해 올렸는지도 알 수 있다.

한 번에 원하는 정보를 즉각 찾기는 어렵다. 대개는 일단 찾은 정보를 이용해 직접 더 찾아야 한다. 검색기를 활용해 찾은 사이트로 곧바로 가지 말고, 검색 결과를 먼저 살펴보라. 사이트 운영자는 대개 사이트를 짧게 소개하는 글을 적어 놓는다. 그러므로 다양한 검색 결과들을 살펴보고 어떤 것이 본인에게 맞는지 선택할 수 있다. 여러분이 독자적으로 정한 검색 과정을 통해 특정한 사이트가 먼저 검색될 수 있게 하는 것도 가능하다. 그런 필터 과정 때문에 여러분과 여러분의 친구들이 찾은 검색 결과가 같은 검색어를 넣었어도 다르게 나타난다.

2 지나치게 상업적인 문구는 의심하라!

'속보', '최고의 스캔들', '충격적인 진실', '지금 막 나옴!'과 같이 자극적인 문구가 난무하는 사이트를 볼 때 조심해야 한다. 그런 사이트들은 대개 방문객의 숫자를 늘려 광고 수익을 올리려는 곳이다. 사이트 운영자는 방문객이나 자료를 본 사람들이 많을수록 광고주들로부터 더 많은 돈을 받는다. 그런 자극적인 문구를 일명 '낚시성 기사'라고 부른다. 그들은 정기적으로 과장되거나 가공한 정보를 올린다.

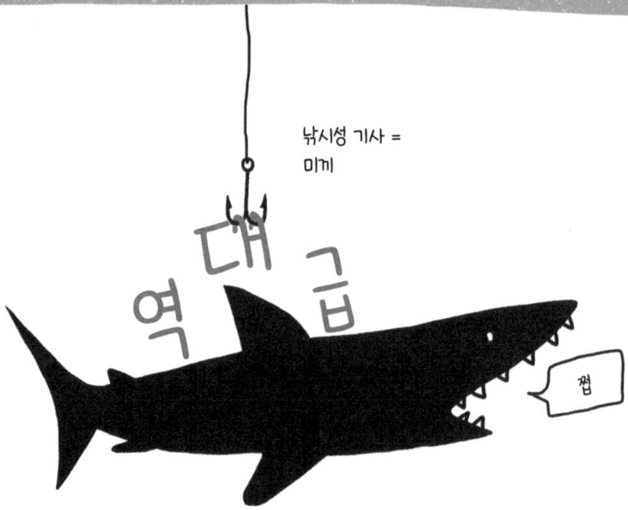

가짜 연구 보고서와 엉터리 약을 다루는 사이트도 돈을 벌기 위해 손님을 유혹한다. 그들은 실제적인 목적인 쇼핑 코너도 만든다. 그곳에서 판매되는 건강 보조제, 식품, 대체 치료제들을 소개하며 '의사들도 결과에 깜짝 놀랐다.'는 말을 곧잘 한다. 그들은 화학 제품, 예방 주사, 유전자 조작 식품이 몸에 해롭다고 말한다. 그러면서도 그곳에서 비타민제, 슈퍼 푸드, 특효약 등을 구입할 수 있다고 광고한다. 그런 함정에 빠지지 않도록 주의해야 한다.

3 먼저 확인

먼저 해당 웹 사이트의 주소를 확인하라. 믿을 만해 보이는가? 공공 기관이나 큰 기관이 만든 사이트인가? 여러분에게 쓸모가 있을 것 같고, 신빙성 있어 보이는 사이트를 클릭하라. 동물원 사이트에서 다람쥐원숭이에 관한 정보를 읽는 게 자의적인 해석으로 글을 쓰는 개인 블로거의 글을 읽는 것보다 훨씬 더 믿을 만하다.

웹 사이트에 적혀 있는 글을 건성으로 읽지 말고 제대로 읽어 보고, 그 정보에 대한 판단은 스스로 내려야 한다. 여러분이 찾고, 알고자 하는 것을 찾았는가? 정보가 명확하고, 이해 가능한가? 이해가 안 되는 문장을 발견했다면 그것을 이용하지 않는 게 좋다. 어쩌면 그 정보가 옳지 않을 수도 있다.

몇 개의 사이트를 보고, 정보를 비교하라. 출처는 확인했는가? 어떤 정보가 가장 신빙성 있게 보이는가? 여러 사이트에 적혀 있는 정보가 서로 일치하는가?

'새로운 대안'이라며 음모가 난무하는 사이트는 조심해야 한다. 인터넷에서 여러분의 의견을 지지하는 것만 찾지 않도록 해야 한다. 우리는 자기 자신과 생각이 같은 사람이 더 믿음이 가고, 더 흥미롭다고 생각하는 경향이 있다. 그렇다는 보장이 없는데도 우리는 자기가 만든 틀 안에 갇혀 지내는 것을 좋아한다.

4 누가 그리고 왜?

웹 사이트, 블로그, 신문 기사를 누가 썼고, 무슨 목적으로 썼는지 알아야 한다. 신문처럼 믿을 만한 정보원에게 적법하게 구한 정보를 중립적으로 쓴 기사를 싣고 있는가? 검증 가능한 사실이나 의견을 다루었는가? 혹시 여러분에게 뭔가를 판매하려고 시도하는 것은 아닌가?

많은 웹 사이트는 난민, 이슬람과 동물에 관해 극단적인 이야기만 한다. 그러면서 특정한 민족이나 사상을 작위적으로 쓴 글을 통해 부정적으로 표현한다. 그들의 선동으로 많은 사람이 영향을 받는다. 그런 선동은 대개 감정에 호소하기 때문에 효과를 보인다. 네덜란드에서 얼마나 많은 회교도가 살고 있는가에 대한 설문 조사를 해 보면 평균치가 19퍼센트지만 실제로는 6퍼센트다. 그것이 현실이다.

익명

사람들에게 영향을 주기 위해 인터넷에서 거짓 정보를 퍼뜨리는 일명 트롤이라고 부르는 것이 소셜 미디어에 많이 사용된다. 그것은 의도적으로 잘못된 정보를 퍼뜨리고, 불안과 두려움, 분노 등의 격한 감정적 반응을 유도한다. 말하자면 디지털 방식의 전쟁이 벌어지는 것이다. 그 좋은 예가 말레이시아 항공 MH17기가 격추되었을 때 비행기 사고의 원인에 대해 러시아가 트롤 1,400개를 트위터로 보내 사람들의 판단을 흐리게 한 것으로 밝혀졌다. 그것은 '트롤 공장'으로 잘 알려진 생피터스버그 소재 인터넷 연구 에이전시와 관련이 있었다.

여러분이 어떤 기사를 읽고, 그것에 '좋아요'를 누르거나, 어떤 반응을 보이거나, 전달하며 불안감 조성에 함께 협조하면 여러분도 약간의 공동 책임을 지게 된다. 인터넷 접속 서비스업자들도 얼마 전부터 책임을 나눠 갖는다. 그래서 라디오 방송 진행자 알렉스 존스의 애플, 유튜브, 페이스북, 스포티파이 계정이 혐오 표현과 공포 조성으로 폐쇄되었다. 존스는 9·11 테러가 정부의 짓이라고 주장하는 음모론자다. 또한 그는 급진 좌파들이 연극배우를 고용해 샌디 후크의 학교에서 총기 사건을 일으켰고, 미국 민주당원들이 내전을 일으키려고 한다는 소문을 퍼뜨렸다. 하지만 계정을 폐쇄당하자 알렉스 존스는 다른 플랫폼에 가입해 안타깝게도 더 활발하게 활동하고 있다. 음모론자들은 계정이 폐쇄된 것을 자기 말이 옳다는 증거로 인식한다.

5 신선한 것 혹은 묵은 것?

슈퍼마켓에서 신선 식품을 살 때 우리는 흔히 유통 기한을 확인한다. 인터넷도 그렇게 하는 게 좋다. 정보가 얼마나 오래된 것인지 확인하는 거다. 어떤 때는 새롭게 사이트에 올려져 있기는 하지만 오래 묵은 소식들이 가득 차 있는 경우가 종종 있다.

해묵은 정보를 예로 들자면 MMR 예방 주사를 맞고 자폐증에 걸렸다는 보도 같은 것이다. 외과 의사 앤드류 웨이크필드가 의학 분야에서 유일하게 그것을 주장했다. 그는 과학 잡지 〈란셋Lancet〉에 그것에 관한 연구 결과를 발표했다. 그러나 그 연구 결과에 오류가 있다는 것이 추후 밝혀졌다. 더구나 대체 백신을 위한 특허를 출원해 연구 결과가 돈 때문에 조작되었다는 것도 알려졌다. 그리고 MMR 백신을 상대로 소송을 준비하는 변호사로부터 돈도 받았다. 결국 〈란셋〉은 웨이크필드의 논문을 철회했고, 웨이크필드는 의사 면허를 박탈당했다.

그 사이 자폐증과 예방 접종 간의 상관관계에 관한 새로운 글들이 우후죽순처럼 쏟아져 나왔다.

적어도 100만 명의 어린이들이 연구에 참여했는데 MMR 예방 접종과 자폐증 사이에 전혀 관계가 없음이 밝혀졌다.

세계보건기구 WHO는 자폐증이 발병하는 것에 대해 말도 안 되는 이야기가 퍼지는 것을 중단해 달라고 호소하고, 심각한 전염병에 걸리지 않기 위해 반드시 예방 접종할 것을 권유했다. 그런데도 MMR 예방 주사를 맞고 자폐증에 걸렸다는 소문은 사라지지 않고 있고, 아직도 많은 부모가 바로 그 이유 때문에 자녀에게 예방 주사를 맞히지 않고 있다.

이 주제와 관련해 제작된 좋은 영상이 있다. 유튜브에서 멕시코의 12살 과학 영재 마르코 아르투로가 백신이 자폐증을 일으킨다는 증거가 단 하나도 없다는 것을 보여 주는 영상이다.

묵은 소식을 널리 퍼뜨리는 다른 방법은 오래되고 충격적인 영상들을 마치 새것처럼 재사용하는 방법이다. 그것을 제대로 확인하려면 구글을 통해 그 사진들을 검색해 보면 전에 이미 나온 적이 있는지 확인할 수 있다.

6 도서관 가기!

디지털로 대체할 수 있지만 도서관에 가는 것은 항상 그만한 가치가 있다. 그곳에는 올바르고, 믿음이 가는 정보를 찾을 수 있도록 최고의 도움을 주는 전문가들이 있다. 공공 도서관에는 누구나 무료로 회원으로 가입할 수 있다.

7 전문가를 찾기

찾고자 하는 것을 찾지 못했는가? 그렇다면 전문가에게 연락을 취해 질문을 해 보자. 누구누구 박사 혹은 교수라고 해서 모든 것을 다 알고 있는 것은 아니

아서 코난 도일 경

다. 전문가들은 대개 아주 적은 분야에 깊은 지식을 갖고 있을 뿐이다. 다른 분야는 보통 사람들처럼 문외한이다. 독서 협회의 회원은 어린이에게 독서가 가장 중요하다고 말할 것이다. 그러나 자연 과학 기구의 회원은 세상에 자연에서 노는 것보다 더 중요한 것이 없다고 할 것이다. (내 생각에는 그 두 가지 활동 모두 중요하다.)

어떤 분야의 전문가가 된 사람은 다른 분야에 특별한 안목을 가질 수 있다. 아서 코난 도일 경은 영국의 의사였고, 작가였다. 그는 셜록 홈즈 탐정 소설로 특히 명성을 얻었다. 교육을 많이 받고 머리가 명석한데도 불구하고 전설적인 마술사 후디니가 마음만 먹으면 언제라도 족쇄를 풀고 나올 수 있는 불가사의한

능력을 갖고 있다고 믿었다.

전문가들이 때때로 예상을 빗나가는 경우도 많다.

동화책 출판사 사장이 어린이책에 대해 아무것도 모르는 경우가 종종 있다. 처음에는 어떤 출판사도 〈해리 포터〉를 출간하려고 하지 않았다. 마침내 블룸스버리 출판사가 일단 500권을 초판으로 발행했다.

8 익명

본인이 확신하는 생각이 옳다는 것을 계속 확인받는 것을 원치 않으면 검색 기능의 알고리즘에 속임수를 써서 넘어가게 해야 한다. 인터넷 브라우저에 입력한 모든 검색어를 삭제하고, 추적 기능을 끄고, 소셜 미디어에서 여러분과 다른 의견을 가진 사람들의 글도 팔로우한다. 그런 식으로 인터넷에 접근하면 다른 정보를 얻을 수 있다. 혹은 구글이 아닌 덕덕고DuckDuckGo와 같은 다른 검색 엔진를 사용하는 것도 방법이다. 그 검색 엔진은 개인 정보를 보호하고, 여러분이 찾고자 하는 결과에 영향을 줄 수 있는 개인적 데이터를 저장하지 않는다.

사생활 보호를 중요시하는 다른 검색 엔진으로는 익스퀵Ixquick이 있다. 익스퀵이 만든 스타트페이지Startpage가 실질적으로 구글과 여러분 사이에서 작동된다. 스타트페이지에 검색어를 입력하면 구글에서 찾은 결과를 보여 주지만, 개인 정보는 보호된다. 구글은 단지 스타트페이지가 무엇을 찾는다고 인식할 뿐이다.

9 세상이 좀 더 좋아지도록 여러분 자신부터 시작한다

사진이나 동영상을 공유하기 전에 이전에 언급한 것들을 유념하는 게 좋다. 여러분이 직접 만든 것이 아니면 거짓 정보, 혐오 표현 등을 아무 비판 없이 다른 사람에게 전달하면 안 좋은 기분도 함께 전달된다.

여러분도 독자적인 블로그나 브이로그가 있는가? 그렇다면 기자의 행동 강령을 다시 한 번 점검해 보라.

- 실제로 일어난 사실인지, 아니면 하나의 의견인지 확실히 표현해 두어야 한다.
- 부정적인 감정을 피하고 맑은 정신으로 글을 써라. 화가 나 있다면 생각을 깊이 하지 않아 여러분의 이미지가 손상을 입을 수 있고, 여러분의 신용도 줄어들 것이다.
- 저작권 시비에 걸려들지 말 것. 직접 찍은 사진이나 동영상 그리고 본인이 직접 쓴 글만 올려라. 모든 작품은 저작권법의 보호를 받는다. 그것은 원저작자가 아닌 다른 사람이 그것을 공개하거나, 자기 것처럼 하면 안 된다는 의미다. 법적 조치가 들어가면 피해 보상 판결을 받을 수도 있다. 물론 분명하게 출처를 밝히고 어떤 말이나 글을 인용할 수는 있다.
- 온라인에 뭔가 올리기 전에 생각을 깊이 하라. 인터넷은 모든 것을 저장한다. 다른 사람이 올린 글과 그들의 사생활을 존중하고, 마음 상할 만한 사진을 올리지 않는다. 사진이나 동영상을 올리기 전에 다른 사람을 조롱하지 말고, 몰래 하지 말고, 의도가 무엇인지 밝히고, 원칙적인 동의를 받고 해야 한다. 그러한 행동으로 누구에게도 피해가 가지 않게 해야 한다.
- 사고 현장에서 소셜 미디어에 자료를 올리기 위해 동영상을 찍지 마라. 실제로 그런 일이 종종 일어난다. 누군가 심하게 부상을 입었거나 심지어 사망까지 했는데 그의 가족이 여러분이 찍은 동영상을 우연히 봤다면 기분이 어떨지 상상해 보라. 다른 사람에 대한 존경심을 가져야 한다. 물론 구조 대원들의 활동에 방해가 되어서도 안 된다. 사고나 범죄 현장에서 증거들 사이를 휘젓고 다니는 것도 물론 안 된다.

7 과학자들도 감정이 있을까?

과학자들을 믿어도 되는지 알아보려면 그들이 어떻게 일하는지를 아는 게 유용하다. 그들은 어떻게 그런 지식을 갖게 되었을까? 과학자들은 진실을 찾지만, 그것을 알지는 못한다.
그런 자세는 어떤 것을 배우면 진실을 알게 되었다고 말하는 사람들과 확연히 다르다.
어떤 사람들은 과학자들이 냉정해 보인다고 생각해, 일만 하는 그런 괴짜들이 아무 감정도 없는 것은 아닌지 의구심을 나타내기도 한다. 당연히 그들도 감정을 느낀다. 다만 과학에는 그것이 중요하지 않다.

비판적 사고가 모든 것에 의구심을 품는다는 의미는 아니다

여러분은 모든 것을 덥석 수용하지 않고 비판적으로 사고하고 싶어 한다. 그렇다고 모든 것에 의구심을 품으면 그 어떤 해답도 구할 수 없다. 그것은 무의미한 짓이다. 다행히 과학이 지식을 찾는 것에 도움을 준다. 과학적인 결론은 항상 하나의 의견이나 감정이 아니라 검증을 통해 만들어진다.

측정하는 것이 곧 지식이다

과학자들은 5단계의 고정된 방법을 거쳐 움직인다. 그 방법들은 전 세계 어느 곳에서나 똑같이 적용된다.

1. 질문하기

여러분 머리에 어떤 생각이 떠오르는 것부터 시작된다. 뭐든지 가능하다. 예를 들어 방금 자전거를 타고 가다 나무에 부딪혔다고 상상해 보자. 여러분은 브레이크를 밟았는데 그 즉시 정지할 수 없었다. 그때 여러분은 제동 거리가 속도와 상관이 있지 않을까 하는 의문을 품게 된다.

2. 가설 세우기

만약 속도를 2배로 높였다면 제동 거리가 2배로 길어진다는 가설을 세워 본다. 여러분은 그 가설에 대해 곰곰이 생각한다. 자전거는 대체 어떤 기전으로 움직이는 걸까? 브레이크에는 어떤 종류가 있을까? 여러분은 그 모든 것에 대해 알려고 한다.

3. 테스트하기

다음 단계는 가설이 옳은지 혹은 옳지 않은지 최대한 진실하게 조사할 수 있는 테스트를 할 방법을 생각한다. 테스트를 위해 자전거 컴퓨터, 줄자, 분필이 필요하다.

4. 가설을 검증하라

마지막으로 테스트를 시행한다. 약 30미터 정도 되는 평평하고 마른 아스팔트 도로를 찾아간다. 줄자를 이용해 1미터씩 길이를 재고, 분필로 그 지점에 도로를 횡단하는 줄을 그어 표시해 둔다. 표시에는 0, 1, 2와 같이 숫자를 매긴다. 숫자 0으로부터 한참 떨어진 곳에서 자전거를 타기 시작하라. 시속 7.5킬로미터를 유지하며 표시된 곳까지 자전거를 타고 간다. 앞바퀴가 숫자 0의 선을 건드리면 급브레이크를 밟는다. 그런 다음 제동 거리가 얼마나 되는지 측정해 몇 센티미터인지 기록해 둔다. 같은 실험을 시속 15킬로미터로 반복한다.

우연히 발생하는 실수를 제외하기 위해 같은 실험을 몇 번 더 반복한다. 결과의 평균을 계산해 둔다.

5. 결론 내리기

이제는 나와 있는 수치들을 통해 결론을 내릴 수 있다. 그렇게 하면 처음에 전제했던 것이 옳은지, 아닌지 알 수 있다. 이런 방식을, 가설을 경험적 방법으로 확인한다고 말

잡 하르트슨
블루투스

마리 퀴리
방사능

알렉산더 벨
전화기

엘리자벳 매기
모노폴리(보드게임)

토마스 에디슨
백열전구

한다. 이 경우에 여러분의 가설이 올바르지 않다는 것을 확인할 수 있다. 이 실험을 성공적으로 완수했다면 질문에 대한 올바른 답을 찾을 수 있다. 제동 거리가 2배로 늘어나는 것이 아니라 4배가 되는 것이다!

아다 러브레이스
최초의 컴퓨터 프로그래머

알레산드로 볼타
배터리

아이작 뉴턴
중력

정신이 산만한 사람들이 아님

과학 연구는 2가지 종류가 있다. 기초 과학과 응용과학이다. 응용과학은 결과가 즉시 나온다. 예를 들어 피검사나 DNA 분석 같은 것이 여기에 속한다. DNA 분석을 통해 특정한 유전병 인자가 있는지 확인할 수 있다. 검사의 결과가 여러분이 가졌던 의문에 답을 준다. 기초 연구는 과학자들의 영역으로, 그들은 광범위한 질문을 던지고 뭔가 알아내려고 한다. 예를 들어 기후를 연구하는 과학자는 지구 온난화의 결과를 탐구한다.

과학자는 젊은 사람, 늙은 사람, 남자 혹은 여자 등 다양하다.

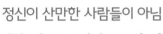

머리카락이 어지럽게 헝클어지고, 수염을 지저분하게 기른 정신이 산만한 사람들이 아닌 것은 분명하다. 과학자들은 다양한 일을 한다. IT 전문가는 소프트웨어를 개발한다. 분석가는 병원 연구실에서 혈액을 검사한다. 다른 과학자들은 남극이나 해저 혹은 땅속 깊은 곳, 건물 안의 자료실이나 박물관에서 연구한다. 천문학자와 수학자는 우주를 조사하고, 그것의 기원을 연구한다. 생화학자는 DNA를 변경해 병에 걸리지 않게 하기 위한 연구를 한다. 고고학자는 유물을 발굴하고, 아주 오랜 옛날에 무슨 일이 있었는지 탐구한다.

신경 과학자들은 우리 두뇌의 비밀을 캐내려고 한다. 사람들을 만나 말하고, 관찰하고, 테스트를 거치면서 완성되는 연구도 있다. 과학자들은 현미경, 심해 카메라, 로봇과 위성을 다루며 연구한다.

모든 연구자의 공통점은 책을 많이 읽고, 쓴다는 것이다.

많은 과학자가 훌륭한 발견을 하고, 유명해진다. 그러나 대부분 팀에 속해 거의 비슷한 실험에 아주 약간의 미세한 변화만 주면서 매우 조심스럽게 수년간 실험을 반복한다.

진실을 찾으려는 노력

일종의 꿈같은 세계에서 사는 상상을 하는 것은 흥미로운 사고의 유희다. 그러나 과학은 여러분이 보는 세상 너머에 하나의 진짜 세상이 있다는 것을 전제로 나아간다. 그리고 그 진짜 세상의 모든 것을 알아낼 수 있을 거라고 생각한다.

과학적 사고는 진실을 찾으려고 노력한다.

그 과정에서 특정한 주장이 다른 것보다 논리적이고, 나은 것처럼 보인다. 어쩌면 사람은 진실을 알아보지 못할 수 있지만 과학은 무엇이 기능을 하고, 무엇이 하지 않는지 조사하기 위해 그것에 최대한 가까이 다가갈 수 있게 도와준다.

그래서 과학 이론들은 새로운 이론이 발견되면 끊임없이 조정되고, 좀 더 정확하게 다듬어진다. 새로운 이론은 다른 동료들로부터 평가받고, 그 이후 과학 잡지에 실려 연구에 어떤 방법을 사용했는지 다른 사람들도 알 수 있게 된다. 그런 식으로 실험이 통제되고, 때때로 반복된다. 과학자들은 자신의 지식이 무엇을 근거로 하는지 밝혀야 한다. 그것을 인용 문헌 목록이라고 부른다.

대개 과학자들의 의견이 일치되지 않기 때문에 과학자들은 항상 모든 것을 다른 과학자들과 상의해야 한다. 바로 그런 토론과 의문 제기, 새로운 실험을 통해 과학자들은 다른 사람의 연구가 앞으로 나아갈 수 있게 해 주고, 결국 과학이 점점 발전하는 계기가 된다.

과학은 세상에 하나의 진실이 있다는 것을 전제한다. 또 다수의 허위가 있다는 것도. 그것들은 유사 과학에서 찾아볼 수 있다.

과학에서는 사실이 중요한데 유사 과학에서는 그런 것이 중요하지 않다. 예를 들어 산에서 캐온 수정이 생리통에 도움을 준다는 말은 진실이 아니다. 많은 사람이 그것을 '그들의 세계관'이라고 말한다. 그러나 진실이 아닌 것이 의도적인 거짓말에 이용될 수 있고, 모든 것을 의심하는 음모론자들에게는 아이디어를 제공한다. 과학자들은 개방적인 태도를 보이고, 추가 질문도 받아 주는 게 맞지만 그렇다고 말도 안 되는 것에까지 그것이 적용되는 것은 아니다. 그래서 인간의 행동을 통해 야기된 지구 온난화에 대한 수많은 과학적 증거가 그대로 노출되어 있다. 그것을 부정하는 사람들은 허위라고 말한다.

증명하라!

과학자들은 실험을 통해 이론을 점검한다. 그들이 제시하는 결과들은 실험과 연구를 통해

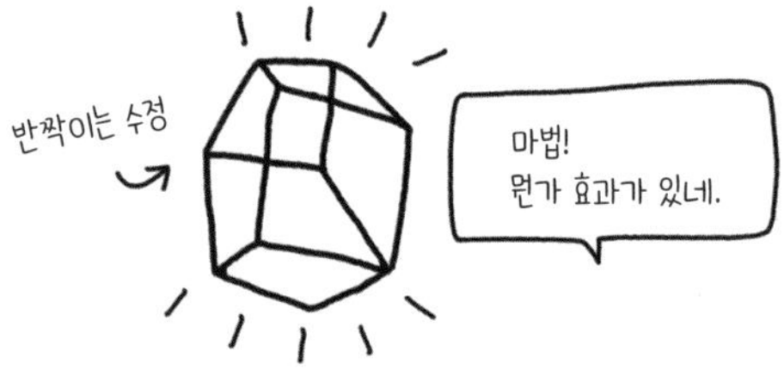

얻어진다. 그것을 위해 단 한 번 실험하는 것이 아니라 실험 과정에 아주 미세한 변수 조정을 하며 끝없이 반복한다.

팩트가 이론과 일치하지 않으면 이론을 결과에 맞춘다. 그 반대로도 가능하다. 실험을 반복해도 똑같은 결과가 나오지 않으면 결론은 무효가 된다. 그런 방식으로 과학은 자체적으로 정화된다.

과학 이론은 예견을 가능하게 해 준다. 유사 과학으로는 불가능하다. 사람이 죽은 후 다시 태어난다는 이론은 검증되지 않는다. 물론 그것을 자연스럽게 믿을 수는 있다. 유사 과학에 모

든 종류의 과학 용어들이 난무하는 것을 종종 볼 수 있다. 그러나 그것을 자세히 들여다보면 의도적으로 사용했음을 알 수 있다. 단지 어떤 인상을 주기 위해 그것을 사용하는 것이다.

마시멜로 이론에서 벗어나다!

'마시멜로 검사'는 유명한 심리 테스트다. 연구자가 유치원 아이에게 마시멜로를 하나 주고, 그것을 먹지 않고 그대로 두면 나중에 하나를 더 주겠다고 말한 다음 연구자가 방을 나간다. 연구자는 밖에서 감시 카메라를 통해 아이를 관찰한다. 후속 연구를 진행한 결과 유치원 연령 아이들 가운데 그것을 참을 수 있는 아이는 나중에 청소년이 되면 더 좋은 성적을 받는다는 결과가 나왔다.

최근 그런 실험을 평균 이상의 국민을 대표하는 그룹에서 자란 아이들을 대상으로 10번 반복했다. 최초의 실험에서는 대학의 어린이 놀이방에 있던 아이들만이 대상이었다. 실험 결과 최초의 실험 결과가 옳은 것으로 확인되지 않았다. 그래서 과학자들이 기존의 결론을 폐기했다. 이론을 결과에 맞게 조정한 것이다. 어린아이였을 때 자기 통제를 잘하는 아이가 나중에 더 좋은 성적을 받는 것으로 말할 수 없게 되었다.

유사 과학은 항상 맞다

진실한 과학적 주장은 결코 완벽한 진실이 아니다. 그것은 계속 더 정교해지고, 개선될 여지가 있다. 과학 이론은 그것으로 많은 실험을 할 수 있다는 데 의미가 있다. 반면 유사 과학은 언제나 맞다. 마치 여러분 손바닥에 그어진 손금을 보고 손금 보는 사람이 여러분의 일생을 말할 수 있는 것처럼. 그런 이론은 한 번도 변화한 적이 없다. 그런 학설을 사람들은 교조적이라고 부른다.

그것은 손금 보는 법처럼 있는 그대로 될 거라고 말한다.

뭔가 맞지 않으면 손금을 보는 사람은 그런 상황에도 불구하고 자기가 한 말에 매달리기 위해 다른 새로운 해석을 찾는다.

반면 과학자는 또 다른 가설을 세우려고 노력하고, 단 한 가지의 가능성에 집착하지 않으려고 한다. 최종적으로 과학자는 여러 가지 가설 가운데 어떤 것이 가장 가능성이 있는지 결정해야 한다.

마술사가 예언가와 똑같다고 가정해 보자. 하나의 가설은 예언가가 실제로는 미래를 내다볼 수 없고, 단지 속임수만 쓴다고 본다. 다른 가설은 마술사가 사실은 앞날을 훤히 볼 수 있지만 마치 속임수를 쓰는 것처럼 행동한다고 본다. 이 두 해석 가운데 어떤 것이 더 가능성이 있어 보이는가?

속임수 →

허풍 금지

디데릭
스테이플

네덜란드의 디데릭 스테이플은 사회 심리학 교수였고, 과학적 속임수를 쓰는 것으로 꽤 유명했다.

그는 실험 결과를 임의로 작성하거나 자기 마음에 들지 않는 결과는 누락시키곤 했다.

그러면서도 그는 학생들에게 과학자로서 어떻게 해야 하는지를 가르쳤다. 특히 안 좋았던 점은 그가 동료들에게 자기가 만든 결과를 이용해 후속 연구를 하게 했다는 점이었다.

사실 그의 동료들은 그의 행동이 부당하다는 것을 진즉 알아봐야만 했다. 그가 내놓는 결과들이 사실이라고 보기에는 너무 좋게 나온 것이다. 결국 디데릭 스테이플은 과학적 속임수가 빠르든 늦든 언젠가는 밝혀진다는 사실을 스스로 보여 주었다.

오스트리아의 심리학자 지그문트 프로이트도 속임수를 썼다. 정신 분석의 창시자인 그는 어렸을 때의 경험이 나중에 형성되는 인성에 영향을 준다는 것을 제일 먼저 발견했다. 그는 꿈에서 보는 모든 것들이 다른 의미를 지니고 있고, 대개는 충족되지 못한 성적 욕망과 관련이 있다고 보는 이론도 개발했다. 꿈에서 부서진 양초를 보았다면 프로이트는 그것을 남성의 성기가 축 늘어지는 것에 대한 불안으로 해석했다.

그는 자기가 개발한 이론을 통해 완벽하게 치유되었다고 주장하는 어떤 환자의 병력으로 자신의 이론을 증명했다. 나중에 확인된 바로는 그 환자가 전혀 치유되지 않았고, 오히려 그 반대로 정신과 병원에 입원해 있다는 것이 밝혀졌다. 과학자들은 진실을 말해야 하고, 진실을 왜곡하지 말아야 한다. 다시 말해 실험 결과를 위조하거나 제대로 맞지 않는 결과를 조작하지 말아야 한다.

고정된 방법

과학적 시험은 고정된 방법으로 실행된다. 여러 가지 실험 방법이 있고, 다루어야 할 자료가 있으며 측정도 정확하게 해야 성공할 수 있다. 아주 작은 입자를 실험하거나, 먼 태양계를 조사하거나 마찬가지다. 과학자들은 연구를 위한 방법을 찾아야 한다. 그래서 입자 가속기, 로켓, 슈퍼컴퓨터와 같은 기계를 이용한다.

물론 연구에 뭔가 오류가 발생한 경우도 있다.

행크 부크 교수는 1990년 HIV 바이러스를 해롭지 않은 것으로 만들 수 있는, 특정한 종류의 DNA를 만들 수 있게 되었다고 발표했다.

그의 새로운 소식은 즉시 전 세계로 퍼져 나갔고, 과학 잡지인 〈사이언스〉에 등재되기까지 하였다. 다른 과학자들은 실험이 검증 단계를 거치지 않았기 때문에 격분했다. 시간이 얼마 지나지 않아 그 실험 결과가 아무 쓸모도 없는 것으로 밝혀졌다. 그것이 실험실에서 연구하는 기초 이론에 불과했기 때문이었다. 3개월이 지나고 나서야 너무 성급하고, 오류가 발생한 결과였다는 결론이 내려졌다. 그 일은 행크 부크의 성공 가도에 종지부를 찍는 사건이 되었다.

이 이야기가 주는 교훈은 무엇일까? 과학은 고정된 연구 방법을 통해 오류가 걸러진다는 것이다.

담배 필터

과학은 독립적이어야 한다. 그러나 과학 연구는 비용이 들기 때문에 지원이나 후원을 받게 된다. 그래서 순환계 질병에 관한 연구를 하려면 심장재단에 연구비를 요청할 수 있다. 애초의 목적은 좋다. 그런데 지원금이 회사에서 나온다면 조심해야 한다. 예를 들어 설탕 회사는 설탕이 인체에 그다지 해롭지 않다는 것을 증명하기 위해 설탕의 효과를 조사하는 연구비를 지원한다. 회사는 '사탕수수에서 추출한 것이기 때문에 자연적인 제품이다.'라는 말을 듣기 원한다. 산업계는 연구의 결론이 특정한 방향으로 흐르게 하려고 한다. 혹은 회사의 경영진은 자기들에게 유리한 쪽으로만 연구 성과의 결론을 내리려고 한다. 담배도 좋은 예다. 담배 회사는 담배 포장지에 얼마나 많은 니코틴 성분이 들어 있는지 표기해야 한다. 그 함량은 특별한 기계로 측정된다. 그러나 담배 회사는 어떻게 하는가? 그들은 필터에 작은 구멍을 뚫어 놓아 그것을 통해 기계가 의도치 않게 공기를 많이 빨아들여 높지 않은 니코틴 수치를 나타내게 한다. 흡연자들은 그 구멍을 손가락으로 막고 피우기 때문에 훨씬 많은 니코틴을 빨아들여 담배에 더 중독되게 된다. 네덜란드 국민건강환경위원회가 조사한 바에 따르면 유해 물질이 포장지에 표기된 수치보다 2배 내지 26배나 많이 유입된다고 한다.

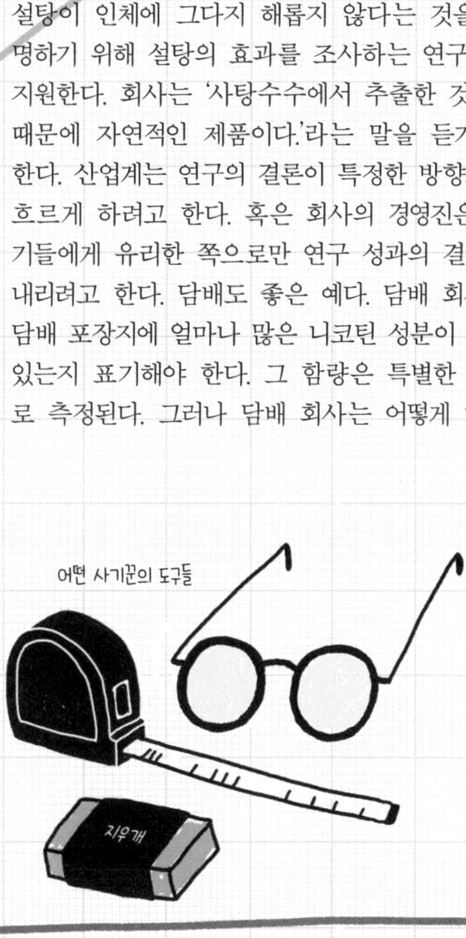

어떤 사기꾼의 도구들

신뢰할 수 있는 데이터

특별한 경험이나 기묘한 현상에 대한 말을 자주 듣게 된다. 어떤 사람이 이러저러한 것을 경험했다는 이야기다. 경험은 증거가 아니다. 문어 파울이 축구 경기의 결과를 자주 맞게 예측했다고 해도 파울한테 예지력이 있다는 것을 의미하지는 않는다.

마약이나 특정한 질병은 환각을 유발하기도 한다. 그런 사람들은 무슨 소리를 듣거나 귀신을 보기도 한다. 그들의 경험담은 검증할 수도 없고, 그래서 믿기 어렵다.

과학은 단 한 번 일어난 현상이 아니라 여러 번의 실험을 통해 검증된 이론에 기초한다. 이론은 검증 가능해야 한다.

물론 어떤 특정한 경험을 하게 되면 직접 실험해 보는 계기가 된다. 특히 나타난 현상에 어떤 설명을 할 수 없을 때 그렇다.

그러나 아직 어떤 설명도 할 수 없다고 해서 앞으로도 그럴 거라고는 말할 수 없다. 뭔가 이해할 수 없는 일이 일어나면 초자연적인 일이 일어났다고 말하는 것은 과학적 태도가 아니다.

진실이라고 하기에는 너무 예쁨 →

논리적!

소들은 채식을 한다
채식은 건강하다
그러므로 소고기는 건강하다

흠, 그렇게 비논리적이라는 생각은 들지 않는다. 그래도 이렇게 결론을 내리는 것은 옳지 않다. 과학자에게는 명확한 결론이 무엇보다도 중요하다. 어떤 현상이 여러 가지 원인에서 비롯되었는데 오직 한 가지만 유일한 원인이라고 주장한다면 논리적이라고 할 수 없다. 감기에 걸려 염증, 말라리아, 고열에 시달릴 수는 있지만 반대로 이야기할 수는 없는 것과 마찬가지다. 누군가 열이 높다고 해서 말라리아에 걸렸다고 할 수 없다. 다른 원인이 있을 수도 있기 때문이다.

다음 장에는 토론하다 보면 종종 나타나는 이상한 주장에 대한 글이 이어진다. 과학자들은 그런 잘못된 결론을 유의해야 한다.

항상 옳은 것은 아니다

과학적 주장이 특정한 환경에서는 진실이 아닐 수도 있다. '금성은 행성'이라는 말은 항상 진실이다. 그것은 과학적 주장이 아니고 하나의 정의다. 한 단어의 의미만 설명하는 것이다. 그렇지만 만약 육식하는 사람은 채식주의자들보다 배려심이 없고, 이기적이라고 말한다면 그것은 과학적 주장이다. 그것은 진실일 수도 있고, 아닐 수도 있으며 검사해 볼 수도 있다. 만약 그것이 진실이라면 미리 했던 주장이 옳다고 할 수 있다. 하나의 이론이 진실이 아니라는 것을 증명하는 것이 중요하다. 그렇게 해야 새로운 실험이 시작되고, 이론은 정교해진다.

사회 심리학 교수 루스 퐁크는 실제로 2011년에 육식주의자들에 대해 그런 주장을 했다. 그는 디데릭 스테이플의 연구 결과를 아무런 검토도 하지 않고 이용했고, 육식주의자들이 배려심이 없다는 그의 주장은 육식주의자들로부터 많은 반발을 샀다.

채식주의자들은 "우리도 몰랐어요!"라고 말했다. 루스 퐁크와 채식주의자들에게는 안타까운 일이지만 실험 결과가 조작된 것으로 밝혀졌다.

오케이?

과학자들은 특정한 현상을 설명하는 상관관계를 발견하려고 노력한다. 어떤 현상에 대해 해석이 가능하면 과학자들은 그것을 다른 사람들에게 알려 준다.

과학자들은 항상 스스로 자문해야 한다. 내가 그것을 어떻게 해서 알게 되었지? 내가 혹시 오류를 범한 것은 아닐까? 과학자는 자기가 모든 것을 알고 있지는 않다는 것을 인정해야 한다. 그것이 과학과 수많은 대체 요법과의 중요한 차이다. 대체 요법은 대개 불변의 이론을 따른다. 단 하나의 좋은 결과만 나와도 과학은 만족한다. 불필요하게 복잡하게 만들지 않고, 현상을 설명하기 위해 꼭 필요하지 않은 것들은 다 제외한다. 훌륭한 탐정은 단순한 절도 사건을 설명하기 위해 아주 복잡한 구조를 생각해 낼 필요가 없는 것이다.

경험한 것을 가공하기 위해 밤에 꿈을 꾼다는 것을 증명할 수 있다면 예언가의 예언을 굳이 언급할 필요도 없었을 것이다. 낡은 집에서 어디선가 삐걱대는 소리가 들리거나 문이 닫히는 소리가 들리면, 전에 그 집에 살았던 유령이 나타났다고 생각할 게 아니라 어딘가 문이 열려 있거나 바람이 불었다고 생각하는 게 훨씬 쉽다.

질문하기

과학자들은 호기심이 많다. 그들은 질문하고, 해답을 찾아 탐구한다. 그렇게 해서 새로운 것을 발견한다. 과학자들의 질문은 하나의 해석을 찾아야 하는 '왜'의 의문이 아니다. 그런 질문들은 가능한 모든 원인을 조사해야 하니 어렵다. 필요한 경우 아주 많은 조사가 이뤄져야 한다. '왜?'라고 묻는 물음에 사실 더 많은 질문이 숨어 있다. 그래서 대상이 확실한 조사에는 적합하지 않다. '만약 이렇게 되면 무엇이 어떻게'라는 의문이 생길 때는 조사를 할 수 있다. 그렇게 하면 질문과 그에 따른 조사가 가능한 원인이 제한된다.

유사 과학자들은 질문하지 않는다. 그들은 가시적인 현상을 위해 눈에 보이지 않는 원인을 들먹인다. 지구 방사선, 유령, 마법, 신비한 물건, 비밀 교리를 생각해 보라.

어떤 것이 아무 효과가 없다고 판단되면 저주를 퍼붓는다. 그 물건이 힘을 잃었다고 하거나 악령이 그 안에 들어갔다고 말하는 것이다.

유사 과학은 대개 매우 단순하다.

유사 과학자들의 생각에 모든 문제에는 딱 하나의 원인이 있다. 또 모든 문제에 대한 해답이 딱 하나라고 주장하기 때문에 그들은 자본주의에 문제가 있다면 원시인처럼 살아가는 것이 해결책이라고 주장한다.

마야 달력, 〈성경〉이나 자칭 선지자라고 하는 사람들에 따라 사는 것도 과학적이지 않다.

어떤 사이비 종교는 〈성경〉을 통해 지구가 언제 멸망하는지 알 수 있다고 주장한다. 예를 들어 2018년 4월 18일이 그런 날이었다. 언제 지구가 멸망한다는 과거의 모든 예언도 맞지 않은 것으로 밝혀졌다. 지구 멸망의 이론을 추종하는 사람들이 자기의 소유물을 다 내다 버리는 일이 종종 발생한다. 그들은 그렇게 하면 완전히 새롭게 시작할 수 있을 것으로 생각하지만 자기들이 예상했던 것과 전혀 다른 시작을 하게 된다.

머지않은 미래에 지구가 멸망한다는 것에 대한 예견은 아직도 많이 남아 있다.

실제로 언젠가는 끝이 있을 것이다. 다만 그때까지 시간이 50억 년 정도 걸릴 거다. 그때쯤이면 태양이 점차 수명을 다하고, 그 이후 '적색거성'이 되어 지구를 집어삼킬 것이다.

8 그래요, 하지만…

토론이 항상 쉽지는 않다. 특히 상대와 의견이 다른데 여러분의 생각이 옳다는 것을 상대에게 설득시키려면 더욱 그렇다. 여러분의 뇌는 여러분을 바보로 취급하고, 상대도 마찬가지다. 그간 여러 서적에서 읽은 바와 같이 거짓 증명과 잘못된 주장은 결국 대화를 막다른 길로 몰고 간다. 그런 함정에 빠지지 말아야 한다! 상대가 생각하는 바에 대해 질문하는 게 자기의 입장을 고집하는 것보다 대화를 좀 더 앞으로 진전시킬 수 있다.

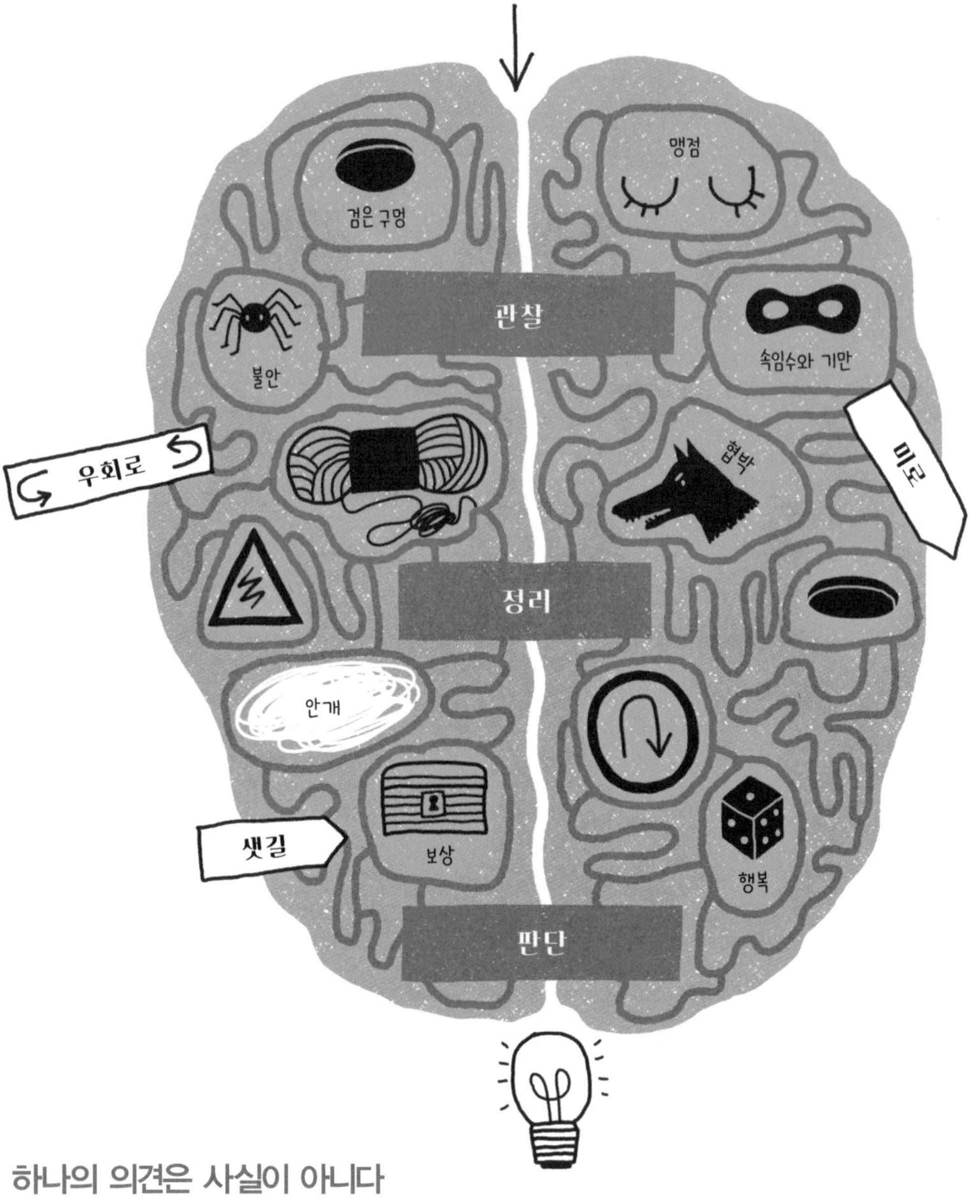

하나의 의견은 사실이 아니다

자기 자신의 사고를 추적해 본 적이 있는가? 한 번 시도해 보라. 그럼 머릿속이 얼마나 뒤죽박죽인지 알게 될 것이다. 사고의 과정은 대부분 자동으로, 본능적으로 빠르게 진행된다. 신호등의 빨간 불빛이 보이면 멈춘다든가, 아주 간단한 말을 영어로 해야 할 때 여러분은 깊이 생각하지 않는다. 그런 자동적인 사고는 매우 쓸모가 있다.

그러나 복잡한 문제를 풀어야 하거나, 그 문제에 대해 조용히 숙고해야 할 때가 있다. 벌써 그것 자체가 어렵다. 집중하기가 어려운 것이다. 머릿속에 이것저것 생각나는 것들이 많기 때문이다.

그래서 사람들은 종종 빠르고, 효과적인 사고에 자기 자신을 맡긴다. 그건 아주 쉽다! 그러나 안타깝게도 많은 오류도 발생한다. 이 책에서 그런 사례를 볼 수 있었을 것이다. 모든 것을 아무 비판 없이 받아들이는 것은 매우 위험할 수 있다.

어떻게 하면 생각을 명쾌하게 정리할 수 있나?

많은 도움을 주는 방법은 머릿속에 떠오르는 생각들을 종이에 죽 나열하며 적는 것이다. 다른 사람과 그것에 대해 말하는 것, 특히 상대와 이야기할 때 좋은 질문을 던지면 도움이 된다. 좋은 대화는 사고의 구조를 좀 더 단단하게 만들어 주고, 논리적 주장을 뒷받침해 준다.

명쾌한 사고는 단계에 따라 진행된다. 관찰, 정리, 심사숙고 단계에 따라 조용히 비판적으로 생각하는 것은 증거가 있는 주장과 증거가 없는 주장 사이에서 사실과 의견을 구분하고, 올바른 정보와 틀린 정보를 나누는 데 꼭 필요하다. 하나의 사실은 하나의 의견과 같지 않다. 객관적인 사실은, 다른 사람이 모든 게 상대적인 거라고 여러분을 설득하려고 할 때도 분명히 존재한다. 여러분이 육교에서 돌을 던지면 그것이 자동차에 떨어져 치명적인 사고를 유발할 수 있다. 석유는 실제로 언젠가는 고갈될 것이다. 그리고 여러분이 지금 손에 들고 있는 책은 착각이 아니다.

그게 무슨 말이에요?

얀이 집 앞에 소금을 잔뜩 뿌렸다.

"지금 뭐 하는 거예요?" 이웃이 그에게 물었다.

"눈 녹이려고요." 얀이 말했다.

"하지만 지금은 한여름이잖아요, 눈이 하나도 없어요!" 이웃이 소리쳤다.

그 말을 듣고 얀이 대답했다. "봐요, 내가 이렇게 해서 없는 거예요!"

물론 사고가 잘못 전개된 재미있는 이야기일 뿐이다. 그렇지만 우리는 일상에서 궤변으로 이상한 주장을 하는 사람을 종종 볼 수 있다. 사람들이 자기 말을 합리화시키기 위해 그런 궤변을 얼마나 자주 하는지 주의 깊게 살펴보라. 정치인들이 그런 짓을 잘한다. 여러분도 부모에게서 뭔가 받아 내려고 그렇게 한 적이 있지 않은가? 더구나 자기도 모르게 무의식적으로 그렇게 하는 것은 아닌가?

좋은 주장은 이렇게 이뤄진다

1. 주장에 논리적인 원인과 결과가 있다.

예를 들어 이런 주장이 진실이다. "여러분은 사춘기라서 몸에 변화가 일어났다."

다음 주장은 진실이 아니다: "여러분의 신체가 변화했으니 여러분은 사춘기다." 몸이 변화한 것에 다른 이유가 있을 수 있기 때문이다.

2. 주제에 맞는 주장을 하는 게 중요하다.

어린이들 가운데 90퍼센트가 악마의 모습을 한 산타클로스의 하인 루프레히트를 두려워하지 않는다. 그렇기 때문에 루프레히트는 인종차별주의자가 아니라고 주장해서는 안 된다. 인종 차별과 루프레히트에 관한 토론에서 루프레히트를 (어리석고, 굽신거리는) 흑인으로 그렸는가에 대해 말하는 것이 중요하다.

3. 결론이 현실과 일치한다.

이런 주장은 옳다 : 모든 포유동물은 동물이다. 토끼는 포유동물이다. 그러므로 토끼는 동물이다.

궤변은 그럴듯하게 보이지만 논리적이지 않고, 그것의 주장은 객관적이지 않으며, 결론은 옳지 않다. 사람들은 토론에서 뭔가 진실이기를 바라고, 상대가 설득되기를 바라는 마음에서 궤변을 늘어놓는다. 여러분도 자신의 주장을 펼칠 때 궤변이 되지 않도록 조심해야 한다.

자기 생각을 절대 바꾸지 않는 사람은 더 배우지도 못한다

여러분과 여러분 친구가 무엇에 대하여 전혀 다르게 생각하는 것을 직접 경험한 적이 분명히 있을 거다. 모든 가능한 팩트를 들먹이며 주장하지만 아무도 자기의 생각을 바꾸지 않는다. 오히려 그 반대로 여러분은 여러분의 뜻을 고집하고, 상대의 주장에 맞서는 좀 더 창의적인 주장을 한다. 그리고 그 어떤 일이 있어도 생각을 바꾸지 않을 거라고 말한다.

우리가 우리 자신의 확신에 집착하려고 하는 것은 오래전부터 늘 있었던 일이다. 우리의 조상들에게는 전해 내려오는 지식을 구축하는 것이 현명하게 사는 방법이었다.

기존의 것에 약간 추가하지만 모든 것을 극단적으로 뒤집지는 않았다. 그러나 자기의 생각을 바꾸지 않으면서 어떻게 팩트를 대할 수 있는가? 인간은 자기의 생각을 바꾸지 않으면 살면서 아무것도 배울 수 없다.

우리는 일단 궤변을 인식하는 방법을 배워야 한다. 그것은 그럴싸해 보이는 주장이지만 잘못된 것이다. 그것을 알아채는 게 쉽지는 않다. 그렇지만 훈련을 통해 배울 수 있다.

내가 한 말이 아님

사람들은 종종 자기가 한 말도 아니고, 그렇게 생각하지 않았는데도 공격을 당할 때가 있다. 여러분이 한 말이 단순화되거나 왜곡되어 잘못된 결론이 되기도 한다. 그래서 여러분의 입장은 쉽게 반박당할 수 있는 주장으로 대체된다. 일명 허수아비 논증의 오류이다.

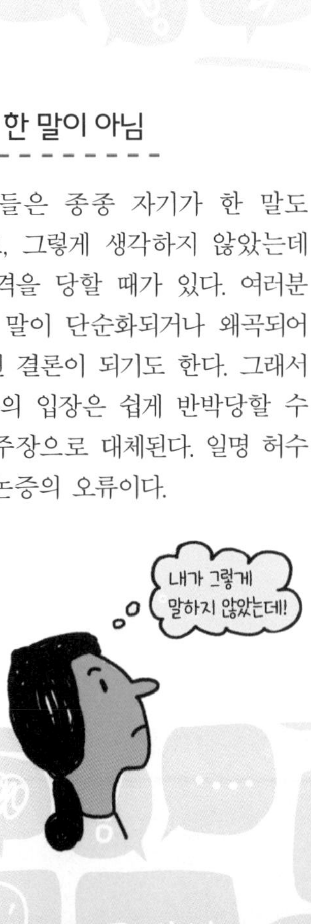

"나는 터키 출신 젊은이한테 욕설을 두 번 들었어."

"터키 젊은이들은 공격적이야. 방금 네가 말했잖아."

이렇게 하는 게 올바른 반응이다.

그렇지 않아. 터키인들 중에 소수만 공격적이야.

공격적인 젊은이는 세계 어느 나라에 가든 다 있어.

전후 관계

엇갈린 주장은 이 책에 이미 등장했었다. B가 A 다음 일어났다고 해서 A가 B의 원인이라고 말할 수는 없다.

며칠 동안 밥을 거의 먹지 않았는데 감기에서 나았다고 밥을 먹지 않으면 건강해진다는 의미가 아닌 것처럼. 그냥 식욕이 없어서 조금 먹은 것뿐이다.

말꼬리 잡기

대화를 나눌 때 계속 말꼬리를 잡으면 결론이 안 난다. 애초에 논쟁을 시작한 문제에 기초한 결론을 내리면 문제를 해결할 수 있다.

원래 그런 거라서 그런 거야.

그 오토바이 내 거야.
내가 주인이니까.

대화 내용을 꼼꼼히
살펴보면 문제가
있음이 드러난다.

도발적 사건

이런 궤변도 자주 볼 수 있다.

무엇을 주장하는데 단 한 번 일어난 일을 증거로 삼는다.

올해 여름은 안 덥다.
그것 봐, 지구의 기후 변화 같은
것은 없다니까.

우리 할머니는 평생 하루에 1갑씩
담배를 피웠어.
그래도 91세에 돌아가셨지. 그러니까
담배가 그렇게 해롭다고 볼 수 없어.

할머니가 줄담배를 피웠지만 고령까지 살았다는 것은 있는 그대로의 사실이지 증거는 아니다.

반면 젊은이가 흡연 때문에 이른 나이에 죽을 확률은 몇 배나 크다. 몇 가지 일어난 일을 기준으로 보편적인 이야기를 할 수 없다. 보편적인 이야기는 대표성을 지닌 표본을 본 다음에 하는 게 가능하다. 과학자들도 그렇게 일한다. 통계적인 자료가 일회성 사례보다 더 많은 것을 말해 준다.

입증 책임의 의무

자기의 입장을 정했다면 자신의 의견을 주장해 방어할 수 있어야 한다.

누군가 여러분의 입장에 의문을 가졌다고 해서 여러분이 여러분의 의견과 그 반대의 의견을 증명해 보일 의무는 없다. 그것은 의구심을 품은 사람이 해야 할 일이다.

윤회가 일어나지 않는다는 증거가 없다고 해서 그것이 없다는 의미는 아니다. CIA가 2001년 9·11 테러리스트들이 세계무역센터를 폭파했다는 증거가 없다고 해서 CIA가 사건의 배후에 있다는 의미는 아니다. 입증 책임은 언제나 그것을 주장하는 사람들의 몫이다. 윤회를 믿는 사람과 음모론자들이 해야지, 과학자들이 할 일은 아니다. 어떤 주장의 반대를 위한 증거가 없다는 것은 그런 주장에 아무 영향이 없다.

동일한 원칙이 법에도 적용된다. 죄는 합법적이고, 설득력 있게 증명되어야 한다. 의심을 받는 사람이 자신의 무죄를 증명할 필요는 없다. 자기 마음대로 한 행동에 대해 어떤 증거가 없으면 언제라도 붙잡혀 갈 수 있다는 것은 상상만으로도 끔찍한 일이다.

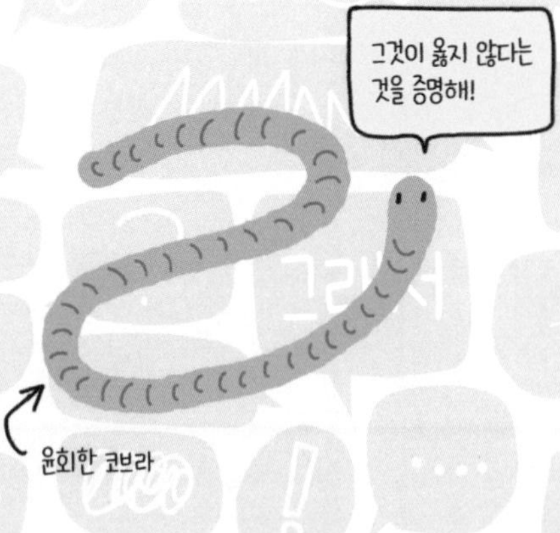

그것이 옳지 않다는 것을 증명해!
윤회한 코브라

사과와 배를 비교하기

사과와 배를 비교하기 어려운 것처럼 모든 상황을 서로 비교하는 것은 쉽지 않다.

"학교에서 수학은 왜 배우는 거야? 계산기만 있으면 되잖아?"

학교에서 수학을 배우는 것이 계산기를 두드려 답을 구하는 것과 다른 의미가 있으므로 이런 비교는 적절하지 않다.

"우리 반 아이들 가운데 안경 쓴 아이들이 모두 뮤지컬에 출연하기 때문에 나도 한 역할을 맡고 싶어."

"감정을 조금씩 밖으로 내보내야지 그러지 않으면 어느 순간 폭발한다. 증기 기관차도 압력이 너무 커지면 안 된다. 증기를 조금씩 빼 줘야 한다.

지그문트 프로이트

그 말이 처음 나왔을 무렵 증기 기관차가 발명되었다. 이제는 프로이트의 이론이 벌써 오래전에 다른 것에 의해 추월당했다.

내가 시키는 대로 해,
안 그러면…….

협박

누군가 여러분을 협박해 굴종시키려고 하면 조심하라. 겁을 주며 억지로 뭔가 가르치는 것은 안 좋은 방법이고, 옳지도 않다. 그렇지만 안타깝게도 그런 일이 자주 반복된다. 여러 종교와 부모 혹은 힘 있는 자들이 그런 방식을 사용한다. 그들은 여러분의 두려움을 노린다. 씩씩하게 맞서고, 그들의 함정에 빠지지 말라.

"알몸 사진을 내게 보내. 안 그러면
너를 앞으로는 사랑하지 않을 거야."

"나한테 돈을 안 주면 네
알몸 사진을 SNS에 올릴 거야."

늘 이렇게 해 왔기 때문에

이렇게 하는 것이 전통이고, 벌써 오래전부터 이렇게 해 왔다는 말로 변명하며 기존 주장을 고수하는 경우가 종종 있다.

점성술은 수천 년 전부터 존재했다.
오래전부터 이어져 내려오던 학문이다.
그러니 점성술이 맞다.

나이에 따라 진실이 되고, 좋을 수 있다는 것은 하나의 궤변이다. 여름에 오랫동안 비가 안 온다고 우리는 기우제를 올리지 않는다. 물론 가뭄이 매우 심했던 2018년 그런 오랜 관습을 다시 재현한 무리가 있기는 했었다. 물론 기우제를 올린 효과는 이제나저제나 확실히 나타난다. 시간이 좀 걸릴 수는 있지만 언젠가는 비가 다시 내리게 되어 있기 때문이다.

물론 현시대의 탓으로 돌리는 것도 좋은 생각이 아니다.

지금은 21세기!

옛날에도
저랬는데…

넌 말을 못 하는 게 좋아
아니면 앞을 못 보는 게 좋아?

모두 그렇게 믿으니까

가끔 사람들은 다수가 같은 생각을 한다는 것으로 어떤 주장을 증명해 보이려고 한다. 그러나 다수라고 꼭 맞으라는 법은 없다.

세상 어느 곳이든 거짓말하는 사람은 다른 사람의 눈을 보지 못하고, 시선을 외면한다고 생각한다. 어쩌면 아이가 거짓말하는지 알아보려고 많은 부모가 아이에게 "내 눈을 똑바로 보고 말해!"라고 말해 왔기 때문에 그렇게 되었는지도 모른다.

그렇지만 수차례의 심층 연구 결과 거짓말과 시선 회피 사이에 관계가 있다는 증거가 전혀 나오지 않았다. 단지 다른 사람의 눈을 쳐다보는 시간은 그 나라의 문화가 결정한다는 결과가 나왔다. 캐나다 인디언을 예로 들면 그들은 시선 회피를 상대에 대한 존경의 표시로 받아들인다.

또 다른 예로 몸에 여기저기 반점이 생겼다고 상상해 보라. 가족 모두가 여러분이 긁어서 생긴 상처라고 말해도 오직 의사만 올바른 진단을 내릴 수 있다. 전문가인 의사가 여러분에게 어떤 것에 대한 알레르기 반응이 생겨 그런 거라고 말하면 여러분은 다수의 의견보다 의사의 말을 더 신뢰한다. 또 다른 예를 들어 보자. 2018년 플로리다의 어느 학교에서 연쇄 살인범이 나타나 19살 소년들을 17명이나 죽였다. 학생들은 도로로 뛰쳐나가 강력한 총기 규제법을 요구했다. 그러자 거의 동시에 무기 회사의 로비가 활발히 이뤄졌다. 그리고 시위하는 학생들이 연기자라는 소문이 무성하게 돌았다. 학생 대표 데이빗 호그는 그런 잘못된 정보가 빠르게 전파를 타고 퍼져 나가는 것에 경악했다. 그가 온갖 수단을 다 동원해 자기가 연기하는 게 아니라는 것을 증명해 보이려고 했지만 모두 그렇게 믿기 때문에 많은 사람이 그 거짓 정보를 믿었다. 무기 회사의 로비가 사람들로 하여금 그런 의심을 하게 만든 것이다. 트위터에 뉴스가 폭발할 것처럼 넘쳐나도 트윗에 올라오는 말들이 꼭 진실은 아니다.

잘못된 딜레마

여러분은 스스로 딜레마에 빠지는가, 아니면 다른 사람이 여러분을 딜레마에 빠지게 만드는가? 딜레마에 빠지는 방법이 2가지만 있는 것 같지만 사실은 훨씬 많다. 그것은 일종의 흑백 논리로 나타난다.

"네가 그 사람하고도 친구가 되면 넌 절대 내 친구가 아니야. 그 사람과 나, 둘 중에 한 사람을 선택해."

이 딜레마는 물론 불공정하다. 질투심이 많은 영향을 미친다. 사람은 여러 사람과 친구로 지낼 수 있다.

"넌 글자는 모르지만 다른 사람의 생각을 읽을 줄 아는 사람이 되고 싶어, 아니면 글자는 알지만 다른 사람의 생각은 읽지 못하는 사람이 되고 싶어?"

전문가가 그렇게 말했기 때문에

이런 궤변을 많은 부모와 선생님이 남용한다.

"내가 대장이니까 내 말이 맞아."

"내가 네 선생님이야.
그러니 내가 누구보다도 잘 알아."

이것들은 궤변이다. 부모나 선생님은 자기가 왜 그렇다고 생각하는지 그 이유를 설명할 수 있어야 한다. 그들의 관점이 여러분의 그것보다 높지 않다.

가끔은 유명한 사람이나 기관도 그런 식으로 행동한다.

설탕은 100퍼센트 천연 제품이다.
사탕수수는 80퍼센트의 물과
20퍼센트의 자당으로 구성되어 있다.
제당 협회의 웹 사이트에 그렇게
소개되어 있다. 그러므로 설탕이
소문처럼 그렇게 나쁜 것은 아니다.

그러나 제당 협회가 객관적인 기관은 아니다. 물론 설탕을 천연 제품이라고 말할 수는 있지만 그렇다고 설탕을 과하게 섭취해도 건강에 해롭지 않다고는 절대 말할 수 없다. 설탕의 종류는 상관없다. 과일에서 나오는 당분도 마찬가지다.

"내 말만 믿어."

"누구나 내가 옳다고 생각해."

입증 책임 다루기

사람들은 종종 어떤 주장에 대해 더 이상의 설명이 필요 없다고 부당하게 말한다.

화학 비료에 들어 있는 질산염에
독이 있다는 것을 모르면 바보다.
그것은 화약의 기초 성분이다.

만약 어떤 사람이 그렇게 말하기 시작하면 여러분은 그것에 반박할 말을 하고 싶은 욕구가 없어질 거다. 어차피 여러분은 어리석은 사람이 될 것이다. 그래도 그것을 주장하는 사람에게 좋은 사례를 들어 공격할 수 있다. 질산염은 실제로 화약의 기초 성분이 맞다. 하지만 숯도 마찬가지고, 시금치와 붉은 비트에도 질산염이 많이 포함되어 있다고 말하는 것이다.

비슷한 방법으로 궤변에 이렇게 맞대응할 수 있다.

"백신에 독이 있다는 것을
내가 너한테 이미 여러 번 말했잖아.
이제는 내가……."

어떤 사람은 자기주장의 일부가 맞기 때문에 다른 사람이 무조건 자기 말을 믿어야 하는 것처럼 행동한다.

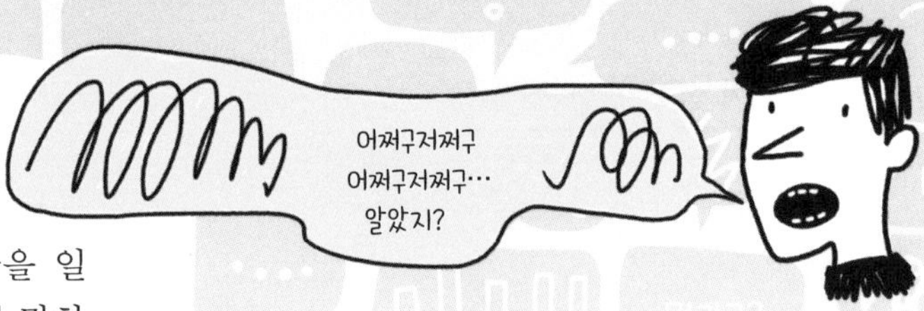

대체 무슨 말을 하는 거야?

단어가 토론 중에 많은 혼란을 일으킨다. 그러므로 토론을 할 때 말하고자 하는 단어가 구체적으로 어떤 의미에서 하는 말인지 먼저 글로 적어두는 게 좋다. 많은 단어가 여러 가지 의미를 나타낸다. 의미가 애매할수록 토론이 갈피를 잡지 못한다. 정신적인, 자연스러운, 에너지, 우주, 건강과 사랑 같은 단어들을 생각해보라. 사람들이 애매하게 표현하면 서로 엇갈리는 말을 하기 일쑤다.

> 이 밀가루는 100퍼센트 자연산이다.

자연산이 아닌 밀가루도 있나? 그게 뭔가?

화장품에 들어가는 화학 제품에 대해 여러 논란이 있다. 유튜브를 보면 직접 화장품을 만드는 방법을 소개하는 브이로거들이 많다. 그러나 천연 제품이 항상 안전한 것은 아니다. 자연에는 독이 있는 것들도 많다. 화학이라는 말이 곧 유해하다는 의미는 아니다. 자연에 있는 모든 것이 화학이다. 직접 만든 샴푸나 화장품을 쓸 때 주의해야 한다. 식물에서 추출한 증발하기 쉬운 기름 성분이 심한 알레르기 반응을 일으킬 수도 있다. 그리고 보존제가 없으면 곰팡이와 박테리아가 화장품에 번질 수 있다. 가게에서 판매하는 화장품들은 철저하게 검사받고, 안전성 검사를 통과해야 판매할 수 있다.

원인과 결과 뒤집기

아래 사례를 어떻게 생각하는가?

> "목발을 짚고 가는 것은 위험하다.
> 목발을 짚고 가는 사람들이 평균적으로
> 그것 없이 걷는 사람들보다 더 많은
> 사고를 당하기 때문이다."

목발을 짚고 다니는 사람들은 사고를 당해서 그렇게 걷는다. 그것을 거꾸로 해석할 수는 없다. 통계적으로는 맞는 말이지만 그 주장은 전혀 사실이 아니다.

> "책을 많이 읽는 아이들은 더 똑똑하다.
> 독서는 아이를 똑똑하게 만든다."

이 말은 거꾸로 주장해도 맞는 말이 되기 때문에 올바른 주장이 아니다. 똑똑한 아이들이 책을 좋아한다고 말할 수도 있다.

필자도 책을 읽으면 똑똑해진다고 확신한다.

침묵은 동의한다는 의미다

흔히 그렇게 말하지만 언어도단이다. 다음의 두 가지 사례를 통해 그것을 확실하게 볼 수 있다.

"할머니는 정말 잘 잊어버린다.
내가 할머니 핸드폰의 비밀번호를 묻자
할머니가 아무 말도 하지 않았다."

이럴 때 보일 수 있는 좋은 반응은 할머니가 비밀번호를 가르쳐 주고 싶지 않아서 그랬을 수도 있다고 말하는 거다.

"루치아 드 B는 병원에서 사람이
죽은 것에 대해 구체적인 것을
말하지 않는다. 죄책감 때문이다."

이럴 때 할 수 있는 좋은 반응은 루치아 드 B가 아무도 살해하지 않았기 때문에 사람이 죽은 것에 대해 구체적인 것을 말할 수 없었을 거다. 환자가 자연사로 죽은 거다.

점점 악화

'기울어진 운동장 현상'이라고 부르는 속임수가 있다. 누군가 무슨 짓을 하면 상황이 더 나빠진 것처럼 보인다. 그렇지만 그런 현상에 대해 확실한 증거가 없으면 그렇게 주장할 수 없다.

"폭력적인 게임을 하면 사람이
점점 공격적으로 변한다."

대안 무시하기

이 사고방식은 터널 시각과 비슷하다. 오직 한 가지 해석만 보고, 다른 가능성을 가늠해 보지도 않으려고 한다.

> "둥근 원 모양이 발견되었다.
> 외계인이 착륙한 게 분명하다."

어떤 장난꾸러기가 원 모양을 직접 만들었을 가능성도 당연히 있다.

비행접시 UFO에 대한 보도가 심심찮게 나온다. UFO는 '정의할 수 없는 비행 물체'의 약자다. 분명하게 밝힐 수 없는 비행하는 물체를 말한다. 그러나 외계인이 있다고 믿는 사람에게 UFO는 외계에서 날아온 우주선이다. 다른 대안은 전혀 고려되지 않는다.

그래서 1990년 벨기에에서 하늘에서 반짝이는 물체를 봤다는 신고가 여러 건 접수되었다. 신고자들 가운데 누구도 그것이 무엇인지 설명하지 못했다. 시간이 얼마 지난 후 삼각형 모양의 반짝이는 물체가 뚜렷하게 찍힌 사진이 언론에 공개되었다. 그것은 세계적으로 큰 관심을 모았다. 그러나 21년이 지난 어느 날 그 사진을 찍은 사진작가가 당시 장난을 친 거였다고 고백했다. 그 물체는 그가 몇몇 친구들과 자기 집 정원에 매달아 놓았던 전등과 스티로폼이었다. 1990년에 벨기에 사람들이 본 것은 과연 무엇이었을까? F16이나 비밀 정찰기였을 가능성이 있다. 혹은 위성이나 기상을 측정하기 위해 띄운 기구였을 수도 있다. 외계인이 타고 온 우주선보다 그런 모든 것들이었을 가능성이 더 크다.

아래의 경우 여러분의 생각은 어떠한가? 피의자가 조사를 받을 때 불안정한 태도를 보이면 경찰은 그 사람이 죄를 지었거나, 뭔가 숨기는 게 있다고 판단하는 게 정상인가? 그런 판단에 따라 그는 죄를 지었을 거라고 낙인이 찍힌다. 그렇지 않다면 그가 순순히 조사를 받지 않았을 테니까.

그러나 피의자가 조사 때문에 혈압이 오르고, 사람들이 자기가 하는 말을 믿지 않아 그렇게 불안정한 태도를 보일 수도 있는 것 아닌가?

그래요, 하지만……

여러분의 태도나 이전에 주장했던 것을 이유로 여러분의 의견이 받아들이지 않는 경우가 종종 있다.

"하필이면 여러분이 그런 말을 하다니!"

"여러분이 하는 모든 말이 다 여러분에 대해 하는 말이야."

여러분이 전에 무슨 말을 했거나, 무슨 행동을 한 것이 지금 하는 어떤 주장과 아무 상관이 없다. 어쨌든 한 사람의 견해가 아니라 그 사람 자체가 공격을 당하는 것이다.

"동종 요법 약물은 효과가 없어요. 단지 플라시보 효과만 있을 뿐."

"맞아요. 하지만 제약 회사는 어떻게 해서든지 사람들 주머니에서 돈을 빼가려고 하잖아요."

이 경우는 사람이 아니라 제약 회사에 대한 비난이다. 플라시보 효과가 없다는 원래의 주장에 대해 갑자기 아무 말도 하지 않는 것이다.

확실하게 적혀 있다

아래에 소개하는 궤변은 어디에선가 그런 글을 보았기 때문에 맞다고 주장하는 경우다.

"스코틀랜드에 있는 깊은 호수, 네스호에 7세기부터 파충류와 유사한 괴물이 살고 있다. 인터넷에 그렇게 적혀 있다."

이제는 여러분도 인터넷에 적혀 있다고 다 진실은 아니므로, 적절한 주장이 아니라는 것을 알고 있다. 더구나 그 괴물과 관련된 사진이나 동영상이 진짜가 아니라는 것이 밝혀졌고, 호수에 살고 있다는 괴물을 아무도 증명해 보이지 못했다.

그런데도 그것을 실제로 보았다는 말을 왜 믿는 걸까? 그것은 배 혹은 뭔가 살아 있지 않은 물체나 소용돌이였을 수 있다.

이렇게 하면 토론이 잘 진행된다

여러분이 다른 사람의 주장들을 다 반증했더라도 사람들은 논리적인 주장을 순순히 받아들이지 않고, 고집스럽게 자신의 주장에 집착하는 경향이 있다. 그럼 어떻게 해야 하나? 어떻게 하면 상대가 남의 말을 듣게 만들 수 있나?

1. 공통점

상대가 모든 것을 완전히 잘못 보고 있다는 말은 하지 않는다. 만약 그렇게 하면 상대는 뒤로 물러서고, 여러분이 하는 말을 전혀 들으려고 하지 않을 것이다. 먼저 상대방이 한 말의 요점을 정리함으로써 이해한다는 태도를 보여 준다. 그렇게 하면 상대가 자기가 한 말의 의미를 여러분이 이해했다고 생각한다. 그런 다음 토론 중에 서로 생각이 같은 것을 찾아 그것에 여러분도 같은 생각을 한다고 말한다.

치아 교정기를 끼우면 여러분에게 해롭지 않을 거라는 주장을 하는 것보다 교정기가 치아를 고르게 해 예쁠 거라는 말로 상대를 설득시키는 것이다. 고르고 예쁜 치아는 누구나 갖고 싶을 테니까!

2. 감정

상대방의 마음을 편하게 해 주는 것보다 더 좋은 효과를 내는 것은 없다. 감정의 조각들이 애써 돌보려고 하지 않아도 마음을 가볍게 해 준다. 여러분의 기분이 다른 사람에게 즉시 영향을 미친다. 그것이 우리의 유전자에 뿌리 깊게 박혀 있다. 대화 중에 뭔가 상대의 마음을 움직이는 것을 발견했는가? 그렇다면 즉시 그것을 말하라! 예를 들어 농담을 통해 상대가 여러분과 같은 것을 느끼도록 하는 것에 성공했다면 여러분이 하는 말이 훨씬 가볍게 받아들여진다. 상대가 스트레스를 받는다는 게 느껴지면 대화를 계속하지 않는 게 좋다. 상대를 두렵게 만드는 것은 대화에 전혀 도움이 되지 않는다.

3. 황금 산

어떤 보상이나 뭔가 기분 좋은 것을 미리 상상할 수 있게 해 주는 것이 처벌, 경고, 협박보다 더 큰 효과를 발휘한다. 높은 곳에 있는 황금이 사람들의 마음을 더 빠르게 두드려 주는 것이다.

"여러분은 에너지 드링크를 마시지 않을 때 더 활기차고, 건강해 보여요."라고 말하는 것이 "에너지 드링크를 마셔 건강을 해치고 있군요."라고 말하는 것보다 좋다. 또 좋은 효과를 발휘하는 것은 많은 가게에서 하는 것처럼 한 잔의 뜨거운 차를 마시게 하는 것이다. 사람들이 손에 뭔가 따뜻한 것을 가지고 있으면 상대의 생각에 대해 긍정적인 반응을 보인다는 연구 결과가 나와 있다.

4. 선택하게 하라

우리는 모든 것을 잘 통제하고 있다고 느끼는 것을 좋아한다. 여러분이 스스로 선택할 수 있을 때 여러분은 그런 감정이 된다. 부모가 자식에게 채소를 더 먹으라고 직선적으로 말하면 자식은 마음이 불편해진다. 부모가 자식에 대해 권력을 행사하고, 자식은 자기 통제력을 잃는 기분이 된다. 만약 부모가 자식에게 브로콜리와 시금치 중에 뭘 먹을지 선택하라고 하면 자식의 기분이 더 나아진다. 사실은 마음속으로 다른 것을 먹고 싶었다는 생각을 미처 하지 못하는 것이다.

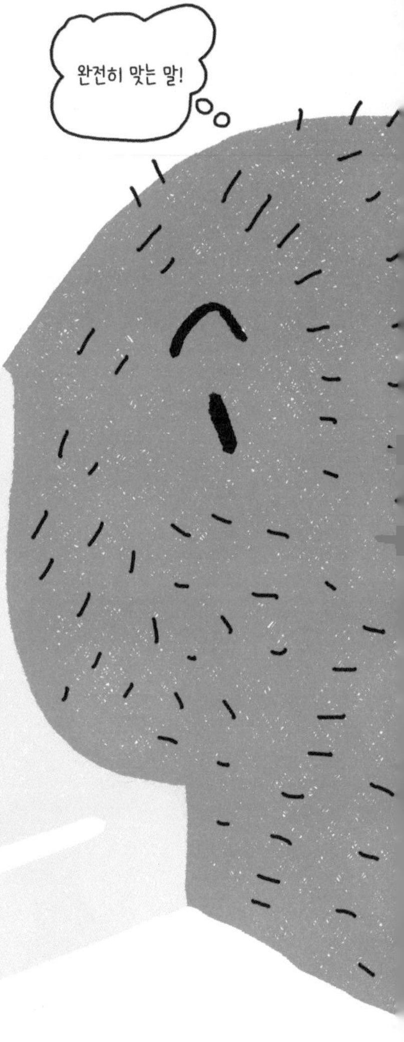

5. 좋은 소식

인간은 정보를 갈망한다. 여러분이 스마트폰을 갖고 있다면 그것을 금방 느낄 수 있을 것이다. 새로운 소식이나 좋다는 표시를 볼 때마다 뇌에서 기분을 좋게 만들어 주는 물질인 도파민이 생성된다. 그러므로 좋은 소식을 알아오면 여러분이 전해 주는 소식이 더 기분 좋게 받아들여질 것이다. 그런데 한 가지 주의할 점이 있다. 사람들은 흔히 희망을 주고, 긍정적인 감정을 느끼게 하는 소식 듣기를 좋아한다. 안 좋은 소식은 가능한 뒤로 미루거나 최대한 빨리 잊으려고 한다. 그런 기전 때문에 교사는 덜 우수한 학생보다 똑똑한 학생들이 저지르는 실수를 간과하는 경우가 종종 있다.

6. 소크라테스의 조언들

고대 그리스에 살았던 철학자 소크라테스는 질문을 많이 하고, 관심을 표명하고, 상대가 한 말의 결론을 요약한 것으로 유명하다. 여러분의 상대가 자기가 한 주장에 대해 다시 한 번 생각하게 하라.

만약 그게 현실이 되면 어떻게 될까? 만약 진짜로 국경이 닫히면 무슨 일이 일어날까? 만약 이민자가 아무도 없게 되면? 그걸 상상할 수 있을까? 본인이 피난을 가야 한다면? 그렇게 계속 물어보면 함께 이야기를 진전시킬 수 있고, 두 사람은 자신의 주장을 할 때 저지른 실수를 인식하게 된다.

7. 꼭 여러분처럼

연구 결과, 사람은 자기와 비슷하게 생긴 사람의 말을 더 믿는 것으로 나타났다. 힙합을 좋아하는 젊은이들은 줄이 칼날처럼 서 있는 정장을 입은 사람보다 자기들처럼 옷을 입은 사람의 말을 더 잘 듣는다는 것이다. 반대의 경우도 물론 똑같다. 그러므로 대출이 필요해 은행에 간다면 옷을 잘 입고 가야 한다!

9 의학 지식

누구나 건강에 관심이 있다. 그리고 누구나 병에 걸리면 다시 건강해지기 위해 뭐든지 하려고 한다. 그러나 세상에는 엄청나게 많은 약과 치료법이 있다. 인터넷에는 그와 관련된 정보가 넘쳐난다. 어떤 것이 안전한지 어떻게 알 수 있을까? 진짜 의학 지식을 가지려면 어떻게 해야 하나?

엉터리 약, 지금이 중세기인가?

자가 진단 테스트

아래 소개한 치료법 중에 과학적으로 증명되었고, 효과가 있는 것에 체크하라.
정답은 168쪽에 있다.

- 지압, 꺾기, 마사지를 통해 관절 문제를 해결할 수 있다.
- 침 요법으로 몸의 특정한 곳을 바늘로 찌르면 치료된다.
- 붕소 요법 : 붕소가 법랑과 치아를 강화한다.
- 소변 요법 : 본인의 소변을 아침 일찍 받아 마시면 수많은 질병을 막아 준다.
- 발 반응 요법 : 발바닥을 강하게 마사지해서 질병을 낫게 한다.
- 영양 보충제 요법 : 비타민제와 무기질 약을 먹어 몸을 보호하고, 질병을 치유할 수 있다.
- 야생화 요법 : 특정한 야생화에 병을 치료하는 에너지가 있어 치료에 도움이 된다.

엉터리 약은 중세기 때처럼 느껴지지만 아직도 남아 있다. 그것들은 과학적으로 증명되지 않고, 효과와 안전성이 검증되지 않은 치료법이다.
엉터리 약을 만든 사람은 대개 의학 공부를 하지도 않은 채 독자적인 방법으로 약을 만든다.

헉! 비소에 독이 들어 있다니!

많은 사람이 동종 요법 약물을 복용한다. 약초를 달여 만든 약을 먹거나 마신다. 사실 그것은 이해할 수 있다. 아주 오래전부터 약용 식물이 있었기 때문이다. 실제로 약초들이 몸에 특정한 효과를 내는 것으로 알려져 있다. 그래서 예를 들면 디기탈리스는 부정맥 증상에 도움이 된다. 하지만 과량의 디기탈리스는 몸에 치명적인 해를 입힐 수 있다. 의사들은 약용 식물을 직접 다루지 말 것을 권한다.

동종 요법 약물은 그런 것과 달리 위험하지 않고, 부작용도 없다. 독성이 강한 비소라는 이름이 붙어 있어도 마찬가지다. 옛날에는 비소로 값비싼 녹색을 추출해 옷감을 염색하기도 했다. 부잣집 여인들이 초록색 옷을 입었는데 그게 결과적으로는 좋지 않았다. 비소 중독에 걸려 사망에 이른 것이다.

그렇지만 동종 요법의 비소는 아무 걱정 없이 복용할 수 있다. 약에 그 성분이 아주 조금 들어 있거나 거의 없어서 독성이 없기 때문이다. 그러므로 편안한 마음으로 초록색 약을 컵으로 한가득 따라 마셔도 된다.

동종 요법은 약초를 이용한 치료법이 아니라 약 200년 전 사무엘 하네만에 의해 발명된 일종의 마법이다.

희석의 예술, 동종 요법

하네만은 질병과 같은 증상을 일으킬 수 있는 의학 물질을, 비슷한 증상이 있는 환자에게 아주 적은 양을 주면 치료에 효과가 있다는 원리를 이용해 병을 치료하거나 예방할 수 있다고 믿었다. 예를 들어 두드러기 증상이 있는 사람에게 쐐기풀이 도움을 주는 방식이다. 그것도

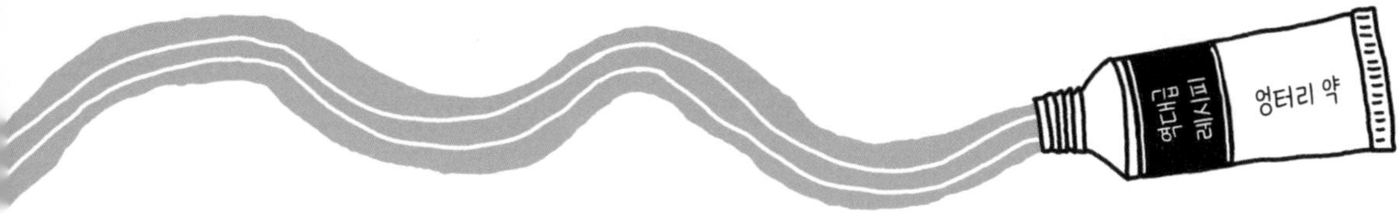

피부에 따끔거리는 붉은 반점을 만들기 때문이다. 하네만은 그것을 우려낸 물로 처방하지 않고, 희석하는 방법을 사용했다. 치료제를 점점 더 연하게 희석하는데, 단계별로 1대 10 비율은 D-희석액, 1대 100 비율은 C-희석액이라고 불렀다. D30은 1대 10 비율을 30배 더 희석해 만들었다. 그렇게 희석액을 만들 때 열심히 흔들어 줘야 한다. 희석이 더 낮은 비율까지 계속되었다. 어떤 동종 요법은 원재료의 성분이 극히 적게 들어 있을 정도로 희석이 이뤄졌다. 전통적인 동종 요법은 희석이 심하게 이뤄져 원재료의 분자가 거의 없을 정도까지 되었다. 예를 들면 1대 1,000,000,000,000,000,000,000,000,000,000,000,000,000,000,000,000,000,000,000,000,000,000으로 희석되었다. 동종 요법 치료사들은 그 정도가 되어야 원재료의 효과가 특히 좋다고 주장했다. 거의 끝이 없을 정도로 희석된 C11이나 D22는 큰 바다에 딱 한 방울 정도로만 성분이 남아 있는 것이다. 그러므로 부작용이 일어나지 않는 게 당연하다. 그것을 믿는 사람들은 설탕 조각이나 마법의 용액을 몇 방울 이상 복용하지 않는다. 동종 요법 추종자들은 물이나 설탕에 마법이 있는 것이 아니라 그것들이 원재료를 기억한다고 믿는다.

그 원리로 동종 요법이 효과를 발휘한다는 것이다.

돈!

사람들은 흔히 동종 요법 약물이 선의로 만들어졌다고 생각한다. 하지만 실제로는 그것이 엄청나게 많은 돈이 오가는 산업이다.

동종 요법 약물에는 기본 재료가 거의 들어가지 않는다. 정상적인 약물은 수년간 연구와 실험을 하고, 검증을 거쳐 제조된다. 그러나 동종 요법 약물은 그런 것들을 위한 비용을 전혀 내지 않는다.

동종 요법 도전 행사 동참!

매년 동종 요법 도전 행사가 거행된다. 세계 곳곳에서 사람들이 동종 요법 약물을 '고도의 희석액'으로 만들어 다량 마신다. 아직도 그것으로 몸에 손상을 입은 사람이 없다니 이상한 일이다.

씁쓸하게 끝난 방혈 치료

유럽에서는 동종 요법 제조사들이 제품 포장지에 어느 병에 효과가 있는 약이라고 표기할 수 없다. 왜 그럴까? 그 이유는 무엇에 효과가 있는지 검증받은 것만 표기할 수 있기 때문이다. 200년이 지나는 동안 동종 요법이 효과가 있다는 증명을 해내지 못한 것이다.

동종 요법이 많은 도움이 되었다는 사람들이 종종 나타나는 것은 그들이 약물 치료 없이도 어차피 나을 수 있었기 때문이다. 또 다른 이유는 동종 요법을 하는 환자들이 치료법을 신뢰하기 때문이다.

방혈 치료도 마찬가지다.

중세 시대 의사들은 팔에 크게 절개한 상처를 통해 피를 빼 버리는 게 좋은 치료가 된다고 생각했다. 물론 적혈구가 너무 많이 생성되어 생기는 병도 있다. 그럴 때는 피를 짜내는 게 효과가 있다. 그러나 대부분의 경우에는 과다 출혈로 위험해진다.

미국의 제1대 대통령 조지 워싱턴은 인후통이 아니라 방혈 때문에 사망했다.

그런데도 많은 치료사가 방혈이 전혀 문제가 없는 효과 있는 치료법이라고 굳게 믿었다. 동종 요법, 점성술사 등을 믿고 따르는 사람들이 응용 치료법을 믿는 것처럼.

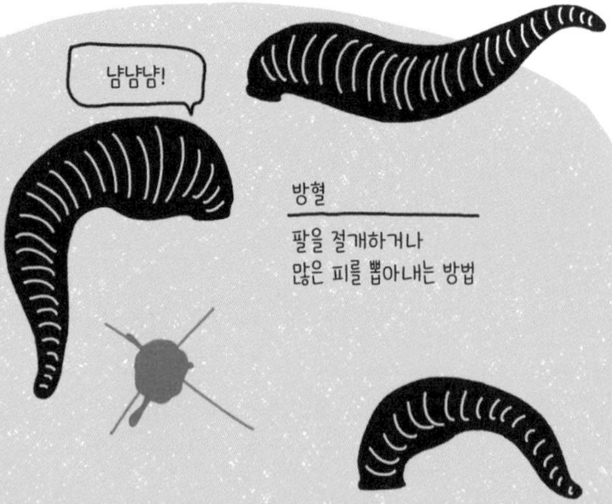
냠냠냠!
방혈
팔을 절개하거나
많은 피를 뽑아내는 방법

약 200년 전에 한 의사가 최초로 방혈에 대해 조사했다. 결과는 어떻게 나왔을까? 방혈 때문에 더 많은 환자가 사망하는 것으로 밝혀졌다. 원인은 과다 출혈 때문이 아니라 방혈 후 감염이 발생하기 때문이었다. 당시는 항생제가 아직 나오지 않은 시절이었다.

플라시보 효과

환자들은 병을 치료해 주는 사람들에 대한 신뢰와 약처럼 생긴 것을 복용하면 마음이 편안해진다. 그것을 플라시보 효과라고 한다. 약을 먹었거나 치료를 받았다는 생각만으로 효과가 나는 것이다. 그 효과는 약의 효과를 연구한 실험에서 발견되었다.

실험에 참여한 사람에게 임의로 진짜 약을 주거나 플라시보 효과를 보기 위해 물이나 설탕으로 위조한 약을 주었다. 물론 실험 참가자들은 누가 진짜 약을 받았고, 누가 가짜 약을 받았는지 모르게 했다. 심지어 연구자도 그것을 몰랐다. 그런 방법을 이중 맹검법이라고 한다. 그 방식을 통해 연구자는 실험 참가자에게 무의식적으로 영향을 주지 않고, 연구 결과를 교묘히 속이는 것을 방지할 수 있다.

연구 결과가 어떻게 나왔을까? 일정한 비율의 실험 참여자들에게 플라시보 효과가 있는 것으로 나타났다. 그래서 플라시보 효과에 대해 좀 더 세밀한 연구가 이뤄졌다. 후속 연구 결과, 약을 하나만 먹는 것보다 4개 먹는 게 효과가 더 좋고, 관심 있게 대해 주고, 따뜻한 말을 하는 게 도움이 되는 것으로 나타났다. 또 유명한 회사에서 제조한 약이 이름 없는 회사가 만든 약

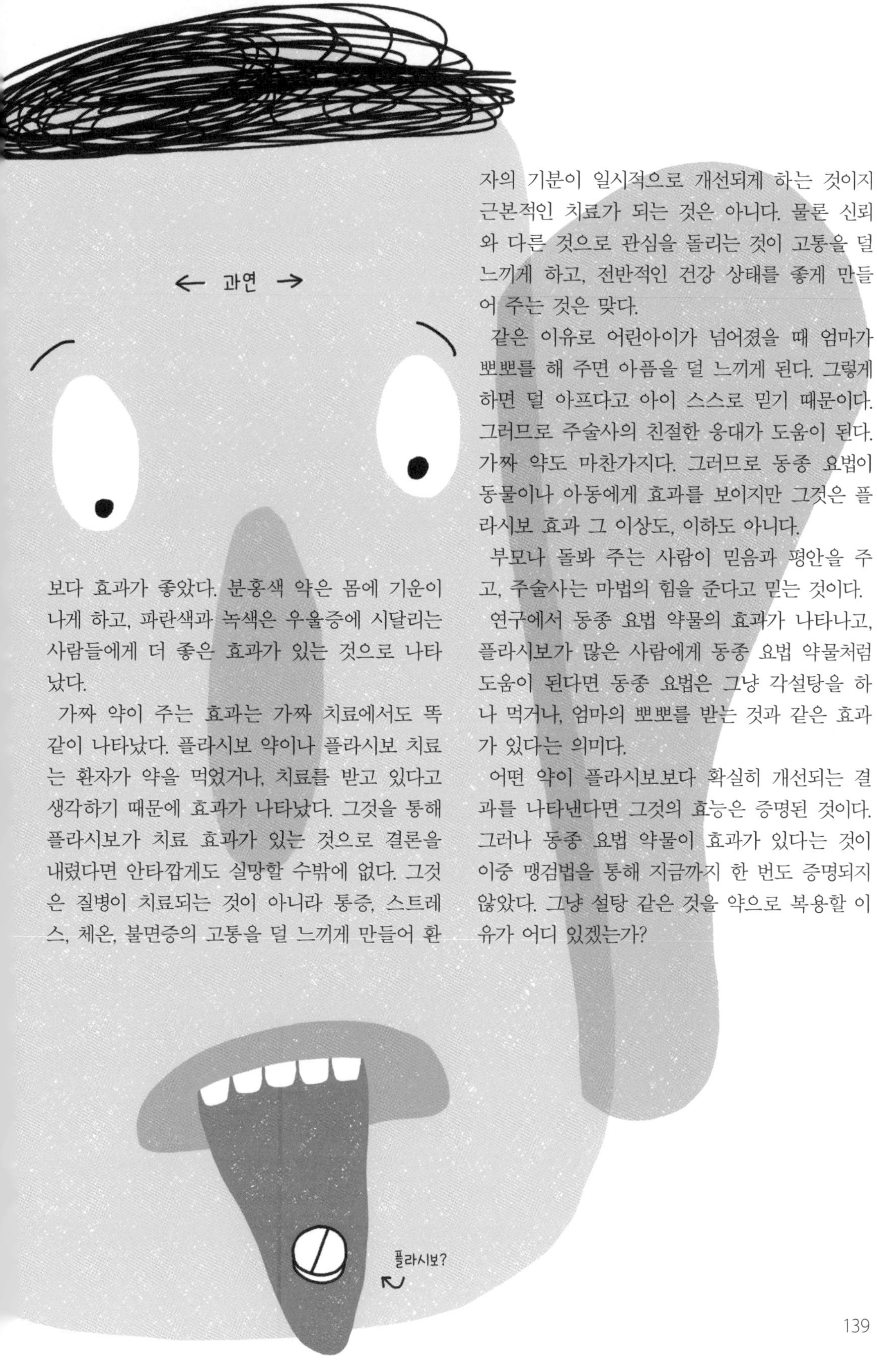

보다 효과가 좋았다. 분홍색 약은 몸에 기운이 나게 하고, 파란색과 녹색은 우울증에 시달리는 사람들에게 더 좋은 효과가 있는 것으로 나타났다.

가짜 약이 주는 효과는 가짜 치료에서도 똑같이 나타났다. 플라시보 약이나 플라시보 치료는 환자가 약을 먹었거나, 치료를 받고 있다고 생각하기 때문에 효과가 나타났다. 그것을 통해 플라시보가 치료 효과가 있는 것으로 결론을 내렸다면 안타깝게도 실망할 수밖에 없다. 그것은 질병이 치료되는 것이 아니라 통증, 스트레스, 체온, 불면증의 고통을 덜 느끼게 만들어 환자의 기분이 일시적으로 개선되게 하는 것이지 근본적인 치료가 되는 것은 아니다. 물론 신뢰와 다른 것으로 관심을 돌리는 것이 고통을 덜 느끼게 하고, 전반적인 건강 상태를 좋게 만들어 주는 것은 맞다.

같은 이유로 어린아이가 넘어졌을 때 엄마가 뽀뽀를 해 주면 아픔을 덜 느끼게 된다. 그렇게 하면 덜 아프다고 아이 스스로 믿기 때문이다. 그러므로 주술사의 친절한 응대가 도움이 된다. 가짜 약도 마찬가지다. 그러므로 동종 요법이 동물이나 아동에게 효과를 보이지만 그것은 플라시보 효과 그 이상도, 이하도 아니다.

부모나 돌봐 주는 사람이 믿음과 평안을 주고, 주술사는 마법의 힘을 준다고 믿는 것이다.

연구에서 동종 요법 약물의 효과가 나타나고, 플라시보가 많은 사람에게 동종 요법 약물처럼 도움이 된다면 동종 요법은 그냥 각설탕을 하나 먹거나, 엄마의 뽀뽀를 받는 것과 같은 효과가 있다는 의미다.

어떤 약이 플라시보보다 확실히 개선되는 결과를 나타낸다면 그것의 효능은 증명된 것이다. 그러나 동종 요법 약물이 효과가 있다는 것이 이중 맹검법을 통해 지금까지 한 번도 증명되지 않았다. 그냥 설탕 같은 것을 약으로 복용할 이유가 어디 있겠는가?

세계 여러 나라에서 날마다 깨끗하고 신선한 수돗물이 흘러넘친다.

옛날에는 그렇지 않았다. 중세기 도시에서는 하수도로도 사용했던 운하나 강에서 먹을 물을 길어왔다. 분뇨와 음식 찌꺼기, 공장에서 나오는 폐수가 뒤섞인 물이었다. 냄새가 참기 어려울 정도로 고약했는데 그 물을 식수로도 사용한 것이다. 그러니 전염병이 생기면 순식간에 퍼지는 것이 당연한 일이었다. 사정이 그러니까 사람들이 물로 맥주를 만드는 게 좋겠다는 생각을 하게 됐다. 맥주를 마시자 사람들이 병에 덜 걸렸다. 그래서 모두, 심지어 아이들까지도 종일 맥주를 마셨다.

그래도 아무도 취하지 않았다. 맥주에 알코올이 거의 없기 때문이었다. 지금은 맥아즙이라고 부르는 기초 화합물을 끓이는 동안 물속에 있는 박테리아가 죽는다는 것이 알려져 있다. 그래서 맥주를 마실 때 병에 덜 걸렸던 거다.

네덜란드에서는 1853년 암스테르담에서 최초의 상수도관이 놓이고, 서서히 전국으로 퍼져나갔다. 많은 지역에서 식수가 지하 깊은 곳에서부터 끌어올려 여러 암반층을 거쳐 오르면서 정화되었다. 펌프를 사용하자 물이 사방으로 흩어져 과도한 철분을 털어 내고, 신선하고 맛이 좋은 식수를 만들어 주는 공기가 추가되었다. 위트레흐트 근교에서는 생수 공장의 펌프 근처에 설치한 수도관에서 물을 뽑아 올렸다. 결국 같은 물이다!

대장균, 바이러스, 기생충

현대의 상수도관 연결 시스템 덕분에 이제는 아무도 수돗물 때문에 병에 걸리지 않는다. 그런데도 얼마 전까지 대체 의학을 추종하는 호사가들은 '살아 있는 물' 즉, 수원지나 강에서 직접 길어 올리는 물이 건강에 더 좋다고 주장했다. 건강에 광적으로 집착하는 사람들 사이에서는 '생수'가 하나의 선동하는 말이 되었다.

미국에서는 '라이브 워터Live Water'의 설립자 무크핸드 싱이 이렇게 주장했다. "사람들은 그들이 마시는 물이 죽은 물이라는 것을 인식하지 못한다. 모든 좋은 무기질이 필터를 통해 걸러진다. 그래서 그들은 물이 초록으로 변하는 것을 한 번도 보지 못한다." 싱이 판매하는 라이브 워터는 놀라울 정도로 고가에 팔린다.

비싸고, 초록으로 변하고, 살아 있다는 물을 마시지 마라. 그 안에 분명히 박테리아, 바이러스, 기생충이 살고 있을 것이다.

유익하지 않으면 해롭지도 않다

우리를 병들게 하는 것에 대해 훌다 클락(1928~2009)이 몇 편의 연구를 진행했다. 그녀의 주장에 따르면 인간은 기생충을 통해 암에 걸린다. 그녀는 기생충을 박멸하기 위해 재퍼Jaaper

라는 해충 박멸 장치를 발명했다. 그 기계가 만드는 전기장을 통해 모든 기생충과 인체에 침입하려는 해충을 중성화시킬 수 있다고 한다. 물론 말처럼 그렇게 작동되지는 않았다.

그러자 사람들은 이렇게 생각했다. "그렇다고 몸에 해롭지도 않잖아. 그래도 그것을 사용해 기분이 좋아진다면 나쁠 것도 없지, 안 그래?"

훌다 클락이 만든 기계 재퍼가 인터넷에서 아직도 적은 양이 팔리고 있다. 특히 그 기계가 잘 작동하는지 어느 누구도 증명하지 못하는데 암을 퇴치하는 과학적으로 증명된 치료법에 두려움을 갖게 하는 사이트에 여전히 소개되고 있다. 동종 요법과 마찬가지로 실제로 병이 치료되지는 않는다. 사람들이 긴장을 풀고 좀 여유로워질 수는 있다. 그러나 이상한 대안 치료나 동종 요법으로는 아무도 병을 고치지 못한다. 환자들은 그저 헛된 희망만 품게 된다.

그래서 환자가 의술이 효과를 거둬 치유되는 정상적인 건강 관리에 소홀하게 된다. 언젠가 그들이 착각을 인지하게 될 때는 대개 시기적으로 이미 늦다.

건강하게 살기!

여러분은 여러분의 건강을 위해 무엇을 하는가? 여러분을 불편하게 하는 증상이 저절로 나을 거라고 의사가 말한다면 굳이 약을 먹지 않는 게 좋다. 약에는 늘 부작용이 따른다는 것을 명심해야 한다. 의사의 말을 듣고, 본인의 몸을 믿어야 한다. 뭔가 부족할 때도 있지만 가장 이상적인 태도는 있는 그대로 받아들이는 것이다. 규칙적인 심호흡을 해 마음을 진정하도록 노력해 보자. 설탕 덩어리가 도움이 된다면 그런 것 없이도 나을 수 있다. 통증은 매우 주관적이다. 그것에 대한 걱정을 많이 할수록 그것이 몸에 더 큰 부담이 된다. 여러분의 주치의가 대안 요법 치유사들처럼 여러분을 위해 시간을 내고, 여러분이 하는 말을 귀담아듣는다면 그것도 치료에 도움이 될 거다.

건강하게 살기! 담배를 피우지 말고, 영양소를 골고루 섭취하고, 술이나 마약을 가까이 안 하고, 충분히 몸을 움직이면 여러분 몸이 많은 질병을 예방할 수 있다.

비타민제, 스포츠 음료와 영양제는 굳이 필요하지 않고, 그런 것들이 몸에 오히려 해로울 수 있다.

몸에 나타나는 많은 현상이 반드시 어떤 질병과 관계된 것은 아니다. 사춘기에는 자주 피곤해진다. 모든 호르몬 변화로 몸에 충분한 잠이 필요한데 아침에 일찍 일어나 학교에 가야 하니 밤늦어서야 피로를 느끼게 된다. 만성 수면 부족! 의사가 검진하고, 피로 증후군이라고 진단하는 게 어쩌면 검사를 했지만 원인을 찾지 못했다고 하는 것보다 기분이 더 나을 수도 있다.

예방 주사를 반드시 접종할 것!

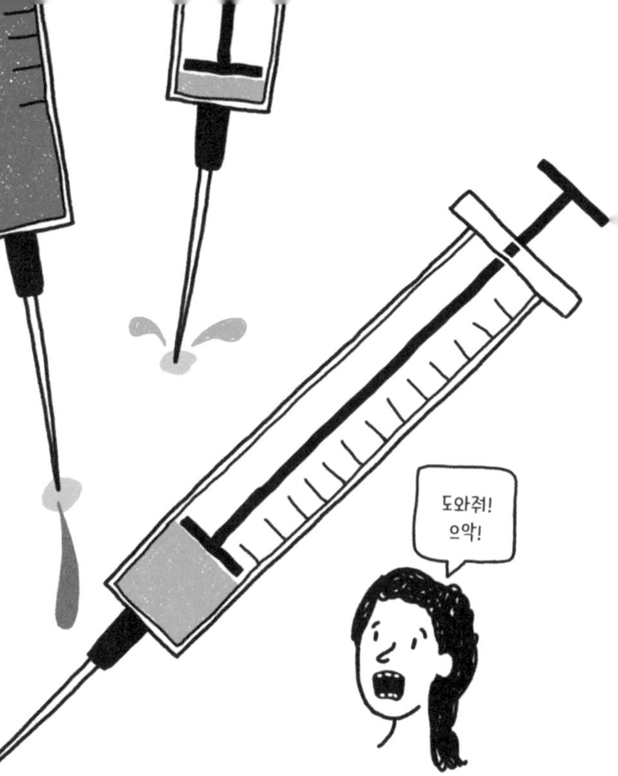

예방 주사에 대해서도 많은 사람이 터무니없는 이야기를 한다. 예방 주사 접종은 홍역, 볼거리, 풍진(MMR)과 같은 전염병에 걸리지 않게 해 주고, 디프테리아, 백일해, 파상풍과 소아마비를 예방해 준다. 백신 주사를 맞으면 질병을 일으키는 죽은 바이러스 일부나 약한 박테리아가 주사를 통해 주입된다. 약하기 때문에 병에 걸리지 않고, 항체를 형성하는 면역 체계가 만들어진다. 그 순간부터 진짜로 병에 걸리게 하는 바이러스나 박테리아와 접촉하면 항체가 맞서 싸우게 된다.

면역 체계는 완전히 자연스럽게 이뤄진다. 사람은 매일 수십, 혹은 수백 개의 박테리아, 바이러스를 만나지만 몸이 그것을 방어한다. 그러나 종류에 따라 그런 방어막이 즉시 생기지 않을 때도 있다. 예방 주사가 그 과정을 뛰어넘게 도와준다. 병원균에 맞서 싸울 수 있게 해 주는 것이다. 예방 접종으로 수많은 질병과 죽음을 막을 수 있다. 아직은 HIV에 걸리지 않게 해 주는 백신이 없다. 많은 사람이 간절히 기다리고 있다.

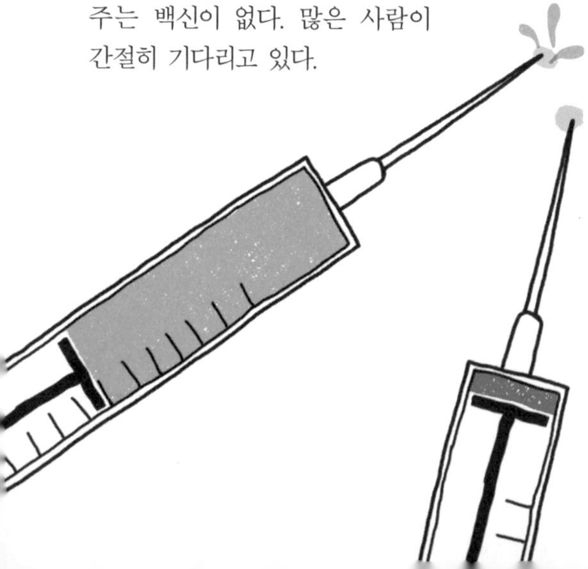

강한 자만 살아남는다

예방 접종을 해서 이제는 여러 나라에서 생명을 위협하는 질병, 예를 들면 천연두, 소아마비 같은 병에 걸리지 않고 있다. 백신이 세계적으로 아주 많은 생명을 구했다.

그런 대단한 성과에도 불구하고 동종 요법, 인지학(루돌프 슈타이너가 정립한 이론)과 특정한 종교의 신자들은 그것을 좋지 않게 보면서 예방 접종을 하지 않는 게 낫다고 부추긴다.

네덜란드 신문 〈트로우〉는 몇 해 전 인지학을 믿어 어린 자식들에게 일부러 예방 접종을 하지 않는 어떤 여성과의 인터뷰 기사를 실었다. 그녀는 홍역에 걸려 사망한 아이들에 대해 비난받아 마땅할 쓴소리를 했다. “그 아이들은 원래 죽을 애들 아니었을까요? 어차피 강

한 자만 살아남는 거잖아요." 맙소사! 그렇다면 환자를 낫게 하려고 노력할 이유가 있는 건가?

자기 자신과 다른 사람들을 위해서

안타깝게도 예방 주사를 맞지 않은 아이들은 자기 자신과 주변 사람들을 위험에 빠뜨린다. 홍역은 아직도 완벽히 퇴치되지 않았다. 후진국에서는 아직도 홍역이 주요한 어린이 사망 원인으로 꼽힌다. 선진국에서도 너무 적은 숫자의 아이들만 예방 접종을 하면 질병들이 다시 창궐할 수 있다. 그래서 가끔 홍역이 전염병처럼 유행하기도 한다. 그렇게 되면 백신을 맞지 않은 아이만 위험해지는 게 아니라 주변에 있는 모든 아이, 특히 아직 너무 어려 예방 주사를 맞지 않은 아기들이 위험해진다. 세상 어떤 부모도 자기 자식이 바이러스의 위험에 직면하기를 원하지 않는다. 그런데 하필이면 어린 아기들이 가장 위험해질 수 있기에 최근에는 예방 접종을 하지 않은 아이는 탁아소, 놀이방, 유치원에 다닐 수 없게 하자는 논의가 이뤄지고 있다.

심각한 질병을 막기 위한 백신

병원에서 14살 소녀에게 자궁 경부암 예방 주사를 접종하라는 권유를 하고 있다. 자궁 경부암은 성생활이나 바이러스 감염으로 전염될 수 있는 것으로 추정된다. 여성들 가운데 10명 중 8명이 적어도 한 번은 자궁 경부염에 걸린다. 그 염증이 자궁 경부암을 유발할 수 있다. 자궁 경부암은 모든 여성 암 가운데 15퍼센트의 비율을 차지한다. 예방 접종을 통해 자궁 경부암에 걸릴 위험을 80퍼센트 정도 낮출 수 있다. 유럽에서는 14살이 되면 수막구균 백신도 접종할 것을 권한다. 그것은 박테리아 종류로 심각한 질병을 유발할 수 있고, 해마다 그것 때문에 많은 사망자가 발생한다. 청소년은 15세에서 18세 사이에 수막구균 뇌수막염에 걸릴 확률이 높다. HPV나 수막구균 백신은 몸에 별다른 후유증 없이 흡수된다.

그래서 당연히 모든 사람이 그것을 좋아할 거로 생각할 수 있지만 안타깝게도 그런 것에도 딴지를 거는 사람들이 있다. 어떤 증거도 내놓지 못하면서! 그들은 몸에 크게 해롭지 않은 소아병을 예방하는 백신 맞는 것을 반대하고, 백신이 독성이 있고, 후유증이 있다고 주장한다. 그들은 백신 때문에 병에 걸린다는 것은 증명하지 못하면서 백신을 맞고 심각한 고통을 호소하는 몇몇 아이들을 예로 든다. 앞에서도 강조했듯이 시간상으로 그 후에 일어났다고 해서 반드시 전자가 후자의 원인이라고는 말할 수 없다. 백신을 반대하는 사람들은 백신과 자폐증에 관한 잘못된 정보를 증거처럼 내보인다.

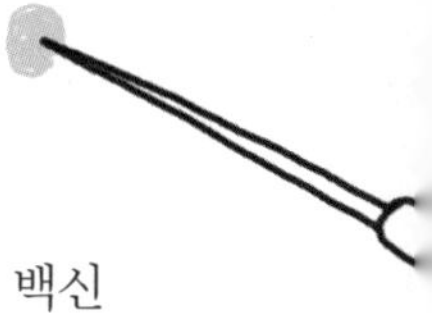

약 – 마피아를 조심해야 하나?

지난 세기 중반 수면제와 신경 안정제 콘테르간Contergan이 시장에 나왔다. 그 약은 입덧을 하는 여성들에게 효과가 있었는데 큰 약물 스캔들을 일으켰다. 약 1만 명의 신생아가 기형으로 태어난 것이다. 아기들이 팔이나 다리가 짧거나 신체 기관의 일부 혹은 전체가 없었다.

신약에 대한 심사가 그 이후 엄격하게 강화되었고, 그런 엄청난 재앙이 다시 반복되지 않았다.

관계 기관이 허용하지 않는 약을 판매하면 고액의 벌금이 부과된다.

신약은 판매 허가가 떨어지기 전에 많은 요구 조건을 충족해야 한다. 제일 먼저 실험실에서 검사받는다. 다음에는 동물들을 대상으로 실험이 이뤄지고, 다음은 지원자들을 대상으로 임상 실험을 한다. 그런 과정을 다 통과해야 시장에서 팔아도 좋다는 승인이 나온다.

임상 실험 참여자들은 약물이 아직 시험 중에 있고, 후유증이 생길 수 있음을 알고 있다는 것을 확인해 주어야 한다. 종종 부작용이 나타나는데 그럼 실험을 즉시 중단해야 한다. 그럼에도 불구하고 특정한 질병을 치료하기 위한 약은 앞으로도 계속 발굴해 내야 한다.

동종 요법 약물에는 요구 조건이 없다. 왜 없을까? 약효는 없고, 모방해서 만든 약이기 때문이다.

독?

대안 요법의 추종자들은 제약 회사와 일반 의학을 비난한다. 그들은 약을 독으로 표현하고, 제약 회사를 일종의 마피아라고 하고, 의사들이 환자를 돌볼 시간이 없다고 비난한다. 그들이 하는 말이 전적으로 틀린 것은 아니다.

제약 회사들은 약으로 엄청난 액수의 돈을 벌어들인다. 그리고 돈이 오가는 곳에는 항상 문제가 있을 수 있다. 제약 회사는 언제나 연구를 위해 막대한 자금이 소요된다고 말한다.

약품 개발에 드는 비용이 매우 비싸고, 평균적으로 시간이 10년 걸린다. 그렇게 개발이 되어도 수천 개의 신약 중에 불과

몇 개만 살아남는다. 그래서 제약 회사는 새로운 약을 개발하면 즉시 특허 등록을 한다. 그것은 그 약품에 대한 독점 판매권을 갖는다는 의미이며 그것으로 수년간 개발에 들인 비용을 환수하려는 거다. 특허 등록을 한 지 20년이 지나면 다른 회사들이 그 약을 모방 복제할 수 있다. 복제약은 약품 개발을 위한 전 과정을 뛰어넘을 수 있어서 값이 훨씬 싸다.

그렇지만 2018년에 암스테르담 아카데미 의학센터가 어떤 약을 매우 저렴하게 복제하자 제약 회사들이 급히 복제약의 시장 출시를 조금 더 어렵게 만든 일이 있었다. 연구에 어마어마한 비용이 드는데, 마케팅과 관리에도 그에 못지않은 비용이 들어가니 이상한 일이 아니다.

의료 보험이 (같은 효과가 있는) 더 저렴한 복제약을 처방하게 해 의료비를 낮추려는 노력에 대해 모두 만족하는 것은 아니다. 환자들이 자기들이 좋아하는 상표의 약에 더 좋은 반응을 보이거나 다른 약과 용량으로 뒤죽박죽 섞는다.

완전한 동의는 아님

당연한 이야기지만 제약 회사들은 신약의 판매를 독려하는 방향으로 연구 결과를 소개한다. 제약 회사는 매우 영리하다. 가끔은 제약 회사들이 돈을 더 벌기 위해 새로운 약을 만든 것처럼 보이게 할 때도 있다. 주의결핍 및 행동장애(ADHS)를 앓고 있는 많은 아이가 병을 치료하기 위해 약을 복용한다. 그런데 왜 제약 회사들은 돈을 많이 벌 수 있는 약은 연구하고, 말라리아, 수면병과 같이 특히 후진국 아이들이 고통받는 질병에 복용할 약에 대해서는 하지 않는 걸까? 왜 많은 신약이 완전히 새로운 신약이 아닐까? 약들이 대개 성분만 최소한으로 변경되어 시장에 나온다. '품질이 개선되었다.'고 선전하는 샴푸처럼. 다 판매 전략이다!

그러나 제약 회사가 어마어마하게 많은 돈을 벌고 있기는 하지만 그들이 만든 약이 세상에 꼭 필요하고, 계속 살아갈 수 있게 해 주고, 건강하게 만든다는 것에 대해 감사하는 사람들도 많다. 세상에 얼마나 많은 사람이 자기들이 시달리고 있는 병에 맞는 약이 개발되어 도움을 받을 수 있기를 간절히 원하는지 아는가? 가끔 약으로 인한 부작용이 있지만 그렇다고 모든 약을 내팽개치고 마법의 음료를 택할 필요는 없다.

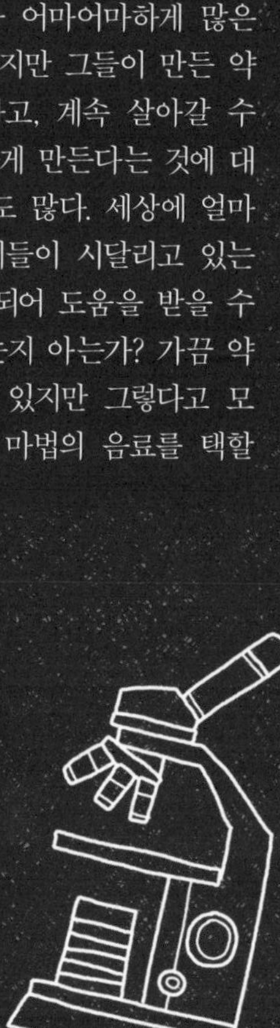

침묵의 살인자

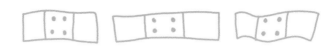

많은 사람이 자연에서 치료법을 찾으려고 한다. 뭔가 화학이나 산업보다 더 편하고 부드럽게 느껴지기 때문이다. 자연에서 나온 것들이 모두 원칙적으로 더 나은 것 아닌가? 안타깝게도 그것은 맞는 말이 아니다. 네덜란드의 배우 실비아 밀레켐이 1999년에 오른쪽 가슴에 덩어리가 만져져 주치의를 찾아갔다. 주치의는 그녀에게 그녀가 모르는 어느 외과 의사한테 가라고 했지만 그녀는 가지 않았다. 결국 1년이 지난 후 유방암 말기라는 진단을 받았다. 가슴 부위 절개와 화학 요법이 꼭 필요했는데 그녀는 그것을 거부하고 대안 치료법을 선택했다. 점성술사를 찾아갔고, 점성술사는 그녀의 몸에 암이 없다고 말했다. 그녀는 동종 요법 약물, 침 치료, 진통제 파라세타몰을 복용했다. 그리고 대안 요법 치료사도 찾아갔다. 대안 요법 치료사는 그녀를 진찰하더니 아무 걱정하지 말라고 말했다.

2001년 여름에 실비아는 병원에 입원했다. 그 사이 종양이 엄청나게 커졌다. 결국 입원한 지 며칠 만에 그녀는 숨을 거뒀다.

원인을 아무것도 찾을 수 없어요

사람들은 종종 몸에 불편한 증상이 있는데 그 이유를 설명해 주지 못한다는 말에 절망한다. 그때 많은 사람이 대안 요법 치료사를 찾아간다. 육체적으로 원인을 찾을 수 없다면 정신적인 문제가 있을 것으로 생각하는 것이다. 설령 의사가 아무것도 찾지 못했다고 해도 여러 가지 원인이 있을 수 있다. 어쩌면 의학이 아직은 덜 발달했지만 앞으로 100년 후에는 그것을 즉시 찾을 수도 있다. 아니면 뭔가 감염되었는데 당장은 없는 것처럼 보여서 그랬을 수도 있다. 종종 사람들은 설명이 되지 않는 통증이 있으면 심리학자를 찾아갈 것을 권한다. 그 이유는 통증이 상상 통증이라고 생각하기 때문이 아니다. 심리학자는 환자의 고통을 진지하게 받아들이고, 환자가 자기의 삶에 적응할 수 있도록 도와준다. 어쩌면 그들은 할 수 있는 게 줄어들었거나 다른 사람에게 더 의존하게 되지 않았을까? 혹은 육체의 고통을 악화시키는 행동을 무의식적으로 하고 있지는 않은가? 예를 들어 허리 통증이 있다고 가정해 보자. 어떤 사람은 허리에 안 좋을 것 같아서 침대에 더 많이 누워 지낸다면 근육의 힘이 감소하고, 전반적인 체력이 나빠지고, 기분도 우울해진다. 평소보다 더 많이 누워서 지내는 게 허리를 더욱 안 좋게 하는 것이다. 그러므로 고통이 있더라도 침대에서 일어나 (물론 의사가 그렇게 해도 된다고 허락했다면) 다시 움직여야 한다. 다른 행동을 취해서 허리의 통증을 줄이거나, 더 심해지지 않도록 막을 수 있다. 그렇게 하면 허리 통증이 '머릿속'에 있는 게 아니라 허리로 느껴진다!

현대 의학 만세!

제약 회사에서 나온 약물로 치료하는 것이 항상 몸에 무리가 안 되고 좋은 것만은 아니지만, 몸을 괴롭게 하지 않는 많은 대안 요법이 있다고 해서 현대 의학을 바닥에 내팽개칠 수는 없

다. 그것은 과학적 실험을 거쳐 만들어지고, 의사들은 히포크라테스 선서를 한 사람들이다. 그것은 의사로서 지켜야 할 윤리적 지침을 지킬 것을 약속하는 선서다.

제약 회사에서 만드는 모든 것이 의심스러운 것은 아니다. 무엇보다도 그들 덕분에 우리 삶의 질이 향상되었다. 그것은 엄청난 변화다. 한번 생각해 보라. 약을 제조할 수 있게 해 주는 모든 과학자와 약을 처방하는 의사들이 범죄자들이라면 세상이 어떻게 되겠는가?

우리는 불치병을 치료하는 좋은 약과 신약이 출시되어야 한다는 것을 잘 알고 있다. 약을 위한 연구가 더 이상 진행되지 않고, 약이 생산되지 않는 것을 원하는 사람은 아무도 없다. 누구나 새롭고, 개선된 약이 나오기를 바란다.

암과 같은 질병 치료에 쓰이는 독한 약과 치료 과정이 끔찍한 부작용을 낳는다고 하더라도 그렇게 잘못된 것은 아니다. 항암 치료보다 더 나은 대안 요법은 없다. 암세포를 그대로 두면 몸에 더 큰 문제가 생기고, 환자는 대개 죽음에 이르러서야 뒤늦게 그것을 알아챈다. 예를 들어 프레드니손은 종종 부작용이 나타나는 강력한 소염제다. 그런데도 이식 수술과 같은 수술 후에 그것 말고 달리 쓸 약이 없다. 약은 우리에게 매우 중요하다.

이 책에서 필자는 우리가 엉터리 약이 아니라 의학으로부터 많은 도움을 받았다는 말을 여러 번 했다. 알약으로 된 호르몬제로 많은 여성이 성생활을 해도 임신하지 않게 되었다. 항생제는 심한 감염병을 고쳐 준다. 인슐린은 당뇨병 환자들에게 거의 정상에 가까운 생활을 할 수 있게 해 준다. 마취제가 있어서 환자는 기절하지 않고도 수술을 받을 수 있다. 약은 이식 수술도 가능하게 해 준다.

약 덕분에 우리는 심한 고통에 시달리지 않을 수 있게 되었다. 약은 심장 혈액 순환을 도와준다. 이런 식으로 하면 거론할 게 아직 무궁무진하게 많다. 의학과 약학 만세다.

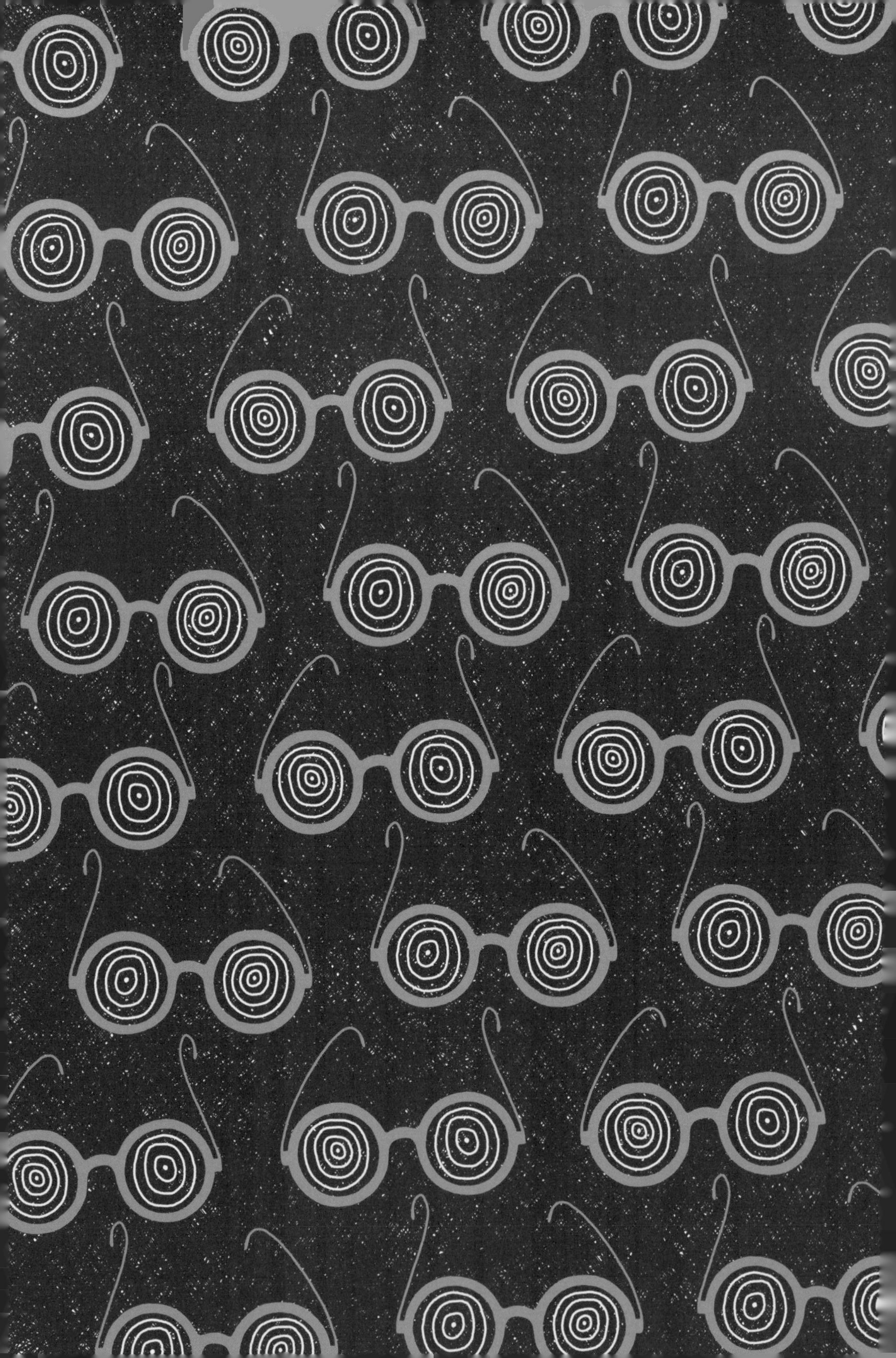

10 나는 남들이 보지 못하는 것을 볼 수 있지

미래를 예견하거나, 죽은 사람과 이야기하는 사람을 보면 흥미롭다. 점성술은 어떤가? 그것이 진실인가? 아니면 뭔가 다른 의미가 있을까?

예언자인가 아니면 마법사인가?

세상에는 자기 자신을 '중개자'라고 부르며 저 세상으로부터 소식을 듣는다고 주장하는 사람들이 있다. 사람들이 그 중개자를 불러 이런저런 것을 묻기도 한다.

중개자는 가족 중에 죽은 사람과 연락을 취해 대신 말을 전해 준다. 특히 심약하거나 남의 말을 잘 믿는 사람이라면 그 중개자가 다른 사람은 절대로 알 수 없는 것을 실제로 알고 있다는 사실에 깊은 신뢰감을 보인다. 그렇지만 그것은 일종의 마술쇼와 같다. 빅토르 마이즈의 마인드 매직을 한 번 보라. 눈으로 보고도 믿기 어려운 일들이 일어난다. 그들은 그 분야의 탁월한 전문가다. 사람의 이름을 알아맞히고, 눈을 가린 채 올바른 카드나 색을 찾아내고, 물건을 멀리서 깨뜨릴 수도 있다. 그것을 보면 사람들은 그들이 진정한 마법사며 예언가라고 생각한다. 그렇지만 그것은 눈속임을 이용한 환상이다. 그러나 어떻게 해 그렇게 할 수 있는지 알지 못하기 때문에 사람들은 매번 큰 충격을 받는다.

특이한 재주가 있는 중개자와 점성술사도 그들과 같은 방식으로 일한다. 그들은 대개 악의가 없고, 자기 스스로 자신에게 특별한 재능이 있다고 믿는다. 그러나 그들은 종종 고약한 사기꾼이 되기도 한다.

안녕, 내가 야누스야

가끔 텔레비전에서 가족 중 중요한 사람이 최근 사망했는데 그 사람과 다시 연락하고 싶은 사람에게 전화를 걸거나, 문자를 보내 달라고 요청하는 프로그램이 있다. 시청자가 얼마 전에 배우자, 부모나 아이를 잃었다는 것을 알고 있는 중개자는 전화를 걸어온 시청자에게 나이를 묻는다. 만약 60대 정도라면 얼마 전 부모 중 누군가 혹은 배우자를 잃었다는 것을 짐작할 수 있다.

모든 것을 보고, 듣고, 느낄 수 있는 능력이 있다고 하는 중개자와 시청자가 나눈 통화를 살펴보자.

"지금 혼자 계세요?"라고 중개자가 묻는다. 전화를 걸어온 시청자의 나이는 중개자가 이미 알고 있다.

"예."라고 시청자가 대답한다.

이제는 중개자가 대처하기가 아주 쉽다. "영의 세계에서 당신의 남편과 연락이 닿았어요."라고

말하며 한숨을 내쉰다.

“오!”라고 시청자가 반색하며 기대를 잔뜩 품은 목소리로 말한다.

“잘 지내고 있다고 당신한테 꼭 그렇게 전해 달라고 하네요. 당신 가까이에 있고, 밤에 당신이 잠자리에 들기 전에 당신 이마에 굿 나이트 키스를 꼭 한다고 하네요.” 중개자가 말한다.

“감사합니다. 저랑 같이 있다니 정말 좋아요.” 라고 시청자가 말한다.

“잠깐만요. 다시 무슨 소리가 들리네요.” 중개자가 급히 말한다.

“당신이 지난 반 년 동안 사진첩을 들춰보았다고 하는데 맞나요?” 중개자가 묻는다.

“맞아요.” 시청자가 당황하며 말한다.

중개자는 만족스럽게 웃는다. “남편분께서 두 분이 했던 마지막 여행을 잘 기억하고 있다고 하시네요. 그때 정말 좋으셨지요?”

물론 그가 들었다는 말은 죽은 자가 한 말이 아니다. 약간의 연습과 남을 설득하는 힘 그리고 질문을 똑똑하게 잘하기만 하면 그런 간단한 사기는 가능하다. 일명 ‘콜드 리딩’ 기술을 쓰는 거다.

일단은 처음에 집중을 잘해야 한다. 그것에 따라 결과가 달라지기 때문이다. 그런 다음 항상 맞을 수밖에 없는 말을 해 시청자로부터 모든 종류의 정보를 캐낸다.

예를 들어 사회자가 중개자에게 보석, 콧수염, 회색 자동차 등을 보고 그것들의 주인 이름을 말하라고 한다.

“찾고 있는 분의 이름이 혹시 J로 시작되지 않나요?”

“맞아요!”라고 시청자가 말한다. “우리 아빠 야누스가 쓰던 물건이에요.”

그 즉시 중개자는 그 정보를 접수한다. 놀랍게도 사람들은 중개자가 그 이름을 진짜로 알아냈다고 생각한다. 좀 이상한 것은 중개자가 언제나 단 한 개의 알파벳을 말하는 거다. 만약 그에게 실제로 영혼이 나타나 귓속말을 했다면 이렇게 말하지 않았을까?

“안녕하세요, 내 이름은 야누스예요.”

중개자가 뭔가 잘못 말해 실수를 저지르면 사람들이 그것을 빨리 잊게 하려고 당당한 태도로 무시하고 지나간다.

중개자는 그 일로 돈을 제법 많이 번다. 방송국에 문자를 보내는데 돈이 3,000원쯤 든다.

그런 통화의 안 좋은 점은 남의 슬픔을 악용한다는 것이다. 그들은 가족 중 누군가가 죽었거나, 행방불명이 되어 절망에 빠졌거나, 슬퍼하는 사람들이다. 그런 사람들에게 말도 안 되는 정보를 주고, 돈을 받고 잘못된 희망을 파는 것이다. 좌절하고, 깊은 슬픔에 젖어 있는 사람은 죽은 사람이 잘 지낸다는 말을 들어 기분이 편안해지려고 뭐든지 한다. 사랑하는 사람을 잃으면 사람들은 사소한 기회라도 놓치지 않으려고 하는 것이다. 그래서 다른 사람이 말하는 것을 다 믿으려고 한다. 그 내용이 자기가 알고 있는 것과 다르고, 돈도 많이 드는데도 말이다.

많은 중개자는 통화한 시청자들로부터 실력을 인정받고, 고맙다는 인사와 칭찬을 받는다. 그러다 보면 언젠가는 굳이 죄의식을 느낄 필요가 없다고 스스로 생각하게 된다.

그러나 그것은 분명히 사기다. 영혼과의 대화는 공포 소설에나 나오는 일이다.

전생의 직업까지 맞춘다고?

예언가들이 범행을 저지르다가 발각되는 경우가 종종 있다. 중개자 로버트 반 덴 B의 이야기가 유명하다. 텔레비전에서 그는 '코리'라는 여성에게 자살로 죽은 남편에 대해 상세하게 말해 주었다. 그는 코리와 남편이 전생부터 알고 지낸 사이였으며 코리의 남편이 전생에 '옥주 양조업자'였는데 그게 구체적으로 뭘 하는 건지는 모르겠다고 했다. 하지만 인터넷으로 가계도를 찾아본 다른 사람들은 '옥주'가 아니라 '독주'라는 것을 알고 있었다. 로버트가 영혼 세계를 보고 알았다는 그 정보가 사실은 인터넷에서 찾은 거였는데 제대로 보지 않아서 실수를 저지른 것이다. 중개자가 비밀리에 모든 사전 정보를 입수했다는 것이 발각되었다.

상금 백만 유로!

예언 능력이 과학적 방법으로 증명된 적이 한 번도 없었다. 반면 그것이 사기라는 증거는 도처에 즐비하다.

제임스 란디는 미국의 유명한 마술사다. 그는 예언을 말하거나 초자연적인 힘이 있다고 주장하는 사람들의 정체를 밝히는 활동을 열심히 하고 있다. 그래서 유리 겔러가 숟가락을 절단

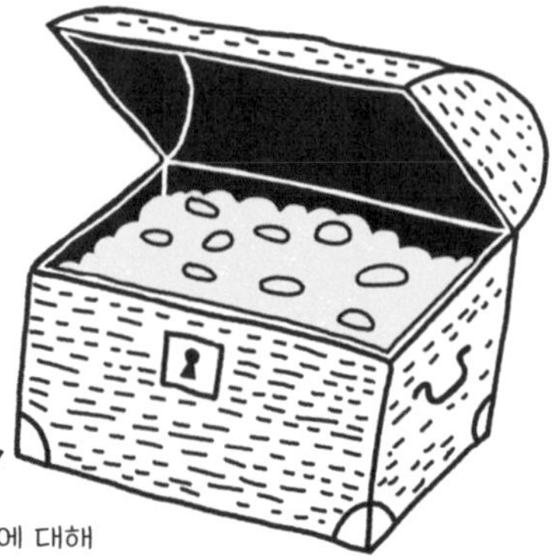
불가사의한 현상에 대해
과학적 증명을 한 사람에게 주는 상금

면이 생길 때까지 구부린다는 사실을 밝혀냈다. 또한 나침반의 바늘을 입이나 손에 쥐고 있는 자석을 이용해 움직인다는 것도 알아냈다. 란디는 텔레비전에서 활발히 활동하는 피터 포포프의 정체도 밝혔다. 포포프는 정보원을 이용해 의뢰인의 질병에 관한 모든 정보를 무전기로 수신했는데 제임스 란디가 통신 신호를 절단해 포포프의 정체를 밝힌 것이다. 그가 했던 일 중에 최고의 증명은 세상에 예언가는 없다는 사실이었다. 그는 수년간 백만 달러를 현상금으로 내걸고 초자연적인 힘을 갖고 있다는 사람이 과학적 검증을 통해 그것을 증명해 보이면 상금으로 주겠다고 공언했다. 백만 달러는 골드만 삭스 은행에 준비되어 있지만 아직 아무도 그것을 받아가지 않았다. 동종 요법과 같은 경우이다.

동종 요법이 실제로 효과가 있다는 것을 과학적으로 증명해 보일 수 있는 사람이 있으면 그 사람이 백만 달러의 주인공이 될 수 있다.

의구심을 나타내는 세계 여러 나라의 기관들이 비슷한 정도의 금액 기증을 약속했다.

범죄와 진실

텔레비전 프로그램 중에 특히 살인 사건이 일어나는 형사 추리물은 상당히 재미있다. 실제로는 가족 중 누군가 납치되었거나 살해당했다면 끔찍한 일이다. 경찰이 일반 대중에게 단서를 제공해 달라는 부탁을 하는 경우가 종종 있다. 그런 일을 당했을 때 사람들은 일명 예언가라는 사람들로부터 수많은 조언을 듣는다. 그런 조언을 해 주는 사람이 실제로 예언할 수 있는 능력이 있기를 바라는 마음에서 잘못된 길을 계속 간다는 것은 생각만 해도 끔찍한 일 아닌가? 그렇게 했다가 매번 실망하게 되고…….

세상에는 실종된 사람이 있는 곳을 알고 있다는 예언가들이 많다. 그들은 FBI나 CIA를 위해 일하고 있다고 주장한다. 실제로는 그런 기관에 도움을 줄 수 있다는 편지를 보냈다가 지극히 관례적인 회신을 받았을 뿐이다. 회신에는 현재 조사하고 있는 사건에 대해 어떤 정보도 내 줄 수 없다는 내용이 적혀 있다. 그런데도 예언가들은 실종자를 찾는데 자기들이 도와준 것처럼 말한다. 지금까지 알려진 그런 모든 이야기는 속임수다. 다만 어느 예언가가 방화 사건을 자세히 설명했는데 조사 결과 그가 바로 방화를 한 범인으로 밝혀진 경우는 예외다. 그때는 진실을 말했을 뿐 굳이 예언가일 필요는 없었다.

음악 축제 현장의 신

마법이나 종교적 경험을 상상을 통해 할 수 있다. 2016년 로우랜드의 음악 축제 현장에서 180명이 일명 '황금 헬멧'이라는 실험에 참여하겠다고 자원했다. 참여자들은 마법을 경험할 수 있을 것으로 기대했다. 그들은 헬멧을 쓰고 눈을 가린 채 소리를 들었다. 지극히 평범한 헬멧에 전기선 몇 개와 스티커가 붙어 있었을 뿐인데도 참여자 중 절반이 마법을 느꼈다고 했다. 아마 강렬한 햇빛, 맥주, 수면 부족과 마약의 영향을 받았을 것 같다. 그러나 실험을 지휘한 데이비드 마이가 〈드 폴크스크란트〉 신문과 한 인터뷰에 따르면 참여자 중 10명이 실험 후 신의 위력을 느꼈다고 했고, 7명은 자기들이 한 경험을 성스러운 경험이었다고 했다. 심지어 유체 이탈을 경험했다고 말하는 사람도 있었다. 어떤 여자는 이명 때문에 고통스러웠는데 환상적으로 나았다고 했다. 이제 임신이 될 시기가 무르익었다는 말을 들었다는 사람도 있었다. 이 실험은 선입견이 얼마나 강한 영향을 미치는지 보여 주었다. 고통을 잊게 하는 훌륭한 도구로 받아들여진 것이다!

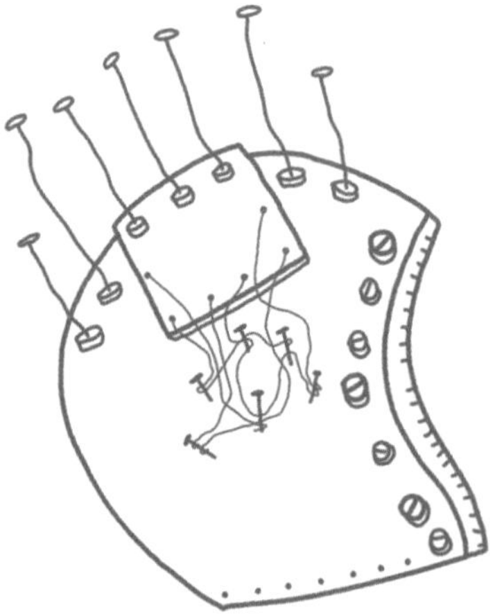

위저브렛 - 영혼의 목소리는 곧 여러분 자신

위저브렛이라는 말을 들어본 적이 있는가? 서구의 젊은이들이 그것을 재미있다고 한다. 사실 실제로 믿지 않는다면 재미있을 수도 있는 분신사바 위저 보드다. 위저브렛에서 알파벳의 글자들이 동그라미를 이루며 제시되어 있다. 판의 한가운데 컵을 뒤집어 놓고, 각자 그 위에 손가락 하나를 얹어 놓는다. 컵 대신 납작한 동전을 사용해도 된다. 모두 조용히 앉아 영혼을 부르고, 누구냐고 묻는다. 그럼 갑자기 컵이나 동전이 흔들리기 시작하다가 일부러 움직이지 않았는데도 알파벳의 한 글자가 지목되며 답을 알려 준다. 도대체 어떻게 된 일일까? 사람들이 거의 느끼지 못해도 무의식으로 컵을 움직이기에 충분할 만큼 몸이 움직이게 된다. 일단 그렇게 시작되면 다음은 저절로 이뤄진다. 아무도 컵의 움직임을 느끼지 못하고, 영혼의 대답에 책임을 지지 않는다.

모두 함께 합리적인 대답이 나올 수 있게 하지만 참가자들의 눈을 가리면 그 어떤 단어나 말도 나오지 않는 게 사실이다. 직접 실험해 보라.

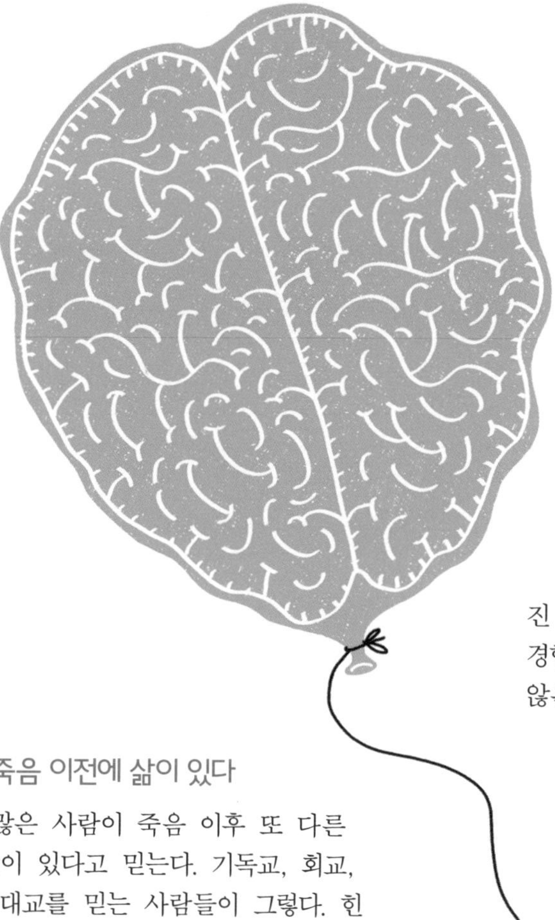

죽음 이전에 삶이 있다

많은 사람이 죽음 이후 또 다른 삶이 있다고 믿는다. 기독교, 회교, 유대교를 믿는 사람들이 그렇다. 힌두교도와 불교는 윤회를 믿는다. 그들은 사람이 죽은 후 다른 생물의 육신에 들어가 새롭게 태어난다고 한다.

특별히 신앙이 없는 사람들도 '하늘과 땅 사이에 뭔가 더 있을 것'이라고 말하는 사람들이 많다. 그들은 초자연적인 힘이 있을 거라고 믿는다.

사는 동안 죽음 이후를 증명할 수는 없다. 그래서 그럴 거라고 막연히 생각하지만 무엇이 영생하게 되는지 한 번 직접 생각해 보라.

여러분의 육체는 아니다. 뇌도 육체에 속하니 당연히 아니다. 뇌는 사고, 감정, 그리고 여러분이 '나'라는 것을 알게 해 준다. 마약으로 뇌에 영향을 줄 수 있고, 질병도 성격을 변하게 할 수 있다. 여러분의 진정한 자아는 무엇인가? 아기가 죽고, 심한 치매에 걸린 노인이 죽는다면 누가 계속 살게 될까? 죽다 살아난 많은 사람이 매우 아름다운 광경을 보았다고 말한다. 거의 죽을 뻔한 위기를 넘기고 온 사람들은 자기가 육체에서 분리되어 빛이 쏟아지는 터널 같은 것을 보았다고 말한다. 그런 경험은 진실이다.

하지만 정신적 문제를 갖고 망상에 빠진 사람들은 진짜가 아닌데도 진짜처럼 느끼는 경험을 한다. 유체 이탈의 느낌은 실제로 죽지 않은 채 뇌의 특정한 부위를 자극하면 경험할 수 있다. 산소 부족, 약물 복용, 스트레스, 마약이나 마취 상태에서도 그런 경험을 할 수 있다.

자신이 수술실 침대에 누워 있는 것을 직접 보았다고 말하는 사람들 가운데 아무도 서랍장 위에 있는 물건을 본 사람이 없고, 단지 수술실에서 마취에 걸리기 전에 보았던 것들만 기억한다. 그러므로 그들이 하는 말은 아무 의미가 없다. 놀랍게도 유체 이탈 경험을 했다고 하는 맹인은 수술실의 모습을 전혀 묘사하지 못한다.

밤하늘의 별에 적혀 있다

누구나 미래에 호기심을 갖고 있다

그것을 미리 예언하려면 많은 시스템이 필요하다. 손금을 읽는 사람은 손바닥에 있는 손금, 손톱과 손가락을 보고 말한다. 타로를 보는 사람은 여러분이 할 질문에 대한 답이 적혀 있는 카드와 중국의 〈역경易經〉을 펼쳐 놓는다. 그러나 그 〈역경〉도 애매해서 어떤 방향으로든 해석이 가능하다. 어떤 사람들은 커피 잔에 남아 있는 커피 찌꺼기의 의미를 말하고, 어떤 사람은 꿈을 해석한다. 그들은 상대가 마음속으로 꿈꾸고, 상대에게 깊은 의미가 있는 모든 것들에 대해 말한다.

점성술사(천문학자와 전혀 다름)는 별점을 본다. 별점은 지구의 특정한 곳에서 특정한 순간 태양과 달과 지구의 위치를 알려 주는 평면도로 본다. 태어날 때 하늘에 있는 별의 조망을 출생운이라고 부른다. 신문이나 잡지에 실리는 운세 풀이는 신문사 직원들이 그냥 만드는 거다. 점성술사는 각 인간의 성격과 운명이 행성의 위치에 따라 정해진다고 믿는다.

따뜻하고 후광이 빛나는 성격!

점성술사에 따르면 행성과 태양, 달 등이 여러분 성격의 특정한 면을 나타낸다. 그래서 예를 들어 태양은 여러분의 본질과 여러분의 아버지를 나타내고, 달은 감정과 어머니를 나타낸다.

화성은 공격적 태도와 활동력을 나타내고, 금성은 사랑과 예술을 의미한다. 해와 달 등의 행성은 별자리에 맞춰 움직이는 것처럼 보인다. 그러다가 동물 같은 모양을 만든다. 그러나 실제로는 그 별들이 지구에서 보는 해처럼 서로 멀리 떨어져 있다. 그냥 보기에만 가까이 붙어 있는 것처럼 보일 뿐이다.

여러분의 별자리가 처녀자리라면 여러분이 태어날 때 해가 처녀자리에 있었다는 의미다. 2000년 전에는 그랬을 수도 있다.

이제는 그 사이 사자자리로 변했을지도 모른다. 2000년 전에 지구에서 봤던 모습과 지금의 별자리가 완전히 달라졌기 때문이다. 그러므로 심리적인 측면으로 보는 행성은 별자리가 어디에 위치하느냐에 따라 결정된다. 점성술사에 따르면 화성은 불의 별자리(양, 사자, 사수)에 있어서 특히 열정적인 성격이다. 거기에 속한 사람들은 싸움을 잘한다. 물자리(게, 전갈, 물고기)에 속한 사람들은 체력이 약하고 활동이 적다. 점성술사들에 따르면 별들이 어떻게 서로를 보고 있느냐가 중요하다. 하늘에서 서로 가까이 붙어 있는 것처럼 보이는 별들은 하나의 합을 이룬다. 그래서 서로를 강하게 해 준다.

여러분은 여러분의 어머니와 매우 긴밀한 관계다

누군가 미래를 미리 예견할 수 있다면 흥미로울 것 같다. 그러나 점성술사(그 외의 모든 예언

내일은 또 다른 하루

가)의 주장에는 과학적 근거가 배제되어 있다. 그런데도 왜 그렇게 많은 사람이 그들의 말을 믿을까? 일단 누구나 흥미로운 이야기 듣는 것을 좋아하고, 우연은 좋아하지 않기 때문이며, 포러 효과(사람들이 보편적으로 가지고 있는 성격이나 특성을 자신만의 것으로 생각하는 경향_역주)도 원인이다. 심리학자 베르트람 포러는 제자들을 대상으로 다음과 같은 테스트를 했다. 제자들에게 성격 테스트를 하겠다고 하고, 테스트 결과도 알려 주었다. 학생들 모두 자기 자신을 정확히 알고 있다고 생각했는데 결과는 어땠을까? 포러가 학생들 모두에게 똑같은 결과지를 건넸는데 내용은 지역 신문의 운세 풀이를 편집해서 만든 것이었다. 그 안에 이런 글이 있었다.

"다른 사람의 호감과 칭찬이 여러분에게 매우 중요하다. 그런가 하면 여러분은 자기 비판적인 면도 갖고 있다. 여러분의 성격에 몇 가지 취약점이 보인다. 하지만 여러분을 다른 사람들과 비교하면 그래도 괜찮은 편이다."

주장이 즉시 부인되고, 반대로 뒤집히고, 사실은 아무 의미도 없는 말이었다. 그런 이중 의미를 지닌 글은 누구에게나 맞는 말이 된다.

점성술사도 다양한 방법으로 해석될 수 있는 표현을 한다. 예를 들어 이렇게 말한다. "여러분은 여러분의 어머니와 매우 긴밀한 관계다." 긍정적이든, 부정적이든 그렇지 않은 사람이 누가 있는지 한 번 생각해 보라.

점성술사는 손님에게 저런 말을 할 때 반응을 유심히 지켜본다. 표정을 통해 많은 정보를 얻을 수 있기 때문이다.

손님이 갑자기 자기 자신에 대해 많은 이야기를 하는 경우가 자주 있다. 점성술사는 그렇게 들은 정보를 이용한다.

모든 점성술사가 사기꾼은 아니다. 대개는 그들도 좋은 의도를 가지고, 자기들이 성스럽게 믿는 것의 진실을 확신한다. 손금 보는 사람, 카드 읽는 사람, 유리알을 통해 미래를 예언하는 사람과 미래를 볼 수 있다고 주장하는 다른 모든 사람도 마찬가지다.

과학은 겸손하다. 그것은 진실을 알아도 안다고 말하지 않고, 지식으로 진실에 더 가깝게 접근할 수 있게 되었다고 말한다. 과학 이론은 새로운 지식이 나타나면 항상 거기에 맞게 조정된다. 과학은 늘 진실을 모른다고 말한다.

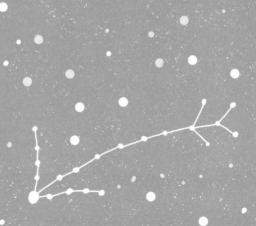

11 진실인가, 거짓인가?

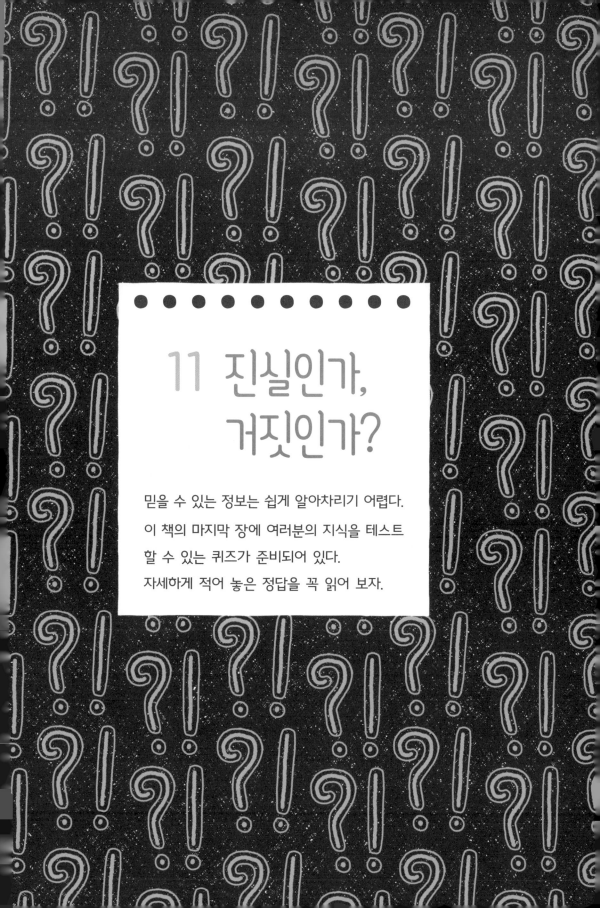

믿을 수 있는 정보는 쉽게 알아차리기 어렵다.
이 책의 마지막 장에 여러분의 지식을 테스트 할 수 있는 퀴즈가 준비되어 있다.
자세하게 적어 놓은 정답을 꼭 읽어 보자.

진실인가, 진실이 아닌가?

팩트 체크
여러분은 얼마만큼
알고 있나?

QUIZ

여러분 생각은?
해답은 제일
마지막에 볼 것

1 물을 계속 너무 많이 마시면 물 중독에 걸리고, 심지어 죽을 수도 있다.

2 기후 변화는 인간이 일으킨 것이 아니라 태양 탓이다.

3 제품에 화학 첨가물이 들어 있으면 가능한 피하는 게 좋다.

4 환경을 위해 소고기보다 닭고기를 먹는 게 좋다.

5 글루텐은 몸에 안 좋다. 가능한 글루텐이 없는 음식을 먹는 게 좋다.

6 지난 20년 동안 극심한 기아에 허덕이는 인구가 세계적으로 거의 반으로 줄었다.

7 유럽에서는 빵의 약 3분의 1이 폐기된다.

8 현재 지구에 0세부터 15세 사이의 아이들이 20억 명 살고 있다. 유엔은 2100년이 되면 아동 인구가 40억 명이 될 것으로 예상한다.

9 발한 억제제 데오드란트에 들어 있는 알루미늄 염분이 건강에 해롭다. 그것이 유방암과 알츠하이머를 유발할 수 있다.

10 천연 바닐라 향은 건조되고 발효된 바닐라 열매에서만 추출된다.

11 네덜란드에서는 120만 명의 사람들이 음식을 소화시키기 위해 소화제를 복용한다.

12 사람이 하루 혹은 며칠 동안 채소즙과 과일즙만 마시면 몸을 해독할 수 있다. 그런 해독 요법이 건강에 매우 좋다.

13 바나나는 약 7천 년 전에 처음 재배되었고, 그 이후 맛이 향상되었다.

14 자연재해로 죽은 사람들의 숫자가 지난 100년간 약 절반 이하로 줄어들었다.

15 다섯 명 중 한 사람이 수영장에서 소변을 본다.

16 이것이 지극히 정상적인 바나나의 구성 성분이다.

17 화학제는 독성이 있다. 그것들을 다룰 때는 조심해야 한다.

18 우리는 평균 하루에 377개의 광고를 본다. 포장지에 적혀 있는 상표까지 합하면 1,546개가 된다.

바나나

수분, 설탕, 포도당, 과당, 자당, 맥아당, 전분,
식이질 섬유소, 아미노산, 글루타민산, 아스파라긴산, 히스티딘, 류신,
아이소류신, 리신, 페닐알라닌, 아르기닌, 발린, 알라닌, 세린, 글리신, 트레오닌,
프롤린, 트립토판, 시스테인, 티로신, 메티오닌, 지방산, 팔미틴산, 알파-리놀렌산,
리놀산, 지방산, 팔미톨레인산, 스티어린산, 라우린산, 미리스틴산, 카프린산, 회분,
피토스테롤, 황산칼륨, 옥살산, 아스코르빈산, 토코페롤, 비타민 K1, 티아민,
팩틴, 염료, 리보플라빈, 베타-카로틴, 미료味料, 3-메틸벗-1-에타놀랏,
2-메틸벗틸레타놀라트, 2-메틸프로판-1-ol, 3-메틸벗틸-1-ol,
2-하이드록시-메틸 에틸버타노트, 3-메틸버타놀, 에틸핵사노트,
에틸버타노트, 팬틸아세테이트, 에타놀,
에틸렌가스

23 페이스북은 비판적인 댓글을 지운다.

24 네덜란드에서는 재배된 채소와 과일의 11퍼센트가 특정한 시각적 조건을 충족하지 못해 폐기 처분된다.

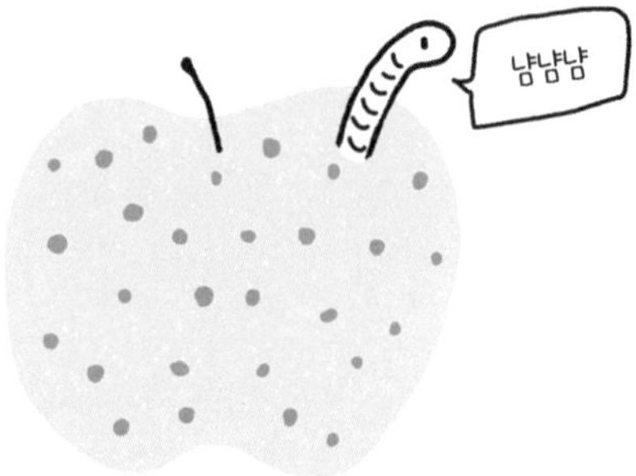

19 젤라틴은 돼지뼈로 제조된다. 그런데 돼지에서 고기 이외에 아주 많은 제품이 만들어진다. 최소 185개 이상이다.

20 비디오게임은 우울증에 효과가 좋다.

21 스웨덴의 특정한 학교에서는 남학생들에게 자동차 장난감을 갖고 노는 것을 금지한다.

22 거짓말 탐지기를 사용하면 상대가 거짓을 말하는지, 진실을 말하는지 쉽게 판단할 수 있다.

25 달걀은 닭의 월경이다.

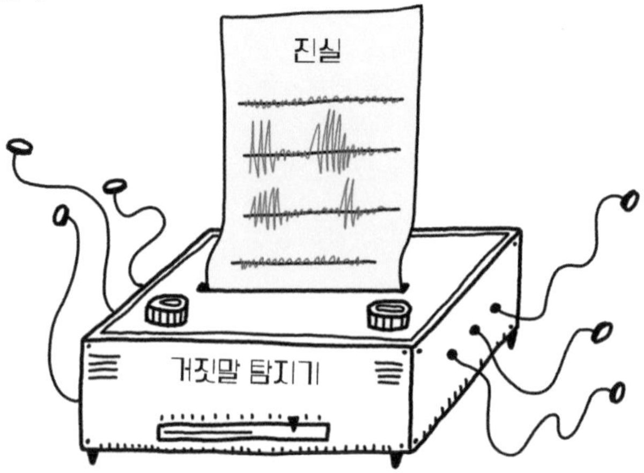

해답

1 진실

하나의 제품에 대해 독이 있다 혹은 건강하다고 주장할 수 없다. 그것을 얼마나 먹느냐에 따라 결정된다. 물을 너무 많이, 빠르게 마시면 신장이 소변을 그 속도에 맞춰 만들어 내지 못한다. 그래서 혈액량이 급증하고, 염도가 낮아진다. 그 결과 기절할 수 있다. 그러나 2리터의 물을 나누어서 하루 종일 마신다면 전혀 문제가 되지 않는다.

모든 물질은 일정한 양 이상이면 유해해질 수 있다. 예를 들어 카페인이 그렇다. 하루에 커피를 몇 잔만 마시면 아무 문제없다. 그러나 카페인 알약을 한꺼번에 50알 먹는다든가 같은 양을 가루약으로 먹는다면 그것 때문에 사망하거나, 평생 장애를 안고 살아야 한다.

2 거짓

그렇지 않다. 물론 미국의 과학자 윌리 순이 오늘날의 기후 변화가 태양 때문이라는 몇 편의 논문을 발표하기는 했지만. 좀 묘한 사실은 그 연구에 들어간 비용을 미국의 석유 회사가 지불했다는 점이다.

기후를 연구하는 과학자들 중 97퍼센트는 빠른 기후 변화를 인간들이 유발했다고 믿는다. 그러므로 기껏해야 3퍼센트 정도의 과학자들이 그것에 동의하지 않고 왈가왈부한다.

3 거짓

화학 첨가물은 엄격한 검증 과정을 거치고, 우리가 먹는 식품에 필수불가결한 첨가제다.

화학 첨가물은 맛과 유통 기한을 개선한다고 인정받기까지 수년간 검증 과정을 거쳤다. 많은 안전성 시험을 거쳐 몸에 해롭지 않다는 결과를 받으면 식품 첨가물로 사용할 수 있다. 식품의약품안전청장이 지정한 것 외에는 사용할 수 없으며 표시할 때는 식품의약품안전청장이 정한 품명에 따라 표시해야 한다. 그렇게 검증을 거친 화학 첨가물은 건강을 해치지 않는다.

4 진실

소들은 넓은 공간과 물 그리고 많은 사료를 필요로 한다. 그것은 풀밭에서 풀을 뜯어 먹고, 콩을 직접 기르거나, 운반해 온 것과 같은 사료를 많이 먹는다. 소들은 똥도 많이 싸고, 소들이 뀌는 방귀와 트림은 기후에 안 좋은 영향을 준다. 가축에게 줄 사료를 기르지 말고 인간을 위해 곡식을 재배하면 그것으로 인간에게 식량을 더 공급할 수 있다. 소고기 1킬로그램을 만들기까지 27킬로그램의 이산화탄소가 배출된다. 1킬로그램의 닭고기 생산에는 6.9킬로그램의 이산화탄소가 배출된다. 이산화탄소는 온실가스를 유발하는 가스다. 닭고기를 먹는 것보다 더 좋은 것은 육식을 날마다 먹지는 않는 것이다. 콩, 통밀과 견과류는 좋은 단백질 공급원이고, 중요한 식이질 섬유소를 갖고 있다.

5 거짓

글루텐은 밀, 호밀, 보리 같은 곡식에 들어 있는 특정한 단백질이다. 글루텐은 셀리악병에 걸린 사람에게만 해롭다. 그 병을 앓고 있는 사람들이 소수에 불과한데 모든 사람에게 글루텐이 안 좋다는 이야기가 퍼져 나갔다.

그러나 의학적 이유도 없이 그 소문을 믿는 사람은 통밀빵 같은 것을 전혀 먹지 않는다. 사실은 그것이 얼마나 건강한 음식인데! 거기에 많은 무기질, 비타민, 식이질 섬유소, 단백질이 들어 있어 훌륭한 에너지원이다.

'글루텐 없음'이라고 적혀 있는 스티커가 붙어 있는 상품이 여러분에게 꼭 좋은 제품이라고는 말할 수 없다.

6 진실

극단의 빈곤층 인구가 늘었을지, 변함없을지 혹은 줄었을 것 같냐고 누군가 묻는다면 대부분은 늘었을 거라고 대답한다. 사람들은 세상에 대해 실제의 모습보다 더 비관적으로 생각하는 경향이 있다. 극단의 빈곤층 인구가 지난 20년간 세계사에서 유래를 찾기 어려울 정도로 빠르게 줄어들었다. 그것 말고도 안 좋은 것들이 많이 줄어들었다. 노예 제도, 석유 유출, 아동 사망률, 아동 노동, 핵무기, 오존층이 얇아지는 현상, 천연두, 재앙과 기아로 발생한 사망자 등등이 그렇다. 좋은 것들은 많이 증가했다. 곡식 수확량, 민주주의, 읽고 쓸 수 있는 사람들의 숫자, 여성 정치권, 자연 보호, 학교에 다니고 인터넷을 하는 여학생 수 등등.

7 진실

식료품 폐기는 큰 문제다. 곡식을 재배하는데 많은 비용이 들고, 땅도 개간해야 한다. 빵이 빵집에서 금방 구워 낸 것이어야 맛있는 것은 아니다. 블라인드 테스트를 해 보니 사람들은 2일 지난 빵과 6일 지난 빵의 맛 차이를 구분하지 못했다. 며칠 지난 빵으로 토스트를 해도 좋고, 샐러드를 만들 때 사용해도 맛있다.

8 거짓

유엔의 전문가들은 2100년이면 전 세계의 아동 인구가 20억 명이 될 것으로 예상한다. 지금과 같은 숫자다! 전체 인구 수가 증가할 것이다. 그러나 그렇게 되기 위해서는 많은 성인이 74세까지 생존해 있어야 한다. 세계 인구는 서서히 증가하고, 이 세기의 말에는 정체될 것이다.

9 거짓

발한 억제제 데오드란트에 들어 있는 알루미늄 염분이 피부를 보송보송하게 유지해 주고, 땀이 나오는 것을 막아 준다. 알루미늄 염분이 신체에 남아 있어도 해롭지 않다. 그것은 천연 제품이다. 그것이 유방암을 유발한다는 결과를 내놓은 연구 논문이 아직 한 편도 나오지 않았다. 땀을 흘리지 않는 것도 별로 나쁘지 않다. 겨드랑이는 몸의 한 부분일 뿐이고, 다른 곳으로 땀이 발산되게 해도 아무 문제없다.

다만 알루미늄 염분이 들어 있는 데오드란트로 피부가 너무 건조해지면 다른 발한제를 쓰는 게 낫다.

10 거짓

바닐라는 특유의 바닐라 맛을 내는 바닐라 식물 줄기로 만든다. 바닐라의 80퍼센트 정도가 마다가스카르에서 생산된다.

그것은 바닐라 식물의 꽃봉오리가 1년에 딱 하루 피어나는데 바로 그때 수정을 시켜야만 한다. 그것을 수작업으로 하고 있다. 정확히 말하면 아동의 손이 한다. 아동 노동 착취라는 점에서 비난을 받고 있고, 세계적으로 폭발적인 수요에 맞춰 공급하기에는 천연 바닐라의 양이 매우 적다. 바닐라는 공장에서 훨씬 더 저렴한 가격으로 쉽게 만들 수 있다. 늘 반복되는 문제다. 사람들이 '인공적인 것'을 좋아하지 않아서 제조사들은 이스트를 유전적으로 개량해 바닐라를 생산하고 있다. 하지만 이제는 공장에서 만든 것에 '천연 바닐라 아로마'라는 상표를 붙일 수 있게 되었다.

11 진실

소화 불량은 건강에도 좋지 않고, 많은 불편감을 준다. 그러나 소화제가 항상 좋은 해결책은 아니다. 식이질 섬유소를 충분히 먹고, 하루에 물을 1.5 내지 2리터 마시고, 많이 움직이는 게 좋다. 대개는 그렇게 하면 아무 문제없이 해결되고, 소화제는 불필요하다.

12 거짓

해독이 완전히 이루어졌다는 과학적 증거가 전혀 없다는 것을 먼저 밝혀둔다. 여러분은 독성이 있는 것을 절대 먹고 싶지 않은가? 그렇다면 여러분에게 알레르기 반응을 일으키는 모든 것을 피해야 한다. 여러분의 몸에는 단식이나 주스를 통한 도움이 필요하지 않다. 여러분의 간과 신장은 배설물로 내보낼 것을 어떻게 다뤄야 하는지 잘 알고 있다. 해독 주스를 잔뜩 마시면 너무 많은 당분을 섭취하게 된다. 혈액 속 당분의 양이 줄었다 늘었다 요동치면 배가 고프고, 피곤해진다.

푸짐한 파티를 하고 난 다음이나 힘든 여행을 한 후에 건강을 위해 뭔가 하고 싶은가? 그렇다면 음식을 골고루 먹고, 스포츠를 하고, 금연해야 한다.

13 진실

우리가 알고 있는 바나나는 단단한 씨가 있는 2가지 야생 바나나로 재배되었다. 우리가 현재 먹고 있는 바나나는 껍질을 까기도 쉽고, 육질도 부드럽고, 훨씬 달다.

14 진실

현재의 세계 인구가 50억 명이 될 정도로 증가했지만 사망한 인구의 숫자는 절반 이하다.

그것은 100년 전보다 6퍼센트 줄어든 수치다. 사회 복지 사업이 확대되었고, 자연재해에 대한 대비를 더 잘하고 있다.

15 진실

유명한 스포츠 선수들도 그렇게 한다. 대개 수영장의 가장자리에 머물 때.

수영장 물에서 염소 냄새가 심할수록 물이 오염됐을 가능성이 높다.

물론 소변이 조금 섞인 물을 약간 먹어도 병에 걸리지는 않는다. 그러나 소변 분자를 묶어 주는 염소가, 깨끗하게 씻어 내지 않은 배설물이 물에 떠다니며 질병을 유발하는 박테리아 같은 것은 묶어두지 못한다.

16 진실

바나나는 100퍼센트 천연 식품이다. 그것을 의심하는 사람은 없다. 모든 것이 화학이라는 것을 증명해 보이기 위해 오스트레일리아의 화학 교사 제임스 케네디가 바나나의 성분을 분석해 발표했다. 네덜란드의 미생물학자인 로산네 헤르츠베르거가 특정한 물질에 식품 첨가제를 표시하는 번호를 만들었다. 모두 천연 물질인데 아주 길고 복잡한 이름을 갖고 있다.

17 거짓

화학은 자연이 아닌 것처럼 보이지만 실제 모든 것이 화학이다.

존재하는 모든 것은 원자와 원자가 결합한 분자로 이루어져 있다. 그것은 물질의 성분을 갖고 있는 최소 단위다. 그러므로 물, 산소, 숯, 소금, 기름, 이 모든 것들도 화학이다.

생화학은 살아 있는 자연을 다루고, 살아 있는 기관에서 나온 DNA, 효소, 단백질이 분자 수준에서 어떻게 작용하는지 조사한다. 물론 화학제 중에 독이 있는 것이 있지만 자연에 숨어 있는 유독한 화학 성분도 있다. 맹독성 알파-아마니틴이 독버섯에 들어 있다. 그것을 만지기만 해도 사망에 이를 수 있다.

18 진실

우리는 우리가 뭔가 필요로 하고, 그것을 구입해야 한다고 설득시키는 광고의 홍수 속에 살고 있다. 대개는 그렇게 인위적으로 생겨난 탐욕으로 더 행복해지지는 않는다.

19 진실

크리스티엔 마인더르츠마 디자이너는 돼지를 도살한 후에 생기는 것들을 예술 작품으로 만드는 프로젝트를 실행했다. 돼지의 번호는 05049였다. 크리스티엔은 돼지를 이용해 수많은 제품이 제조되는 것을 발견했다. 비누, 샴푸, 치약, 과일 주스, 콘크리트, 붓, 푸딩, 물감 등등.

20 거짓

이 주장은 게임 디자이너 제인 맥고니갈이 처음 시작한 것으로 알려져 있다. 그러나 조사 결과 제인 맥고니갈이 컴퓨터 게임에 대해 긍정적으로 생각한다는 말은 맞지만 그렇다고 게임이 우울증에 도움을 줄 거라는 말은 아니다. 그런 정보를 검토할 수 있는 웹사이트들이 많다. 예를 들면 인육을 제공한다는 일본식 식당에서 벌어지는 미미카마가 좋은 예다.

21 거짓

많은 신문에는 주장하는 바의 진실을 검증할 수 있는 팩트 체크 코너가 있다. 플랑드르어로 발행되는 잡지 〈크나크〉는 그것이 사실이 아니라는 것을 밝혀냈다. 스웨덴은 어린 소년, 소녀가 소년과 소녀를 위한 특정한 장난감을 너무 오래 갖고 놀지 않게 신경을 쓰기는 하지만 금지하는 것은 아닌 것으로 알려졌다.

22 거짓

거짓말 탐지기의 출발점은 몸의 반응이 거짓말을 할 때와 진실을 말할 때 다르다는 것에서 시작되었다. 그러므로 거짓말 탐지기는 호흡, 땀 배출량, 심장 박동의 변화가 설문 혹은 심문 중에 일어나는지는 측정한다.

그렇지만 이 이론은 증명된 바 없고, 심리학에서도 받아들여지지 않았다. 또 거짓말 탐지기는 많은 것에 영향을 받는다. 인공 지능을 이용한 거짓말 탐지기도 논란이 되고 있다. 로봇이 질문하고 아주 잠깐 일어나는 미세한 표정 변화를 분석하여 거짓말을 하고 있는지, 아닌지를 판가름하는 방법이다. 유럽에서는 입국 심사에 이 기계를 사용하려는 시도를 하고 있다.

23 거짓

페이스북은 진실이 아니라 일부러 자극적인 쾌감을 얻기 위해 쓴 댓글을 지운다. 그러나 의도적으로 한 비판적인 글을 지우는 것에 대한 규정은 없다.

24 거짓

그것보다 더 안 좋다. 10 내지 15퍼센트가 버려진다. 오이는 너무 휘어졌다고 버려지고, 무화과는 너무 작고, 파프리카는 가게에서 흔히 보는 모양이 아니라서 폐기된다. 유럽연합은 채소와 과일의 겉모양에 대해 특별한 거래 표준을 만들었다. 네덜란드의 주식회사 '크롬콤머'가 그것의 변경을 시도하고 있다.

25 거짓

물론 닭이 월경을 한다는 것은 거짓말이다. 오직 포유동물만 월경을 하는데, 닭은 포유동물이 아니다. 그러나 그린 해피니스 소속인 두 명의 음식 블로거가 텔레비전에서 그렇게 주장했다. 그들은 그것 말고도 여러 이상한 아이디어를 갖고 있다. 그래서 매일 아침 20분간 코코넛오일로 입을 헹군다. 그들은 자기들이 온라인 가게에서 파는 제품들은 동물 친화적이고, 건강에 좋다고 한다. 그러나 가격에 대해서는 별로 친절하지 않다. 그들은 제품 설명서는 자기들이 읽었다며 굳이 읽지 말라고 한다. 그 이유는 뭘까?

26쪽 퀴즈 해답

1 마요네즈는 가격이 0.10유로, 감자튀김은 2.10유로. 그런데 감자튀김에 마요네즈를 추가하면 2.20유로. 그러므로 감자튀김이 마요네즈보다 2유로 더 비싸다.

2 더 이상 시간이 없으니 안 된다.

3 3분.

4 한 번. 그것을 한 다음에는 217이 아니라 210이 되니까.

5 소는 물을 마시지 우유를 마시지는 않는다. 그러나 처음 세 가지 질문에 대한 정답이 대부분 '하얀색'이므로 '소'라는 단어를 듣고 곧바로 우유를 생각하게 된다.

6 피막이풀이 59일이 되면 호수 절반을 덮는다. 다음 날이 되면 풀이 2배가 되니 전체 호수의 크기에 해당하는 수면을 뒤덮는다.

7 부모를 포함하면 가족이 모두 10명이다.

8 아무도 개 끈을 잡지 않았다.

9 자이드가 직업학교에 다니는 것이 직업학교에 다니면서 아이폰도 갖고 있는 것보다 더 현실적이다. A는 자이드가 아이폰을 갖고 있는 것이 제한적으로 보이기 때문에 B가 맞을 확률이 더 높다.

10 여러분이 라임병에 걸릴 확률이 50퍼센트 이상이다. 1만 명 중에 양성이라는 결과를 받은 사람은 두 명이다. 한 사람은 실제로 환자이고, 다른 한 사람은 잘못된 결과의 0.01퍼센트에 속해 오류로 양성 판정을 받은 사람이다.

136쪽 테스트의 정답

과학적으로 증명된 유일한 치료법은 질 분비물 치료법이다.